One day loan

Benthyciad un diwrnod

Please return on or before the due date to avoid overdue charges
A wnewch chi ddychwelyd ar neu cyn y dyddiad a nodir ar eich llyfr os gwelwch yn dda, er mwyn osgoi taliadau

	3 0 APR 2008	

http://library.cardiff.ac.uk
http://llyfrgell.caerdydd.ac.uk

NOTA A UNA FE DE ERRATAS

Un libro pasa siempre por muchas vicisitudes. Recopilado por mí en el año 1973, diversas contingencias de orden editorial fueron aplazando la composición e impresión del volumen. Este, finalmente, pasó a la imprenta, y el autor no tuvo la oportunidad de leer las pruebas. Al recibir yo las capillas descubrí que se habían deslizado serias erratas que no respondían a mi manuscrito. Ante esta circunstancia, mi primer deber es agradecer la comprensión, la seriedad y la generosidad de la editorial al acceder a componer de nuevo tres pliegos para que el libro pueda reflejar el prestigio intelectual característico de la colección.

Una errata frecuente que no he señalado en la lista que sigue es la de *O.C. (Obras Completas)*, compuesta a menudo como *o.c.*; el lector por sí mismo puede salvar esta inconsistencia tipográfica. Otras erratas, como transposiciones de letras en alguna palabra, u omisiones de *s* en algún plural, o errores de puntuación, etc., tampoco he creído necesario enumerarlas, contando con la benevolente cooperación del lector. Las erratas que sí deben tenerse en cuenta son las siguientes:

Página y línea	Dice	Debe decir
37, 5	monteros	Montero
41, 3	14	18
41, nota 18	1893	1898
56, 19	sin forma	sin firma
57, 1	su	un
71, 15	todo el lector	todo lector
105, 32	ya	ve
134, 7	azoriana	azoriniana
134, 11	azoriano	azoriniano
138, 7	*El licenciado Vidriera*	el licenciado Vidriera
226, 20	si altruismo	si su altruismo
227, 8	En un mundo	Es un mundo

Interior de Portada	Dice	Debe decir
Línea 9	Varsan	Vassar
Línea 18	Critics	Critic

LA CRISIS
INTELECTUAL
DEL 98

divulgación universitaria

libros de bolsillo

CUADERNOS para el DIALOGO

**divulgación universitaria. serie cuestiones españolas.
número noventa y nueve de la colección**

LA CRISIS
INTELECTUAL
DEL 98

E. Inman Fox

EDITORIAL CUADERNOS PARA EL DIALOGO, S. A.
EDICUSA   MADRID, 1976

Derechos exclusivos de esta edición:

EDICUSA
Editorial Cuadernos para el Diálogo, S. A.
Jarama, 19. Madrid-2

Cubierta: Juan Antonio Fernández-Muro

PQ
6072
. F6

ISBN: 84-229-0198-6
Depósito legal: M. 24.815.—1976

Printed in Spain. Impreso en España por
Artes Gráficas Iberoamericanas, S. A., Tomás Bretón, 51, Madrid-7

NOTA PRELIMINAR

En 1960 inicié unas investigaciones en los periódicos y revistas de finales del siglo XIX y principios del XX, con la esperanza de aclarar la obra primeriza de los escritores llamados del 98, y quizá de contribuir con algún otro capítulo a la obra intelectual de la España contemporánea. Pronto se juntaron a mi interés los profesores Rafael Pérez de la Dehesa y Carlos Blanco Aguinaga, y, ayudándonos mutuamente, se dedicaron ellos, al principio, al primer Unamuno, mientras yo me entregué más bien a seguir la pista de la juventud de Martínez Ruiz y de Maeztu. Y ya conoce el lector los resultados de sus esfuerzos: Política y sociedad en el primer Unamuno, El grupo «Germinal»: una clave del 98, y varios artículos importantes, de Pérez de la Dehesa, y los trabajos sobre el socialismo de Unamuno y el excelente libro Juventud del 98, de Blanco Aguinaga.

Para complementar los estudios de los autores citados y de otros, entonces, he decidido reunir en tomo unos ensayos que he publicado sueltos entre 1962 y 1970, y otros totalmente inéditos. Si algún lector español ha visto los artículos sobre Azorín que salieron primero en Insula, Revista de Occidente y Cuadernos Hispanoamericanos, es muy posible que ignore los que se refieren a Baroja, los periódicos anarquistas y Galdós que vieron la luz en inglés en las revistas extranjeras Revue de Littérature Comparée, Bulletin of Hispanic Studies y Anales Galdosianos. De todos modos, han sido puestos al día y, en algunos casos, ampliados al incluirlos aquí. Los ensayos que aparecen por vez primera derivan en su mayor parte de unas conferencias que di en Salamanca en la primavera de 1973, como invitado de la Facultad de Filosofía y Letras de aquella Universidad.

Por el hecho de haberse escrito separadamente sin la original intención de hacer de ellos un libro, no ha de esperarse unidad de tema o de naturaleza entre los ensayos que siguen: algunos sirven como poco más que documentación, mientras otros son interpretativos. No obstante, creemos que representan la «nueva» visión de 1898 y que el lector ganará la impresión, que es la nuestra: que el ambiente intelectual español de los albores de siglo se reveló en crisis, no por las razones e interpretaciones aducidas por los críticos ya tradicionales, sino porque, efectivamente, entendían su realidad histórica demasiado bien los escritores de la época.

No puedo dejar de expresar en este lugar mi agradecimiento a Vanderbilt University, American Philosophical Society, la Comisión Fulbright y Vassar College por la ayuda económica que me ha permitido realizar investigaciones en España. También quiero dejar constancia de mi gratitud a los directores de las revistas mencionadas, por concederme permiso de reproducir artículos publicados primero por ellos, y a Eugenio de Bustos, catedrático y ex decano en Salamanca, por darme la oportunidad de compartir mis ideas con profesores y estudiantes salmantinos.

Reservo un lugar especial para mi colega Germán Bleiberg, a quien dedico este libro. Muchas son las sugestiones y correcciones suyas que han entrado en estas páginas; pero es más: a él le debo gran parte de mi educación como hispanista.

E. I. F.

Agosto, 1973
Vassar College
Poughkeepsie, New York

EL AÑO DE 1898 Y EL ORIGEN
DE LOS «INTELECTUALES»

El adjetivo «intelectual», refiriéndose más que nada al entendimiento y al mundo de la razón, es antiguo en la lengua castellana. Y sabemos que, debido a ciertos fenómenos culturales, se amplió su sentido en la última parte del siglo XIX. Resulta, sin embargo, que un estudio de los orígenes de la conversión del adjetivo en el sustantivo «intelectual», y su subsiguiente popularidad, es algo más que anecdótico. A través de los diccionarios, muy poco se nos aclara la cuestión; únicamente la Enciclopedia Espasa nos pone en la pista de la fecha aproximada de la acepción que hoy le damos: «Desde principios del siglo XX se ha usado con frecuencia la denominación de *intelectuales* para designar a los cultivadores de cualquier género literario o científico.» Como a lo largo de los años el uso de la palabra se ha liberalizado, puede que consideremos aceptable la definición dada por Espasa. Desde luego, el término «intelectual» se presta hoy día a múltiples interpretaciones, positivas y peyorativas; pero, según se verá más adelante, entró en las lenguas española y francesa con una connotación especial, y su introducción se debía a circunstancias sociopolíticas. Sólo entendiendo al intelectual o a los intelectuales como miembros de una «clase» de pensadores o escritores casi siempre en oposición al orden socio-político establecido —o, por lo menos, al margen de él— podemos vislumbrar el origen de la palabra y la razón de su incorporación a la lengua.

El concepto del intelectual como descontento, con una actitud crítica e independiente frente al gobierno y la sociedad de su país, nos hace pensar inmediatamente en la *intelligentsia* rusa. La palabra *intelligentsia,* de etimología obviamente extranjera, fue introducida en la lengua rusa en los años 1860 por un novelista menor, Boborykin, y llegó a ser común casi en seguida. Parece que la mayor parte de los estudiantes de la historia del pensamiento en Rusia está de acuerdo con la opinión de que la *intelligentsia* como grupo tenía sus orígenes en los círculos de escritores y artistas de los años 1830 y 1840, en que se fomentaba una cierta ideología influida por el idealismo alemán. El hecho de que la palabra no se acuñara hasta veinte años más tarde indica que los *intelligenty* tardaron esas dos décadas en definir su identidad [1].

Sin embargo, ni la palabra ni el concepto se trasplantaron a otros países europeos. Difícilmente se encontrará en español, por ejemplo, hasta finales del siglo XIX una palabra que exprese la conciencia de la existencia de un grupo como la *intelligentsia* rusa o los intelectuales de este siglo. Según nuestras indagaciones, el uso de «intelectual» como sustantivo entró definitivamente en la lengua castellana casi al mismo tiempo que en la francesa, a raíz de la organización de los profesores y escritores franceses en torno al asunto Dreyfus. Como es sabido, en 1897 fue descubierto que el comandante d'Esterhazy había identificado falsamente el documento empleado para condenar al capitán Dreyfus. El Estado Mayor, incurriendo en una serie de manipulaciones, se negó al principio a revisar el proceso, y en diciembre del mismo año el Parlamento francés exo-

---

[1] Para estos datos y un estudio sobre el origen y la evolución de la *intelligentsia* rusa, véase Martin Malia, «What is the Intelligentsia?», *Daedalus* (Summer 1960), págs. 441-458.

nera por votación a d'Esterhazy. Entonces el asunto Dreyfus se desplaza hacia la opinión pública con la publicación de «J'accuse», de Emile Zola, en el periódico *L'Aurore,* el 13 de enero de 1898. Georges Clemenceau había abierto las páginas de *L'Aurore* a revisionistas y dreyfusistas, y después del documento revolucionario de Zola apareció una serie de peticiones y manifiestos que Clemenceau bautizó como «manifestes des Intellectuels» [2]. La palabra estaba lanzada, y es verdaderamente asombrosa la frecuencia del uso del neologismo «intellectuel» durante los primeros meses de 1898 en revistas tales como la *Révue Blanche,* otro órgano de los «intellectuels», y la *Révue de Deux Mondes,* en la cual los artículos de Brunetière toman una postura antiintelectual. Es todavía más sorprendente si se tiene en cuenta que no aparece la palabra en estas revistas ni una vez —que hayamos podido averiguar— en 1897 [3].

Habíamos sospechado que el sustantivo «intelectual» habría penetrado en las lenguas a través del movimiento socialista con anterioridad a 1898, pero no parece ser así. Sin embargo, las circunlocuciones como «ouvriers de la pensée» que se encuentran en la literatura socialista en la última parte del siglo XIX, y que tienen sus equivalentes en español, demuestran que el concepto del intelectual como uno que pretende influir política o socialmente, venía es-

---

[2] La lista de los firmantes incluye a Octave Mirbeau, Halévy, Anatole France y al mismo Zola, entre los escritores y periodistas; a Brunot y Lanson, entre los profesores de la Sorbonne; y a Lucien Herr, Léon Blum y Charles Péguy, entre los de L'École Normale Supérieure. No había representación de la Academia.

[3] Para información más detallada sobre la entrada del sustantivo «intellectuel» en la lengua francesa, consúltese Pierre Miquel, *L'Affaire Dreyfus* (París, «Que Sais-Je?», 1968), págs. 46-53; y Victor Brombert, *The Intellectual Hero* (Chicago, 1964), págs. 20-24. Recientemente el historiador americano William M. Johnston ha establecido que el olvidado novelista Henri Bérenger ha sido el primero en emplear consistentemente el vocablo «intellectuel». Desde 1893 Bérenger estudia, a través de varias novelas, al tipo intelectual de fines de siglo, y en *La Proie* (1897), el protagonista viene a ser un activo reformador político. («The Origin of the Term 'intellectuals' in French Novels and Essays of the 1890s», *Journal of European Studies,* 4 (1974), 43-56.)

pecificándose. Karl Kautsky escribe del socialismo y los intelectuales bajo el título *Der Sozialismus und die Intelligenz* en 1895 —que se traduce al francés como *Le Socialisme y les carrières liberales*—; pero de 1900 tenemos dos panfletos: *Les Intellectuels devant le socialisme,* por Hubert Lagardelle, y *Le Socialisme et les Intellectuels,* por Paul Lafargue. Parece, sin duda, entonces, que el sustantivo debe su difusión a la campaña montada alrededor del asunto Dreyfus para influir en la opinión pública[4].

Según las fichas que se conservan en la Real Academia de la Lengua, se atribuye a Pardo Bazán la primera mención en español de los intelectuales. Refiriéndose al asunto Dreyfus, escribe en 1900: «... Les envidio... sus intelectuales» (*O.C.,* tomo XXI, 1901)[5]. Como podría entresacar cualquier estudiante de la época de lo ya expuesto arriba, el sustantivo y el concepto del intelectual tienen que aparecer en español antes de 1900, aunque sólo sea unos años antes.

Un repaso de la prensa de la época confirma el hecho de que el asunto Dreyfus tuvo una repercusión importante en la opinión pública española, sobre todo en el sector liberal[6]. Tampoco debemos olvidar el paralelo que existía entre la revisión del proceso del capitán judío y la promovida en España, hacia finales de 1897 y principios de 1898,

---

[4] Los diccionarios Littré y Robert no dan ni un ejemplo de su empleo antes de 1898. Y en «Après le procès», *Revue de Deux Mondes* (núm. 146, 15 de marzo de 1898, págs. 428-446), Ferdinand Brunetière discute el uso y el significado de la palabra que él da como nueva. El *Oxford English Dictionary* registra dos usos del sustantivo anteriores a 1898. En 1813 Byron escribe: «Canning is to be here, Frere and Sharpe, —perhaps Gifford. I wish I may be well enough to listen to these intellectuals»; y en 1884 A. A. Watts, en *Life of A. Watts* (I, 124): «The silent person who astonished Coleridge at a dinner of intellectuals». De todas formas, parece que su significado en inglés es más general, menos específico.

[5] Debemos este dato a la bondad del profesor Juan Marichal, quien, además, nos animó a perseguir el tema aquí tratado.

[6] Véase el artículo de Rafael Pérez de la Dehesa, «Zola y la literatura española finisecular», *Hispanic Review,* 39 (1971), 49-60. No hay, sin embargo, en este artículo ninguna referencia a los «intelectuales».

para los presos de Montjuich[7]. En todo caso, la situación creada en Francia por el asunto Dreyfus y los problemas de los últimos años de la Restauración en España producirían reacciones muy semejantes en los ambientes intelectuales: la falta de confianza en el sistema parlamentario, un sentido crítico frente al poder de los militares, una actitud anticlerical, etc. Es decir, la ineficacia del gobierno y de la sociedad corrompida por los intereses creados de la burguesía en la administración de la justicia individual y social hacía que los intelectuales fueran tomando conciencia de una misión especial en la «regeneración» de su país. Si agregamos el hecho de que encontramos bastante a menudo en textos españoles de los años 1890 expresiones como «la juventud intelectual», «*l'élite* intelectual» y «obrero intelectual», es evidente, con el estrecho y casi inmediato contacto cultural que había con Francia, que el paso a la incorporación al español del sustantivo «intelectual» será rápido.

Según nuestro examen —si no exhaustivo, bastante detallado— de los escritos de los krausistas, los regeneracionistas y los autores de la generación de 1898 y de la anterior, la introducción del sustantivo «intelectual» fue debida a los de 1898. Y el dato ayuda a definir esta generación como la primera que como tal expresaba la necesidad de influir culturalmente en el rumbo de su país. Basta recordar la cantidad de protestas, circulares y revistas en que vemos juntas las firmas de estos autores, cuyo propósito principal era cambiar el sistema político y social de España.

Hemos podido localizar en textos de Maeztu y Unamuno dos ocasiones anteriores a 1898 en que se emplea el término. En una carta a Cánovas, fechada el 28 de noviembre de 1896, don Miguel le pide al jefe del Gobierno que intervenga en favor de Pedro Corominas, preso en Montjuich: «Estimo que el sacrificar a Corominas, que es lo

[7] Para un estudio del proceso de Montjuich y los detalles de la revisión, véase Rafael Pérez de la Dehesa, «Los escritores españoles ante el proceso de Montjuich», *Actas del Tercer Congreso Internacional de Hispanistas* (México, 1970), págs. 685-694.

que suele decirse un anarquista platónico, por el natural deseo de servir a una opinión pública, que, tan justamente alarmada como grandemente extraviada, pide caiga algún *intelectual,* llevaría a un acto de escasa justicia y de menos caridad»[8]. Y en «El socialismo bilbaíno», un artículo publicado en la revista *Germinal* el 16 de julio de 1897, Maeztu escribe: «... Y repróchesele [al socialismo marxista bilbaíno] también el tacto de codos contra los intelectuales que aparta de sus filas a multitud de corazones generosos...» El 6 de febrero de 1898, Maeztu publica en *El Progreso* otro artículo, «Ideal nuevo», en que hace alusiones indirectas al asunto Dreyfus y directas a Zola y las páginas de *L'Aurore*[9]. El hecho de que en este artículo Maeztu emplea los términos «aristócratas de la inteligencia»[10] y *l'élite,* nos lleva a creer que todavía no ha hecho suya totalmente la palabra «intelectual». Sin embargo, lo termina así: «Y entonces, cuando las masas se fatiguen de arrastrarse ante los sables y ante las sotanas, y vuelvan a impetrar su redención de los intelectuales...» Y en enero de 1899 Maeztu titula un ensayo suyo: «Anda, anda... (para un intelectual)» *(Vida Nueva,* 8-I-1899). Es muy apropiado que sea Maeztu el que más se aprovecha de la

---

[8] La carta está reproducida en el artículo ya citado sobre el proceso de Montjuich, por Pérez de la Dehesa, pág. 688.

[9] También Pío Baroja estaba familiarizado con las campañas llevadas a cabo por Clemenceau en *L'Aurore.* En una carta a José Martínez Ruiz, reproducida por José Rico Verdú en *Un azorín desconocido,* el novelista vasco escribe: «¿Por qué nosotros, gente joven, que aunque no valgamos nada, valemos más que estos señores, no hemos de intervenir en estas cuestiones políticas? Inmediatamente la idea: hacer un periódico. Este sería una cosa similar a La Aurore *(sic)* de Clemenceau, una publicación que reunía sin dogma alguno a los socialistas, a los anarquistas y a los intelectuales independientes.» La carta está fechada el 7 de julio, sin año; por el contenido, sin embargo, tiene que ser de 1901. Por lo visto, Baroja también tuvo la ocasión en París de observar manifestaciones dreyfusistas y anti-dreyfusistas. Sus memorias demuestran que estaba ampliamente informado sobre todo el asunto (cfr. también Pérez de la Dehesa, «Zola y la literatura española finisecular», pág. 51).

[10] «Aristócrates de l'intelligence» era muy común en francés para expresar el concepto del intelectual como miembro de una «clase»; como peyorativo llegó a la abreviatura: «les Aristos».

nueva palabra, porque más que en ningún pensador de su tiempo —con la posible excepción de Costa— el concepto del intelectual como persona responsable e influyente está en el mismo centro de sus ideas sobre la «otra España». Conviene recordar también el éxito de su conferencia «La revolución y los intelectuales», dada en el Ateneo en 1910. Todo su pensamiento prepara el terreno para la actividad de los intelectuales de la generación de Ortega [11].

De 1898 sólo hemos podido encontrar un uso de la palabra en los escritos de José Martínez Ruiz: «González Serrano es uno de los intelectuales que más reciamente trabajan» («Gaceta de Madrid», *Madrid Cómico,* 19-III-1898). Pero es Unamuno el que nos facilita fijar el año 1898 como el definitivo para la incorporación al español del sustantivo «intelectual». Ya en 1896 Unamuno sostiene que la juventud «intelectual» significa para él la que se dedica al mundo literario, científico, del pensamiento y del periodismo, y que por implicación es un grupo que dirige e influye («La juventud 'intelectual' española», *O.C.,* Afrodisio Aguado, III, 461-471). Se sirve del sustantivo nuevamente, subrayándolo, en «La vida es sueño. Reflexiones sobre la regeneración de España», publicado en *La España Moderna* en noviembre de 1898: «En rigor, no somos más que los llamados, con más o menos justicia, *intelectuales* y algunos hombres públicos los que hablamos ahora a cada paso de la regeneración de España» (*O.C.,* III, 407). En este ensayo Unamuno se refiere claramente a un grupo que piensa y escribe con el fin de afectar el futuro de la nación; y para él es un grupo ya con cierta influencia que opera al margen de la política organizada. En el mismo mes escribe: «El deber de los intelectuales y de las clases directoras estriba ahora, más que en el empeño de modelar al pueblo bajo éste o el otro plan, casi siempre jacobino, en estudiarle por dentro, tratando de descubrir las raíces de su espíritu» («De regeneración. En lo justo», *Diario del Comercio,* 9-XI-1898, *O.C.,* IV, 1047).

[11] Sobre este tema véase el excelente artículo de Juan Marichal, «La 'generación de los intelectuales' y la política (1909-1914)», *Revista de Occidente,* 140 (noviembre 1974), 166-180.

Hacia finales de 1898 y principios de 1899, la palabra «intelectual» como sustantivo, con su significado más o menos especial, es tan frecuente que se puede tropezar fácilmente con una frase como la siguiente de Fernando Araujo, en que se analiza la crisis parlamentaria: «De este modo se han llegado a poner enfrente del Parlamento las masas, de un lado, y los intelectuales, del otro, dejándole aislado y sin savia, sin que nadie tenga fe en él» (*La España Moderna,* 121, enero de 1899, pág. 162). Y en los artículos que recopiló Rubén Darío en el libro *España contemporánea* —todos de 1899— encontramos el término nada menos que cuatro veces (*O.C.,* III, 59, 100, 110 y 253).

Así vemos que no sólo debemos a los jóvenes de 1898 la penetración en la lengua castellana del término «intelectual», sino también que fue la primera generación española que tenía una conciencia clara de su papel rector en la vanguardia política y social. El que se consideraban como pertenecientes a una «clase» nueva se infiere de todas las citas en que hemos visto el nacimiento del término «intelectual» y de ésta, de Unamuno, tomada de su ensayo «De patriotismo», de 1899: «Por encima de las patrias que luchan el triste combate, álzase la solidaridad de los 'intelectuales', y por debajo de ellos, la de los 'cordiales' de los pueblos todos. Lo que de ordinario llamamos patriotismo, el exclusivista, es cosa de la clase media en cultura» (*Las Noticias,* 10-IX-1899, *O.C.,* IV, 1068). No hay duda de que a partir de 1898, como reflejo de la concretización de la conciencia de que venimos hablando, el intelectual adquiere importancia como personaje literario. Máximo Manso, en *El amigo Manso,* sería el primer protagonista de novela presentado como intelectual; pero es importante la diferencia que hay entre la sátira de Galdós y la profundidad y la seriedad con que están tratados los mundos, digamos, de Pío Cid y Antonio Azorín. Se nos antoja proponer que el estudio de la evolución del intelectual como personaje de la novela española contemporánea —tema todavía no abordado por los críticos— serviría para mejorar nuestra apreciación de la relación entre el mundo sociopolítico y la fenomenología cultural.

DOS PERIODICOS ANARQUISTAS DEL 98

Sólo en los últimos años han venido los historiadores prestando atención a la importancia del estudio de los periódicos y revistas, para una comprensión más adecuada de la reacción de los escritores y pensadores frente a las crisis intelectuales de la España finisecular. Esta clase de investigación —por minuciosa y cansada que sea— también es necesaria para que podamos reconstruir con claridad y exactitud el ámbito cultural que llegó a determinar las direcciones literarias de la generación de 1898. Las más importantes revistas de la época —con una u otra excepción destacada, como, por ejemplo, *La España Moderna*— han sido tema de varios estudios excelentes [1]; y según se vaya adentrando el estudioso, no en el mundo de la publicación

---

[1] Guillermo de Torre, «La generación española de 1898 en las revistas del tiempo», *Nosotros,* XV (octubre 1941), 3-38; Germán Bleiberg, «Algunas revistas literarias hacia 1898», *Arbor,* núm. 36 (1948), 465-480; Guillermo Díaz-Plaja, *Modernismo frente a Noventa y Ocho* (Madrid, 1951); Geoffrey Ribbans, «Riqueza inagotada de las revistas literarias modernas», *Revista de Literatura,* XIII (1958), 30-47; Luis S. Granjel, «Baroja, Azorín y Maeztu, en las páginas del *Pueblo Vasco»*, *Cuadernos Hispanoamericanos,* núm. 109 (enero 1959), 5-17; Domingo Paniagua, *Revistas culturales contemporáneas* (Madrid, 1964); y entre otros de R. Pérez de la Dehesa, el estudio *El grupo «Germinal»: una clave del 98* (Madrid, 1970).

periódica y minoritaria, sino en los diarios de gran circulación[2], irá descubriendo aún más elementos para completar el cuadro del 98. Aquí pretendemos esbozar una biografía de dos periódicos españoles —La Campaña y Heraldo de París, publicados entre 1898 y 1904—, no tanto por su trascendencia en el mundo del periodismo, sino por ser símbolos de un momento de la historia intelectual de España.

La Campaña y Heraldo de París se dirigían a un público bastante numeroso en España y América Latina, y puesto que se publicaban en París, libres de la persecución y del dinero del gobierno, es probable que fueran una expresión más sincera de los sentimientos intelectuales de aquella época tan crucial. La popularidad de estos dos periódicos es evidente al lector de los madrileños, tales como El País, El Progreso, El Liberal, El Globo, etc., porque su contenido y su orientación editorial son fuente de frecuente comentario. Para el estudiante del período son legendarios, pero no han sido asequibles al investigador[3].

Figuraban como colaboradores algunos de los escritores más conocidos del día, y aparte del valor intrínseco de los artículos y cuentos individuales, que, en su mayor parte, quedan sin recopilar, interesan La Campaña y Heraldo de París por el hecho de que se fundaron para difundir el anarquismo bakuninista. Bakunin, a diferencia de Marx, quería que el proletariado destruyese el poder político, en vez de conquistarlo para adquirir su control. Sus teorías estaban basadas en una reacción contra el industrialismo en forma de una revolución de los campesinos rurales y los obreros de los pequeños negocios. Dentro del contexto de la lucha de clases, el hecho de que las ideas de Bakunin

---

[2] Hasta ahora sólo disponemos de un estudio —o biografía— de un diario importante: Manuel Ortega y Gasset, El Imparcial. Biografía de un gran periódico (Zaragoza, 1956).

[3] Nosotros los localizamos, por fin, en la Biblioteca Nacional de París, donde figuran en el catálogo como libros por Luis Bonafoux, su redactor jefe. Se encuentran, sin embargo, en la Salle des Périodiques bajo las siguientes signaturas: La Campaña, Lc² 5807; Heraldo de París, Jo 30114. Tenemos en nuestro poder copias fotográficas de la colección completa de ambos periódicos.

llegasen a tener cierta influencia en España, donde la industrialización se encontraba todavía en una fase primitiva, parece lógico. El ateísmo y el anticlericalismo predominaban en todos los escritos de Bakunin. En fin, abogaba por la eliminación, y, de ser necesario, por medio incluso de la violencia, de todo vestigio de autoridad —tanto estatal como eclesiástica—; y la estructura socio-política de la Restauración produjo el perfecto ejemplo de una burguesía autoindulgente. El anarquismo, en sus diversas formas, atrajo a no pocos intelectuales, y hacia la década de 1890 el terrorismo anarquista, como es sabido, había llegado a ser un factor social y político en toda España. Por la evolución ideológica de la mayoría de los miembros del 98, se ha tendido a evitar o ignorar el comentario a las ideas juveniles de algunos de ellos —Unamuno, Azorín, Baroja, Maeztu, Manuel Bueno—; la participación en las ideas e ideales ácratas ha sido en algunos casos marginal, pero un acercamiento al tema, y, en este caso, a hojear los periódicos que motivan el presente estudio, ayudará a un más claro entendimiento de esa época.

La Campaña apareció por primera vez el 5 de enero de 1898 y fue anunciado como semanario con la siguiente consigna: «A todos los que sufren, a todos los explotados, a las víctimas de la arbitrariedad del poder, de la reacción religiosa, de la tiranía de la prensa, del servilismo universitario, del despotismo del taller...; a todos hablamos, porque todos son nuestros camaradas, nuestros hermanos. Queremos libertad, queremos justicia, queremos igualdad ante el derecho y ante la naturaleza, queremos bienestar material para todos.» El periódico alcanzó veintitrés números y, por su confiscación y supresión en varias ciudades, dejó de publicarse el 8 de julio de 1898. Volvió a aparecer el primero de abril de 1900, con este anuncio: «Nos despedimos bloqueados, augurando la catástrofe del imperio colonial de España, y al volver a la prensa hallamos un país sin Cuba, sin Puerto Rico, sin Filipinas y, lo que es peor, sin ideales de ninguna especie.» Durante esta segunda época se publicaron diecinueve números; el último, el 5 de agosto de 1900. El primer número de *Heraldo de París,* una continuación de *La Campaña,* con el mismo formato y también dirigido por Luis Bonafoux, salió el 20 de octubre de 1900. Vivió cuatro años, con una interrupción entre diciembre de 1902 y diciembre de 1903. El *Heraldo* empezó como semanario, pero, como *La Campaña,* más tarde se publicó con intermitencias irregulares más o menos una vez al mes. En total salieron sesenta y nueve números; el último, el 27 de mayo de 1904. Puesto que estos periódicos no recibieron subvención —como era común en aquel tiempo—, y ni la administración ni los colaboradores cobraban, representaban un verdadero sacrificio de tiempo y energía en pro del movimiento anarquista.

Un breve comentario sobre la personalidad de Luis Bonafoux, redactor jefe y más constante colaborador de estos periódicos, es un punto de arranque lógico para una discusión e interpretación de su contenido. Bonafoux, nacido en Francia en 1855, pasó su infancia y adolescencia en Puerto Rico, y luego vino a España para completar sus estudios universitarios. Estudió Derecho en Salamanca y Madrid, pero volvió a Puerto Rico para luchar al lado de los independentistas y contra el gobierno español. En 1880, Bonafoux fue desterrado de la isla por un ataque contra el gobernador de entonces, Despujols, que publicó en un artículo, «El carnaval en las Antillas», en el periódico popular *La Unión.* Este mismo Despujols fue más tarde gobernador civil de Barcelona durante los procesos de Montjuich, y fue sin duda este detalle lo que contribuyó a la ira de los artículos de Bonafoux en contra de las injusticias sociales y políticas en Barcelona. Desde Puerto Rico, Bonafoux volvió a Madrid, donde se dedicó al periodismo. Fundó los semanarios *El Español* y *El Intransigente,* y era colaborador frecuente en las páginas de *El Globo* y *El Resumen.* Entre sus colegas se reconocía a Bonafoux como uno de los periodistas más importantes de su tiempo. Fue muy conocido por su estilo cáustico y pintoresco y por la manera noble y desinteresada con que defendió las causas de otros. Fue perseguido por algunos políticos en España y no tuvo más remedio que salir del país y fijar su residencia en París. En la capital francesa sirvió como corresponsal.

primero, de *El Liberal* y, más tarde, de *Heraldo de Madrid*. Respetado y admirado por todos los miembros de la generación de 1898, Bonafoux ayudó a varios de ellos en sus carreras de escritores. Por ejemplo, fue una carta de introducción de Bonafoux la que consiguió para el joven anarquista Martínez Ruiz un puesto en la redacción de *El País*.

Bonafoux, un anarquista declarado, se dedicó plenamente a promover el anarquismo en España. Baroja, que le conocía bien, por lo visto, ha escrito: «... tenía una gran preocupación por los anarquistas y, según aseguraba, él también lo era, no vagamente anárquico, como somos la mayoría de los españoles que no tenemos un buen destino o una cuenta corriente en el banco, sino del partido anarquista» [4]. Como se nos dice en los periódicos que consideramos, Bonafoux hizo varios viajes a Londres para hablar con los grandes anarquistas de la época: Kropotkin, Malatesta y Tárrida del Mármol, una de las víctimas de Montjuich. Fue claramente uno de los más declarados propagandistas del movimiento anarquista en Europa y, para apoyar el movimiento, organizó y dirigió *La Campaña* y *Heraldo de París*.

En la primera época de *La Campaña* (1898), el asunto que recibió más atención fue, claro está, la guerra en las colonias. En cada número Bonafoux, quien muy a menudo firmó *Aramis*, publicaba una «Crónica», en la cual hablaba de la guerra y del problema de España. Según él, Cánovas y su ministro de Ultramar, Moret, eran los culpables del Desastre. Creía que la guerra de Cuba hubiera podido ser terminada al ponerse de acuerdo Martínez Campos y Martí con respecto a las reformas necesitadas: «... pero Cánovas dobló la cerviz al yugo de los monopolizadores de la gran Antilla, la paz no se hizo...» (12-II-1898). El reinado de terror del general Weyler en Cuba y el asesinato del doctor Rozal por Polavieja en Filipinas se convirtieron para él en símbolos de un gobierno mal llevado en las colonias. El odio de Bonafoux hacia el régimen también se manifestó

---

[4] *Final del siglo XIX y principios del XX* (Madrid, 1951), página 318.

en un anticlericalismo violento, característica del anarquismo bakuninista: «Para reformar a Filipinas, hay que reformar al fraile: porque el fraile es a la infecta política madrileña lo que el cuervo al cadáver. Porque el fraile es la mosca borriquera del pueblo español» (5-I-1898). Expresó sentimientos antiamericanos y le repugnó la intervención de los Estados Unidos en la guerra; pero, al mismo tiempo, reconoció que España iba a una derrota de mayor consecuencia y reitera en sus artículos que la pérdida se debía al Estado y la Iglesia españoles.

Los artículos de Bonafoux encuentran resonancia en escritos políticos de Nicolás Estévanez y Pi y Margall; en otros de Ricardo Mella, en que se expone la teoría anarquista, y, por fin, en artículos de crítica social con tendencia ácrata del futuro Azorín, artículos y cuentos de Unamuno, Manuel Bueno y Zamacois, cuentos eróticos de Enrique Gómez Carrillo, Rosario Acuña y el mismo Bonafoux, y diatribas anticlericales de José Nakens.

El tono de las colaboraciones del joven Martínez Ruiz se establece en el primer artículo que publica en *La Campaña*, «El Cristo nuevo»: «Cristo es anarquista, partidario del amor universal, destructor de todo poder, perseguidor de toda ley. Dice a los obreros: '¡Levántate y lucha!'» (5-I-1898). También contribuye con una serie de artículos titulados «Chavari», que son continuaciones de los que escribió para *El País* en 1896-1897 y que recopiló en libro. Son entrevistas e impresiones sinceras, sin falsos elogios, de algunas de las personalidades más destacadas del momento: Benavente, Sellés, Pardo Bazán, Vico, Unamuno, Ignacio Iglesias y Vicente Medina. Aunque a veces se muestra conforme con lo que dicen, el comentario de Martínez Ruiz es en su mayor parte iconoclasta. El número del 26 de febrero de 1898 trae la noticia de que Martínez Ruiz había sido desafiado por Dionisio de las Heras («Juan Rana») a causa de un artículo considerado injurioso. Aparentemente, el asunto se resolvió sin violencia.

Como pequeña contribución a un estudio de las relaciones entre los del 98 —las cuales, como sabemos, sufrieron importantes altibajos— aludiremos a lo publicado por Martínez Ruiz en las páginas de *La Campaña* sobre Unamuno y Maeztu. En la entrevista con Unamuno, que apareció el 26 de febrero de 1898, el profesor salmantino le critica al joven periodista el enfoque de su artículo «El Cristo nuevo»; y refiriéndose a los jóvenes intelectuales del anarquismo, entre los cuales cuenta Martínez Ruiz, dice: «En el fondo de todo ello, lo que hay es que viven ustedes en la obsesión de la vida, sin tener presente en todos los momentos que se muere una sola vez y para siempre. Trazan ustedes un cuadro seductor de lo que podría ser una sociedad anárquica... ¿Para qué he de luchar por la emancipación de los hombres, que al morir vuelven a la nada?... Por debajo de los hermosos ensueños del anarquismo, de la ilusión de un paraíso terrenal, asoma siempre la inmensa tristeza del nihilismo. El anarquismo mismo, la lucha por las reivindicaciones sociales, sólo tiene para mí un sentido, y es que, libertando al hombre de la angustia del pan de cada día y de gran número de miserias terrenas, le deja lugar a mirar hacia arriba y a atender a su unión con Dios. Lucharé, sí; pero es porque creo en el Cristo eterno y en la otra vida.» Martínez Ruiz le pregunta sobre la evolución de su pensamiento debida a su crisis espiritual y describe a Unamuno como «un filósofo de la soledad, un asceta literario». Si Martínez Ruiz no critica abiertamente el abandono por parte de Unamuno de una conciencia social, el tono maravillosamente irónico de la entrevista demuestra su desacuerdo [5].

Hay también un artículo en *La Campaña* (1-IV-1900), «Maeztu», firmado por Martínez Ruiz, que indica el respeto que tiene por Maeztu como pensador y escritor: «Ama la vida moderna, con su industria poderosa, sus grandes fábricas, sus enormes empresas comerciales; toda la agitación febril, todo el ruido, todas las emociones infinitas, complicadas, bruscas, sutiles, rudas, del trato humano de los tiempos. Y en medio del ensordecedor estruendo de ese gigan-

---

[5] Por indicación de nuestra bibliografía sobre el periodismo de Martínez Ruiz, últimamente José María Valverde ha recogido este artículo y «El Cristo nuevo» en *Artículos olvidados de J. Martínez Ruiz* (Madrid, Narcea, 1972).

tesco comercio, él, la pluma en la mano, las cuartillas delante, conserva una calma inalterable, una tranquilidad sajona, mezcla de altanería y desprecio. ¿Sincera? ¿Afectada?... En todo caso Maeztu tiene empuje, tiene *idea*. Acaso llegue a ser un gran artista. González Serrano cree que sí; yo digo lo mismo...» En este contexto y para destacar la fuerte independencia de estos escritores alrededor de 1898, conviene recordar que dos años antes Maeztu había atacado brutalmente a Martínez Ruiz en su artículo en defensa de Joaquín Dicenta, «Carta íntima» *(El País,* 4-I-1898) [6], y que iba a polemizar con él en términos bastante personales, sobre el significado del estreno de *Electra* en 1901, asunto tratado en otro ensayo incluido en este libro.

El futuro Azorín también mandó a *La Campaña* varios resúmenes de las atrocidades de Montjuich, un acontecimiento político que, explotado por los intelectuales, iba a afectar hondamente a la opinión internacional con respecto al gobierno español bajo la Restauración. Como es sabido, en junio de 1896, después de que estalló una bomba en la calle de Cambios Nuevos en Barcelona, todos los sospechosos de anarquismo fueron llevados ante un tribunal militar y sentenciados al encarcelamiento en el castillo de Montjuich. Puesto que no hubo evidencia en contra de ellos, la acción se interpretó como un intento oficial de eliminar al elemento anarquista. El 4 de mayo de 1897, cinco fueron ejecutados. Otros, entre ellos Pedro Corominas, quedaron en prisión donde fueron inhumanamente torturados por el teniente Portas, que llegó a ser símbolo de las crueldades brutales del ejército. Este episodio y el asesinato en 1896 de un grupo de republicanos por la Guardia Civil en Novelda sirvieron de blancos para la propaganda anarquista. Las colaboraciones de Martínez Ruiz se titularon «El horror de Montjuich» y se formaron casi totalmente de descripciones por los propios prisioneros de las torturas impuestas por Portas. El tratamiento increíble consistía en dejarles en una celda durante mucho tiempo absolutamente sin luz, y luego

---

[6] Artículo reproducido en la monografía ya mencionada de Pérez de la Dehesa, *El grupo «Germinal»,* págs. 75-77.

torcerles y quemarles los testículos (25-I-1898). La participación de los intelectuales españoles en la revisión del proceso de Montjuich ha sido estudiada por Rafael Pérez de la Dehesa[7], y *La Campaña* tuvo un papel principal en la protesta. En el caso de Martínez Ruiz, es de recordar aquí que tradujo al castellano, en 1897, el folleto de Kropotkin *Las prisiones.*

Una postura anticlerical se vislumbra en todo número de *La Campaña,* y citas de la columna de José Nakens, «Miscelánea demagógica», sirven para ilustrar la severidad, y hasta vileza, del sentimiento:

«Baja [Dios] a la tierra, entérate de la pillería que vive tomando tu nombre en boca para deshonrarlo, y ten un arranque digno de tu omnipotencia» (5-III-1898).

«¿Por qué el clericalismo predomina? Porque son los dueños de la sociedad los que viven del fraude, del robo, de la inmoralidad en todas sus manifestaciones» (12-III-1898).

«En ningún ser humano deben ser los goces del amor más grandes que en el cura...» (26-III-1898).

El predominio del erotismo en los escritores de la época también se asociaba con el anarquismo, cuya meta principal fue la destrucción de las convenciones y reglas de la sociedad. No es el erotismo de un Valle-Inclán, con trascendencia estética. Proviene del deseo de chocar, de rebelarse contra las costumbres sociales aceptadas. Es, en cierto modo, un *tremendismo.* En los primeros números de *La Campaña* salió en folletín la novela erótica de Gómez Carrillo, *La suprema voluptuosidad.* El erotismo en los cuentos y artículos de *La Campaña* es sugestivo, patente y, en algunos casos, casi pornográfico. En un artículo, «Literatura libre», Gómez Carrillo pide a otros escritores una descripción franca del acto sexual, desde el deseo al orgasmo (25-I-1898).

La segunda época (1900) de *La Campaña* sólo duró, como queda dicho, cuatro meses. Su orientación política no había cambiado; y aunque no había acontecimientos tan dramáticos como la pérdida de las colonias y el proceso de Mont-

---

[7] «Los escritores españoles ante el proceso de Montjuich», *Actas del Tercer Congreso Internacional de Hispanistas* (México, 1970), páginas 685-694.

juich, la calidad del periodismo parece superior. Bonafoux y Martínez Ruiz siguen con sus excelentes artículos en que atacaban todo lo oficial y todo lo establecido y se sumaron a la redacción tres de los periodistas progresistas más conocidos del día: Roberto Castrovido, Rodrigo Soriano y Ricardo Sánchez Díaz. Los tres eran de tendencia anarquista. Soriano había fundado la revista madrileña *Vida Nueva*, donde trabajaba Castrovido también; y los dos escribían para *El Pueblo* de Blasco Ibáñez, uno de los periódicos más violentos de fines del siglo XIX. Soriano y Castrovido habían sido encarcelados por sus ataques verbales contra el gobierno.

En el segundo año de *La Campaña* vemos también el comienzo de una sección especial sobre América Latina, encargada al venezolano Miguel Eduardo Pardo. Y la tercera página de cada número está dedicada a la publicación de las memorias del revolucionario puertorriqueño, Betances. *Vida Nueva* había iniciado la publicación de dichas memorias en Madrid, pero, después de tres números, fueron suprimidas por el gobierno a causa de su contenido radical (1-IV-1900). Betances, un médico que había estudiado en París y luego volvió a Puerto Rico, fue un enemigo activo del régimen español. Murió en el exilio en París en 1898, y sus memorias y correspondencia proporcionan unos conocimientos interesantes sobre las injusticias y brutalidades españolas en las colonias. Más tarde Bonafoux recopiló estas crónicas en el libro *Betances*.

El primer número de *Heraldo de París* lleva la fecha del 20 de octubre de 1900, unos meses después del último número de *La Campaña*. Bonafoux es otra vez el redactor jefe; ya no colaboran Martínez Ruiz y Unamuno, pero la poesía de Vicente Medina y Manuel Paso y los cuentos de Sánchez-Díaz aparecen con frecuencia. La tercera página se publica bajo la rúbrica «América» y está dedicada, en gran parte, al general Cipriano Castro y a los detalles de la revolución en Venezuela. El cambio más significativo, sin embargo, concierne a la postura oficial e internacional del periódico frente al anarquismo. Junto a las firmas de Castrovido, Soriano y Mella, vemos ahora las de Pi y Margall,

Francisco Macein, Anselmo Lorenzo, Francisco Villanueva (Julio Termidor), Tárrida del Mármol y Enrico Malatesta, probablemente el anarquista más famoso de aquellos años. En una declaración de propósito, Bonafoux ofrece el *Heraldo* como órgano para precipitar la huelga general de Barcelona: «Para ayudarla en todo, *Heraldo de París* se ha puesto a las órdenes de la Federación [8]. Yo iré a Londres para recibirlas de Malatesta: que, por cierto, no está en la cárcel de La Coruña, como aseguraron varios periódicos de España, sino en Londres y en su taller: trabajando, trabajando... (5-I-1901).

Se intensifican los ataques contra el gobierno español y el clero: «El inmoral concubinato del clero y la monarquía han sido siempre los principales causantes de la ruina de España» (16-III-1901). Romero Robledo, Silvela, Sagasta y Moret son crucificados. El resentimiento por estas críticas por parte del régimen se amargó hasta tal extremo que Bonafoux fue desafiado por un diputado, el vizconde de Irueste; y en otra ocasión, un juez viajó hasta París para sentenciarle. Las siguientes palabras de Soriano son representativas de los numerosos ataques anticlericales publicados en el *Heraldo:* «Basta con ser cura o fraile para permitirse violar o matar casi impunemente... Basta con ser cura o fraile para gozar de todos los privilegios en España. El país se divide en dos castas: los de sotana, a un lado; los seglares, a sus pies» (11-XI-1900).

Pi y Margall menciona el anarquismo como la única salvación del liberalismo, y varios artículos de Mella informan al lector sobre la doctrina anarquista. El mal, escribe Mella, viene en la forma de instituciones políticas y sociales: «Para destruirlo [el mal], es necesario orientar el pensamiento hacia la iniquidad de la política, de la economía y de la religión, que cuenta las víctimas por millones, hacia la universal miseria y desnudez en que vive el pueblo: hacia las dos grandes injusticias que se llaman Es-

---

[8] La Federación Regional de las Sociedades de Resistencia de España, asociada con la Federación Regional Española de la Internacional de Trabajadores, la principal organización del movimiento bakuninista. Predicaban anarquismo, colectivismo, ateísmo y antimilitarismo.

tado y Propiedad, de donde todo el mal se deriva y huye con espanto, el bien» (8-XII-1900). Insiste en el hecho de que todo anarquista no quiere más que la reivindicación de los derechos humanos: «Proponemos simplemente copar a la burguesía capitalista, al clero ensoberbecido, al militante endiosado, a la política encanallada. Proponemos liquidar la reacción» (18-XI-1900). Bonafoux nos presenta sus ideas sobre la autoridad: «O los hombres no se conformarán a la razón, en cuyo caso la sociedad, con o sin gobierno, será irracional; o los hombres se conformarán a la razón, en cuyo caso no hay necesidad de gobierno. La razón lleva a la *Anarquía*» (29-VII-1901).

El 12 de enero de 1901, en un artículo firmado por Tárrida del Mármol, *Heraldo de París* da su apoyo a la necesidad de una huelga general en España. En otro artículo, por Malatesta, «¡España resucita!», aparecido en febrero, se incita al proletariado español a ir a la huelga para eliminar las injusticias propagadas por las clases dominantes. Malatesta avisa que puede haber violencia: «La clase dominante, amenazada en sus privilegios, se defenderá a todo trance. Dispone de los fusiles. La cuestión tendrá, en último caso, que decidirse a tiros» (16-II-1901). El 17 de febrero de 1901, más de 80.000 obreros se declararon en huelga en Barcelona. El ejército los ametralló y mató a muchos; otros fueron detenidos y llevados presos al barco *Pelayo*. Fueron torturados de la misma manera que los encarcelados en Montjuich, y mucho de lo escrito en *Heraldo de París* en 1901 es de protesta contra las represalias tomadas por el gobierno.

Es evidente que Bonafoux y sus colaboradores aprueban la violencia como medio para derrumbar la estructura sociopolítica. Hay un artículo en que se dan instrucciones sobre cómo hacer dinamita (5-IV-1902) y uno que describe un nuevo tipo de explosivo muchas veces más destructivo que la dinamita (3-XII-1903). En varios artículos elogiando a Czologsz, el asesino de MacKinley, y a Miguel Angiolillo, el asesino de Cánovas, se les presenta como símbolos de la protesta del proletariado contra las injusticias del Estado, elevándoles al nivel de mártires. Bonafoux escribe: «No mató Angiolillo a un hombre: aplastó a una fiera, conjunto de astucia, soberbia y crueldad, llamado don Antonio Cánovas del Castillo... Ya en la plataforma, desde cuya altura veía al pueblo tras los muros del patio de la cárcel, con voz fuerte y vibrante, pronunció la bella y simbólica palabra: '¡¡GERMINAL!!'...» (20-VIII-1901).

La poesía publicada en *Heraldo de París* es en gran parte de tendencia socialista o anarquista. Hay, no obstante, varios poemas de Rubén Darío, Julián del Casal, Díaz-Mirón, Gutiérrez Nájera, etc., que son buenas muestras de la poesía modernista. (Entre paréntesis, apuntamos aquí la importancia que se le da a Vargas Vila, el escritor colombiano. El panorama de la literatura latinoamericana que nos llega a través del *Heraldo* en su sección «América», se filtra desde luego por los gustos parisinos.) Vicente Medina, conocido por sus descripciones contemplativas y musicales del paisaje y tipos de Murcia, es un buen ejemplo del artista-intelectual español, cuyas preocupaciones llegan a ser sociales durante los años críticos aquí tratados. Medina publica veintisiete poemas en el *Heraldo,* y todos son ejemplos de *poésie engagée.* El tema de uno, por ejemplo, es la huelga en Gijón (9-II-1901); otro, un retrato favorable del asesino de MacKinley (23-XII-1901). En un poema típico de los que publica en el *Heraldo,* «¡Id, vagos!», ataca a los explotadores del proletariado:

> *Madrugad con el sol, id donde explotan*
> *con saña vil a las humanas bestias...*
> *Id a los campos, id a los talleres,*
> *a los lóbregos antros de la tierra...*
> *¡Id, vagos!, que confío*
> *en que habéis de sentir, cual yo, la afrenta*
> *Id, y veréis la vida,*
> *robada por vosotros, cuánto cuesta...*
> *Id y leeréis en las fruncidas frentes*
> *la sorda tempestad que, justiciera,*
> *de los desamparados...*   (I-IV-1901)

Bonafoux, que ensalza muy a menudo a los escritores de 1898, critica a Galdós en una serie de artículos en *He-*

raldo de París. Es probable que esta actitud negativa tenga sus raíces en el deseo de Bonafoux de denigrar las reputaciones de los escritores de la Restauración. Esta fue a veces la postura de los del 98, y después de la muerte de Clarín, Bonafoux, que había polemizado varias veces con el escritor asturiano, se muestra claramente partidario del movimiento iconoclasta: «Cánovas en política y Clarín en literatura eran dos almas gemelas, la conjunción de dos vanidades monstruosas, dos tiranos de un mismo cuadro de la historia española contemporánea: uno en Montjuich; otro en Oviedo» (22-VI-1901). Así, Bonafoux alaba el drama *Electra,* de Galdós, por su intención anticlerical (23-II-1901); pero luego pone en tela de juicio la sinceridad del anticlericalismo de don Benito, porque, según Bonafoux, el novelista abandonó a su amante, Concha Ruth Morell, en un convento en Santander (5-IV-1902). En 1904, el redactor jefe del *Heraldo* escribe una reseña sobre la representación de *Electra* en París, y asegura al lector que fue un fracaso (27-V-1904). En otro artículo en que se opone Bonafoux a un homenaje a Galdós propuesto por Manuel Bueno, critica al novelista por su falta de originalidad: «El señor Galdós imitó antes a Dickens, imitó después a Zola y en la escena del teatro quiere ser ibseniano. No me gusta» (26-III-1904).

En conclusión, *La Campaña* y *Heraldo de París,* a causa de su inmunidad a las represalias del gobierno español, contribuyen a aclarar el papel y la forma del movimiento anarquista en España. Los artículos del futuro Azorín, los cuentos de Unamuno y los poemas de Vicente Medina, entre otros casos, pueden sorprender a algunos, pero representan otra confirmación de los contactos que tenían los escritores de la época con los círculos anarquistas —hecho que pone de manifiesto la preocupación por la lucha de clases a la vuelta del siglo—. Luis Bonafoux se destaca como una figura importante para un estudio de la generación de 1898; no porque pertenecía al grupo, sino porque, a través de su interés en el trabajo de ellos y su actitud sincera e iconoclasta, tendió un puente entre las ideologías de la literatura contemporánea y el anarquismo.

JOSE MARTINEZ RUIZ (ESTUDIO SOBRE EL ANARQUISMO DEL FUTURO AZORIN)

El hecho de que se hubiese estudiado a Azorín más por la motivación estética de sus ideas en sus libros más difundidos, regaló al olvido el análisis de su desarrollo intelectual juvenil. El mismo autor, repudiando su primera época, impidió la inclusión de esos folletos raros en sus *Obras completas* editadas por Caro Raggio en 1920-1922, y se resistió a coleccionar sus artículos periodísticos de fines del siglo XIX, sin duda su labor más seria y más honrada entre los años 1894 y 1904. Desde la publicación, en 1947, de sus *Obras completas,* cuidadas por Angel Cruz Rueda, hemos podido vislumbrar el pensamiento y personalidad del joven Martínez Ruiz a través de los folletos y libros ausentes en la edición de los años veinte; sin embargo, la deliberada omisión, por parte del autor y del coleccionador de la nueva edición de *Obras completas,* de la obra periodística enmarcada entre 1894, el año de su primera colaboración conocida en revistas y periódicos, y 1904, año en que toma el seudónimo Azorín, símbolo, sin duda, de un cambio de orientación vital, obligó a una reconsideración del tema. Tal revisión nos indica la trayectoria de su pensamiento, valioso no sólo como base ideología del escritor, sino también como capítulo para la historia intelectual de la juventud española al final del siglo XIX.

Tenemos en nuestro poder más de doscientos cincuenta artículos que Martínez Ruiz publicó en los periódicos *El Pueblo* (1895-1896), *El País* (1896-1897), *El Progreso* (1897-1898), *La Campaña* (1898), *La Correspondencia de España* (1900-1902), *El Globo* (1902-1903), y en esas revistas efímeras, *Bellas Artes* (1894-1895), *Revista Nueva* (1899), *Vida Nueva* (1899-1900), *Electra* (1901), *Madrid* (1901), *Juventud* (1902) y *Alma Española* (1903-1904)[1]. En estos artículos se destaca su interés por problemas sociales y se nota, sin que esto deje de ser curioso, la falta de preocupación estética. Leía y estudiaba, como nos dice varias veces, los libros más conocidos sobre las teorías, entonces en boga, de sociología, política y filosofía, y encuentra las soluciones para el porvenir español y humano en el anarquismo de Pedro Kropotkin, Auguste Hamon, Ernesto Renán y Sebastián Faure. Es el propósito de este estudio puntualizar las ideas anarquistas de Martínez Ruiz, sorprendentes por su consistencia teórica, y destacar sus consecuencias en su vida profesional y personal. Desde que publicamos en *Revista de Occidente,* en 1966, el texto que reproducimos abajo, han aparecido varios estudios importantes —a los cuales remito al interesado— que redondean y profundizan el tema aquí tratado[2].

---

[1] Véase nuestro trabajo «Una bibliografía anotada del periodismo de José Martínez Ruiz *(Azorín), 1894-1904*», *Revista de Literatura,* XXVIII, 55-56 (1965), 231-244; y Paul Smith, «Seven Unknown Articles by the Future *Azorín*», *Modern Language Notes,* vol. 85, número 2 (marzo 1970), 250-261. Algunos de los artículos de Martínez Ruiz son ahora asequibles al lector en el art. cit. de Smith, en el libro de Rafael Ferreres, *Valencia en Azorín* (Valencia, 1968), y en la reciente recopilación hecha por José María Valverde, *Artículos olvidados de J. Martínez Ruiz* (Madrid, Narcea, 1972).

[2] El artículo de R. Pérez de la Dehesa, «Azorín y Pi y Margall», *Revista de Occidente,* núm. 78 (setiembre 1969), 353-362; el libro de J. M. Valverde, *Azorín* (Barcelona, 1971); nuestros prólogos a las ediciones de *La voluntad* (Madrid, 1969) y *Antonio Azorín* (Barcelona, 1970); y sobre todo, el excelente ensayo de Carlos Blanco Agui-

I

A fines del siglo XIX había varias maneras de entender el anarquismo —claro está, una teoría socio-política que derivaba del socialismo—; todas ellas proclamaban los derechos del hombre frente a cualquier manifestación de autoridad, pero diferenciándose en la reorganización de la sociedad. En España, los primeros pensadores anarquistas procedieron, casi todos, de los rangos federalistas y se inspiraban en los libros de Pi y Margall, *Revolución y reacción* (1845) y *Las luchas de nuestros días* (1877), obras en sí mucho más radicales que la plataforma política del insigne español. Aun con la evolución del pensamiento anarquista, los ácratas siempre consideraban a Pi y Margall como el padre del anarquismo español y su máxima autoridad. El respeto que Martínez Ruiz le tenía como filósofo anarquista se destaca en la cantidad de artículos que dedica a su pensamiento y actividad [3].

La organización del movimiento anarquista en España comienza en el año 1868, cuando Bakunin, a la caída de Isabel II, mandó a su amigo, Giuseppe Fanelli, a Madrid. Por la propaganda de Fanelli y sus discípulos españoles, el anarquismo colectivista de Bakunin fue la teoría que dominó la escena intelectual hasta finales de la década 1880. Esta doctrina aseguraba a la colectividad, después de la revolución, la posesión de toda la propiedad y de los medios de producción, pero todo el mundo tenía la obligación de trabajar y cada individuo recibía el producto de su trabajo. Más tarde, el aspecto altruístico ganaba terreno en el pensamiento de los principales teóricos españoles, tales como Alfredo Calderón y Ricardo Mella. El hombre sólo debe producir según sus aptitudes físicas,

---

naga, «Los primeros libros de Azorín», incluido en su libro *Juventud del 98* (Madrid, 1970).

[3] Entre los más importantes son: «Crónica», *El País*, 26-I-1897; «En casa de Pi y Margall», *Vida Nueva*, 24-XII-1899; y «El 11 de febrero (Pi y Margall)», *El Globo*, 11-II-1903. Tampoco hay que olvidar que Pi y Margall escribió el prólogo al estudio de Martínez Ruiz, *Sociología criminal* (1899). Véase también el art. ya cit. de Pérez de la Dehesa.

3

morales e intelectuales, y consumir sus necesidades dentro del amor y de la fraternidad humana.

En los últimos años del siglo, pues, la doctrina con más prestigio entre los españoles era la del anarquismo comunista, entre cuyos propagadores mejor considerados militaban Pedro Kropotkin, el príncipe ruso, y Sebastián Faure, ex-seminarista jesuita francés. Para esta teoría, la suprema ley que rige a los hombres es la ley de la evolución de la humanidad desde un estado menos feliz a otro más feliz posible. Llegando la humanidad al estado más feliz, acabará por desaparecer el Derecho legislado y, por consecuencia, el Estado. La propiedad se organizará de tal manera que no exista sino propiedad social. Su divisa «De cada uno, según sus fuerzas; a cada uno, según sus necesidades», fue más acorde con los principios de justicia y solidaridad, ya que el consumo es independiente de las facultades personales [4]. José Martínez Ruiz fue teórico y propagandista de este movimiento [5].

La increíble difusión en España de dos tratados anarquista-comunistas, *La conquista del pan,* de Kropotkin, y *El dolor universal,* de Faure, y el copioso comentario de Martínez Ruiz sobre ellos, nos ayudan a estudiar el pensamiento del joven intelectual español. En *La conquista del pan,* Kropotkin halla el futuro bienestar de la raza humana en la expropiación de la propiedad y los medios de vi-

---

[4] Imprescindible para el estudio de la evolución del pensamiento anarquista en España es el libro *La evolución de la filosofía en España,* de Federico Urales (Juan Montseny), Barcelona, 1934; publicado primero en folletín en *La Revista Blanca,* 1901-1903. Hay una edición por Pérez de la Dehesa, Barcelona, 1968.

[5] Dejemos hablar al mismo autor, citando de un artículo en que comenta el socialismo y el Congreso de Londres: «Los comunistas anarquistas tienen por ideal el comunismo libertario, sin gobierno, sin autoridad. La mayoría de entre ellos son revolucionarios que pretenden hacer tabla rasa de la sociedad actual para establecer el comunismo. Se diferencian de los socialistas alemanistas sencillamente por su táctica, porque no aceptan como estos últimos el parlamentarismo como medio de agitación...

Nosotros no luchamos por la dominación, no queremos reemplazar lo que existe por una nueva forma de dominación. No queremos leyes...« («Crónica», *El País,* 3-I-1897).

34

vir. Sin embargo, se da cuenta de que la eliminación de la preocupación por el pan sólo es el primer paso hacia el bienestar del hombre que también necesita una vida espiritual e intelectual —un punto en que insiste muy a menudo Martínez Ruz en sus artículos de propaganda[6].

Entre los primeros artículos de Martínez Ruiz encontramos una reseña muy larga sobre el libro de Kropotkin. Fue publicada el 17 de noviembre de 1894 en la revista valenciana *Bellas Artes*. Coincide Martínez Ruiz con el príncipe ruso con respecto a su fe en el progreso de la humanidad, y opina con él que la sociedad anarquista será un hecho. Sin embargo, creo que es absurdo pensar, como Kropotkin, que la sociedad puede cambiar de un día para otro. Es más bien cuestión de una evolución lenta de la humanidad[7]. Pero en el mismo artículo no deja de exhortar a los obreros a que aceleren la marcha del progreso, trabajando por sí mismos, en vez de esperarlo todo del Estado, como hacen los «cándidos» socialistas. Más tarde, en un artículo publicado en *El País* el 7 de febrero de 1897, dice que sabe que de una sola revolución no saldrá una sociedad modelo en que los hombres sean libres e iguales, en que el trabajo y el goce sean compartidos por todos. Y termina: «¿Condenaremos por eso las revoluciones? Nada más erróneo; seríamos entonces cómplices de los tiranos y auxiliares de los falsos radicales que predican la muerte de la revolución.» Martínez Ruiz, entonces, como la mayoría de los sociólogos evolucionistas, creía en la revolución como medio para ayudar la evolución de la humanidad.

El libro de Faure, *El dolor universal* (1895), es de otra índole, adhiriéndose, sin embargo, a la filosofía de Kro-

---

[6] «Hay cierto modo de entender la cuestión social que me repugna: el *marxista,* hoy, afortunadamente, en decadencia. El socialismo marxista es, como se ha dicho, un materialismo de la historia... Esto es sencillamente reducir, empequeñecer la cuestión social; limitarla a la cuestión del pan... El hombre antes que un animal es un ser espiritual.» «Clarín en el Ateneo», *El Progreso,* 17-XI-1897.

[7] «Indudablemente la humanidad camina hacia el comunismo anarquista, pero camina con paso tardo. El progreso es lento, y en esta misma lentitud está la firmeza de su obra.»

potkin. Es un largo estudio (dos tomos) sobre las causas del dolor humano, lleno de estadísticas económicas e historia política. Argumenta Faure que la causa de todos los males, físicos e intelectuales, que sufrimos no está en la naturaleza y que hay que buscarla en otra parte. De ahí, es natural que la encuentre Faure en las instituciones sociales, cuyo principio operante es la autoridad. Así, pues, hay que cambiar el organismo social y el lema empleado para realizar este fin es: «Instaurar un medio social que asegure a cada individuo toda la suma felicidad adecuada en toda época al desarrollo progresivo de la humanidad.»

Martínez Ruiz, convencido por la lógica y la profundidad del pensamiento de Faure [8], acepta sin reserva el lema que cita muchas veces a lo largo de estos artículos y, por cierto, toda la filosofía determinista que implica. Es de recordar en este momento su interés por Taine y Spencer [9], sus explicaciones bien estudiadas de las teorías deterministas de criminología y de crítica literaria en *Sociología criminal* (1899) y *Evolución de la crítica literaria* (1899), la frase «el medio hace al hombre» de *La voluntad* (1902), y su declaración: «Soy un determinista convencido», publicada en *El País* el 6 de enero de 1897.

El determinismo de Martínez Ruiz le hace combatir la teoría correccionalista de Derecho Penal. A través de una lectura de *Sociología criminal,* se ve en los varios comentarios que hace el autor sobre las teorías de la responsabilidad criminal que la encuentra en la estructura de la sociedad, y no en el delincuente. Es decir, el delincuente comete un crimen no por ser desequilibrado, sino porque le maltrata el organismo social. Siguiendo la pauta de Faure, Martínez Ruiz dice que encerrarle es crearle dolor, y eso no elimina la causa del crimen —al contrario, la agrava—. En esta conexión, no debemos olvidar que Martínez Ruiz

---

[8] De Faure dice Martínez Ruiz lo siguiente: «No hay nadie que le supere en el rigor de su lógica, en la profundidad de su pensamiento, en la elocuencia de su estilo... Es un pensador y un *santo*.» «Crónica», *El País,* 26-I-1897.

[9] Cfr. nuestro artículo, «Azorín y la evolución literaria», incluido en este tomo.

traduce en 1897 la conferencia de Kropotkin, *Las prisiones*, conferencia en que el pensador anarquista aboga por la eliminación de las prisiones, medio inadecuado de corrección. También en una entrevista con Pedro Dorado monteros, a quien admiraba mucho Martínez Ruiz, le censura su correccionalismo [10]. Tomando en cuenta las ideas correcionalistas extremadamente humanitarias de Concepción Arenal y del mismo Dorado y su popularidad en España en estos años, la posición de Martínez Ruiz sirve para demostrar su radicalismo utópico.

Ahora bien, ¿en qué consiste el medio social que tenemos que derrumbar?, o, dicho de otra manera, ¿cuáles son las instituciones sociales que coartan el libre desarrollo de la actividad humana? Faure dedica la mayoría del segundo tomo de *El dolor universal* a este problema, pero nosotros nos limitaremos a las ideas de Martínez Ruiz, que, en efecto, son parecidas a las del francés y otros anarquistas. Para él, las instituciones que más estorban los derechos del hombre son la Patria, la Iglesia, el Estado y el matrimonio —entes sociales todos que se mantienen por la fuerza de los más y por la debilidad, la inercia, mejor, de los menos [11]—. La fuerza, para Martínez Ruiz no significa la fuerza física, policíaca o militar, sino más bien una dominación de la escena ideológica, la imposición de las ideas que favorecen a unos sobre el resto de la sociedad. En su artículo «Todos fuertes», publicado en *Juventud* el 15 de marzo de 1902, escribe: «No quiero que haya fuertes y débiles. Hagamos desaparecer la desigualdad del medio y tendremos el bienestar para todos.»

La única patria que puede existir en la sociedad anarquista, según Martínez Ruiz, es la de una comunidad de intereses. En España, donde librecambistas luchan contra proteccionistas, agricultores contra industriales y catalanes contra andaluces, no hay tal unidad y crece el dolor [12]. El Estado se apoya en el Parlamento y su sistema de Dere-

---

[10] «Pedro Dorado», *El País*, 4-II-1897.
[11] «Crónica», *El País*, 7-II-1897.
[12] «Crónica», *El País*, 7-II-1897.

cho, en que tienen su origen instituciones como el matrimonio y leyes como *la ley de represión anarquista*. Martínez Ruiz ataca el sufragio universal, que, según él, no es universal; y critica la falta de sinceridad y el egoísmo en el parlamentarismo. Satiriza muchas veces los anhelos carnales de los clérigos y comenta cómo embrutece la educación religiosa al pueblo. El matrimonio, dice nuestro anarquista, es profundamente inmoral porque viola todas las leyes de la naturaleza humana. En primer lugar, la mujer, quedando esclava de la casa y viviendo así apartada de la sociedad, pierde su igualdad frente al hombre. Y, en segundo lugar, el matrimonio mata al amor, clave de la libertad individual [13]. Hay varios artículos en favor de Belén Sárraga y el feminismo, y en uno de ellos declara que no tiene mujer porque es enemigo de la propiedad (argumento también de Faure); y que es preciso darle a la mujer una educación idéntica a la del hombre. Sobre todo, no debe escandalizarse frente al acto sexual, porque es natural [14].

Martínez Ruiz cree que todo ser humano, explotado y privilegiado, es esencialmente bueno, y en la nueva sociedad no se busca reivindicación, sino la dicha para todos. Este concepto moral, convirtiendo el anarquismo en un nuevo cristianismo, es un concepto muy común en el anarquismo comunista, inspirado en el pensamiento de Ernesto Renán. Como punto de partida, el joven español cita del libro del francés, *Jesús:* «Jesús, por su manera de considerar el poder, era un anarquista» [15]. Y luego desarrolla la idea en un artículo, «El Cristo nuevo», publicado en *La Campaña* el 5 de enero de 1898 y dedicado a Unamuno, en que dice que si ser anarquista es ser partidario del amor universal, destructor de todo poder, perseguidor de

---

[13] Escuchemos a Martínez Ruiz: «Yo voto por el amor libre y espontáneo, por la independencia de la mujer, igual al hombre en educación y en derecho; por el placer de las pasiones sinceras; por el goce pleno de la Naturaleza, maestra de la vida», «Crónica», *El País,* 23-I-1897.

[14] «Crónica», *El País,* 14-II-1897.

[15] «Avisos de Esto», *El Progreso,* 11-XI-1897.

toda ley, Cristo fue anarquista. Dirigiéndose a los obreros, dice que ya no es la época de la resignación mística, sino de la lucha. Creyendo Martínez Ruiz, entonces, que la gran labor verdaderamente *religiosa,* evolución legítima, profundamente lógica del cristianismo, es el *socialismo revolucionario,* su pensamiento implica que, puesto que la sociedad ha evolucionado, el derecho debe reemplazar la caridad: «... Si los bienes de este mundo son comunes a sus moradores en derecho, ¿cómo predicar en buen cristianismo la caridad, un *sentimiento* que da por bueno y legítimo el régimen económico existente» [16]. Para restablecer el derecho hay que apelar a la fuerza, no a la súplica; y el resultado buscado es la transformación de la moral en derecho. Esta idea se pasa a la ficción en un cuadro de tono larresco en que se le acerca a Martínez Ruiz un mendigo pidiendo limosna. Se la niega el periodista, y el pobre se abalanza a él, echándole a tierra y robando cuanto dinero llevaba. Martínez Ruiz se levanta, gritando: «¡Así, así se hace! ¡Caridad, no; derecho!» [17].

En resumidas cuentas, partiendo del principio romántico de que el hombre es bueno por naturaleza y apoyándose en la doctrina determinista, Martínez Ruiz encuentra el futuro de la humanidad en su total liberación del organismo social existente que está basado en el principio de autoridad, la cual es la causa principal de todos los dolores humanos. La ley de la evolución se impone, pero su paso es cohibido por la fuerza de los privilegios. De ahí el único remedio para los obreros es luchar por sus derechos naturales y, si es necesario, montar una revolución que culminará en la felicidad para todos.

II

Dejando ahora esta breve —pero necesaria, en mi opinión— comparación de los ideales de Martínez Ruiz con

---

[16] «Clarín en el Ateneo», *El Progreso,* 17-XI-1897.
[17] «Crónica», *El País,* 7-II-1897.

los de Kropotkin, Faure y Renán, pasamos a la influencia que han podido tener estos ideales sobre su estilo, su crítica literaria y su propia producción artística.

Una lectura de estos escritos del futuro *Azorín* revela, tal vez con alguna sorpresa, una manera de escribir llena de retórica y pasión, características que luego desaparecen en su prosa más conocida y que él va a criticar en el estilo de Menéndez Pelayo, Pereda, Campoamor y otros escritores de la generación anterior a la suya. Descuido también hay, pero sin expresiones nebulosas y ampulosidad: todo es claro, más o menos preciso. Martínez Ruiz no fue anarquista platónico, de éstos que buscaban la satisfacción del ser interior, sino un libertario de acción, adscrito a la propaganda por el hecho y convencido de que su misión consistía en la protesta constante contra el orden público, contra las leyes, contra las costumbres y contra la moral admitida. Colaboró relativamente poco en las revistas intelectuales de la época, agotándose con artículos muy apasionados en los diarios más leídos como *El País, El Progreso* y *El Globo,* con la esperanza de llegar al pueblo. Hasta qué punto logró este fin lo discutiremos más adelante; pero dedicaba la mayoría de sus artículos a acontecimientos sociales y políticos que, según él, tenían su raíz en la aceptación general de la autoridad: el asesinato de los republicanos de Novelda (1896), el proceso y los tormentos de Montjuich (1897), la campaña de los dependientes de ultramarinos (1897), la explotación de los niños en las compañías infantiles de teatro (1897), la ayuda para los obreros víctimas de la inundación de Valencia (1897), el caciquismo en Málaga (1902), etc. Dejando aparte el hecho de que un artículo de prensa no se escribe con intención estética, es probable que Martínez Ruiz escribiera con pasión, retórica y claridad para atraer al lector medio e influir en él.

Que el artista tiene un papel predominantemente social para el joven Martínez Ruiz se ve también en la labor periodística que venimos glosando. Entra plenamente en las polémicas a la vuelta del siglo entre los estetas y los sociólogos, predicando el arte social y despreciando la sensualidad excesiva de algunos escritores —temas que saca a relucir en una entrevista con Unamuno, publicada en 1898 [14]—. La literatura moderna es una literatura de lucha en pro de ideales nobles y santos. En otros países, los jóvenes escritores ya se han adaptado a la evolución de la humanidad, y es hora de que los españoles combatan en el arte por las ideas del tiempo.

Creyendo firmemente que la revolución artística fomenta la revolución política y social, hace la siguiente pregunta: «¿Con qué derecho proclamar *el arte por el arte* cuando en todas las esferas del pensamiento se trabaja por algo? ¿Con qué derecho vivir aislados de la gran corriente revolucionaria, cuando el arte es el principal factor de la revolución?» [19]. Es obvio que esta declaración de Martínez Ruiz peca de falta de comprensión para el valor de un arte libre de implicaciones extrañas al oficio y para su papel en la vida espiritual del ser humano; pero no queremos descartarla, porque sirve para demostrar el impacto de la ideología anarquista sobre toda su actividad intelectual.

Entre los artículos de crítica que hemos visto, con contadas excepciones todos tratan del teatro. Esta exagerada propensión para la escena, que el maduro *Azorín* abandonará hasta muy tarde en su carrera, se explica, por cierto, por la alta función social de una obra teatral. ¿Dónde puede un lector o espectador sentir más libremente las emociones y pensamientos expresados y participar de ellos? Pensamos inmediatamente en la influencia de los múltiples teatros nacionales a través de la historia, y hasta en aquel Teatro de Urgencia que Rafael Alberti y María Teresa León dirigieron en Madrid durante la Guerra Civil española. Y, sin embargo, una actitud esencialmente antihistórica tenía que estar a la orden del día en el teatro de propaganda anarquista. Martínez Ruiz militaba en contra de los temas y el modo de expresión del teatro clásico español y griego, que, en su opinión, ya no despertaban los sentimientos del hombre moderno. Habría que representar obras revolucio-

---

[18] «Charivari. En casa de Unamuno», *La Campaña*, 26-II-1893.
[19] «Crónica», *El País*, 30-XII-1896.

narias, tales como las de Ibsen, Hauptmann y Sudermann. Las mejores obras españolas de la época, según Martínez Ruiz, eran *El rento,* de Vicente Medina, un drama del labriego embrutecido por el trabajo feroz del día y explotado por el amo, y *Juan José,* de Joaquín Dicenta, sencillamente *el* drama revolucionario del día. '

Martínez Ruiz ve en Juan José, el protagonista, la encarnación de toda una clase social *fin de siglo* que sufre la esclavitud del patrono, que produce y muere de miseria y que se deja la salud y la vida en la fábrica, en las minas y en los campos. No sabiendo cómo ha dudado tanto tiempo, Juan José se presta a la lucha, alcanzando con el cristianismo la igualdad ante Dios y ante la Ley. No pide limosna, dice Martínez Ruiz; roba. Los dos artículos totalmente dedicados al drama de Dicenta[20] acaban en un comentario sobre la iniquidad de la riqueza y la importancia de la revolución. Una lectura de *Juan José* hace destacar lo defectuoso de la interpretación de nuestro propagandista. Es verdad que el protagonista pierde su trabajo por injusticia de su maestro de obras, y lo es también el hecho de que roba para sostener a su amante; pero su igualdad ante Dios y ante la ley, para emplear las palabras de Martínez Ruiz, consiste en asesinar a su amante y a su patrono románticamente en un ataque de celos, y en arrepentirse después porque se da cuenta de que ha destruido la única cosa que le importaba. Se vengó, efectivamente; pero no solucionó sus problemas vitales.

Sin embargo, la interpretación de *Electra,* publicada en *Madrid Cómico* el 9 de febrero de 1901, es más perspicaz. Rechaza la opinión, aceptada entre la mayor parte de los liberales, de que simbolizaba un triunfo político sobre el clericalismo. Nuestro crítico ve una lucha entre la ciencia y la fe, dos soluciones eternas e indiferentes que el ser humano ofrece a su conciencia. Dada la característica universal y antipolítica del anarquismo, esta crítica también puede servir la causa. De todos modos, no cabe duda de

---

[20] «Crónica», *El País,* 30-XII-1896 y «Avisos de Este», *El Progreso,* 10-XI-1897.

que Martínez Ruiz empleaba sus columnas de crítica literaria como cátedra desde donde podría predicar la revolución y el advenimiento de la nueva sociedad.

Nuestro propósito no permite un análisis estilístico de la creación literaria del futuro *Azorín* durante los años estudiados, y tampoco creemos que ofrezca gran interés para el que pueda estudiar el estilo del escritor ya artísticamente formado. A sus cuentos, al servicio del movimiento anarquista, les faltan casi todas las características que llevan su obra a la cima de la literatura española en las segunda y tercera décadas del siglo xx. La mayoría son escritos en forma dialogada —comprobando más su interés en la obra dramática— y en un estilo apasionado, a veces demasiado sentimental. Los temas principales son las dificultades del amor dentro del matrimonio, la opresión del obrero y el odio como reacción ante las injusticias del mundo. Aquí no predomina tanto el tono brusco y violento de los artículos socio-políticos, y, de vez en cuando, notamos una leve tristeza o melancolía que prevalece en las obras del ya maduro artista, *Azorín*.

III

Nos es preciso tocar la dificilísima cuestión que surge alrededor del cambio tan radical de *Azorín* de un anarquista convencido al sereno contemplador —casi apolítico— del paisaje español. Su vida durante estos primeros años de periodismo madrileño fue bastante dura. No logró una colaboración duradera en ningún periódico, o porque los periódicos murieron por la persecución del gobierno, o porque el mismo Martínez Ruiz fue echado de la redacción debido a la violencia de sus artículos. Por lo visto, le costaba mucha dificultad encontrar editor para sus folletos, y muchas veces se queja de lo poco que ganaba con su profesión. Partiendo de una lectura detenida de sus primeros escritos, uno puede ver una evolución de su manera de enfocar los problemas vitales.

En *Diario de un enfermo* (1901), escrito como diario íntimo del autor, descubrimos a un joven psicológicamente deshecho. No parece que haya perdido la fe en sus ideales, pero su realización ha resultado imposible. De su total entrega a que se haga justicia en el mundo han venido sólo la miseria y el desprecio. No le habían colmado con la gloria y la fama que buscaba. Ha sufrido y, por fin, se ha cansado de la lucha, lucha que él mismo llama «estéril». Sus creencias deterministas siguen en pie, pero se han vuelto pasivas. En vez de pensar positivamente en cambiar el medio para que sea feliz el hombre, su voluntad sale quebrantada, y se rinde, resignado, ante las realidades sociales. Esto, claro está, es el tema de su primera novela, *La voluntad* (1902). El 17 de enero de 1904, días antes de emplear por primera vez el seudónimo *Azorín,* publica en *Alma Española* un artículo, «Todos frailes», en que dice que va a escribir un ataque anticlerical, luego describe sus vacilaciones y termina confesándonos que ya le faltan fuerzas. Todos somos frailes —tristes, resignados, muertos del espíritu.

La desilusión de Martínez Ruiz con su destino de propagandista anarquista probablemente se agrava entre los años 1901 y 1903. No creemos que fue una crisis espiritual, parecida a la de Unamuno, sino más bien la necesidad de integrarse, con una situación más o menos cómoda, en la vida española. Podemos seguir el cambio de su orientación vital a través de las tres novelas autobiográficas, *La voluntad* (1902), *Antonio Azorín* (1903) y *Las confesiones de un pequeño filósofo* (1904). En su brillante análisis de estas novelas, la profesora Krause estudia la evolución de la personalidad de *Azorín* basándose en la lectura, sobre todo la de Nietzsche y Montaigne, del protagonista y la influencia que ha podido tener sobre él [21]. Es decir, el desenfrenado interés en la obra de Montaigne se puede relacionar con la conversión del «pequeño filósofo». Todo esto

---

[21] Anna Krause, *Azorín, The Little Philosopher,* University of California Publications in Philology, Berkeley, USA, 1948.

está bien con el Antonio Azorín de la novela, pero ¿y el hombre de carne y hueso? Ya hemos aludido a sus dudas del año 1901, tema que tratamos en otra parte de este libro y en el prólogo a nuestra edición de *Antonio Azorín*[22]. Y pensando en la intensidad de la confianza que tenía Martínez Ruiz en el anarquismo, ¿no es más normal que se desilusione primero con la realidad de las cosas, y después refugiarse en una lectura que le consuele y lo oriente?

Partiendo de la hipótesis que acabamos de mencionar, haremos una conjetura —y no pretendemos más, dadas las complicaciones psicológicas y sociológicas— sobre una de las posibles causas del cambio, bastante súbito, de su actitud frente a la vida.

Azorín nunca se ha inspirado en la realidad externa, ni en su época anarquista ni en sus estampas del paisaje y vida castellanos. No es un observador; es un lector solitario que depende de la inspiración de un libro, leído entre las cuatro paredes, tantas veces descritas por él. Esta falta innata de actividad nos hace preguntar sobre el impacto que él, o cualquier otro escritor, ha podido tener sobre el movimiento anarquista. Aunque sus dos folletos, *Notas sociales* (1895) y *Anarquistas literarios* (1895) —libros que hemos dejado fuera de nuestro estudio porque en sí son incompletos en cuanto a la doctrina de Martínez Ruiz[23], y porque no añaden a las ideas expresadas en la labor periodística—, figuran en dos bibliografías importantes sobre el anarquismo en España[24], no se le encuentra mencionado entre los líderes del movimiento. Que sepamos, no visitó

---

[22] En aquella edición señalamos los principios de las contradicciones ideológico-estéticas del joven Martínez Ruiz en los años 1897-1900. Hacen lo mismo, con más detalle, Antonio Ramos-Gascón en su interesante artículo «Relaciones Clarín-Martínez Ruiz, 1897-1900», publicado en *Hispanic Review,* vol. 42, núm. 3 (1974), 413-426.

[23] En el ensayo ya mencionado de *Juventud del 98,* Carlos Blanco Aguinaga nos informa detalladamente sobre el pensamiento anarquista que hay en los primeros libros y folletos de Martínez Ruiz.

[24] Renée Lamberet, *Mouvements ouvriers et socialistes (Chronologie et Bibliographie),* París, 1953; y Max Nettlau, *Bibliographie de L'-Anarchie,* 1897.

las fábricas, las minas o los campos, ni participó en la organización de los círculos obreros, ni asistió a las reuniones de los anarquistas. Sólo actuó como un intelectual, formulando su doctrina en las columnas de los periódicos.

Ortega y Gasset escribe en sus ensayos sobre «El poder social» [25] que un escritor independiente no tiene la eficacia y resonancia que se agrega a la obra de uno ligado a la inspiración partidista. Es cierto que Martínez Ruiz estuvo ligado a los ideales anarquistas, pero en los círculos políticos de aquella época todavía se encontraban en una formación embrionaria: una voz en el desierto de la Restauración. La sociedad en que vive el escritor controla hasta cierto punto su capacidad de producir efectos, y esta capacidad es lo que llama Ortega el poder social. Un escritor puede ser más conocido en España que un abogado o un ingeniero; pero es más conocido que leído, entendido o estimado. La influencia directa que ejerce es casi nula, y la desatención pública le desmoraliza. Ahora bien, en España, el político es casi el único personaje que tiene poder social; y los escritores, sintiendo el apetito de mando efectivo, gravitan hacia la participación política, y resulta que la necesidad de la política diaria desintelectualiza al escritor. El Martínez Ruiz de que hemos hablado fue seguramente un intelectual, y por las circunstancias existentes en su país fracasó en sus esfuerzos de convencer al pueblo y en sus deseos de notoriedad, teniendo que vivir al margen de la sociedad.

Arrastrado por la desilusión, decidió incorporarse a la vida política dominante, o sea, el parlamentarismo conservador, la «revolución desde arriba» de Maura y La Cierva, llegando a ser uno de sus cronistas y defensores más conocidos, y hasta diputado en Cortes y subsecretario de Instrucción. En 1904, Martínez Ruiz, convertido en *Azorín,* dejó definitivamente el intelectualismo y ya no volvió a luchar en pro de ideales ajenos a la estructura social de

---

[25] Publicados primero en *El Sol* en octubre y noviembre de 1927 y luego coleccionados en sus *Obras Completas,* tomo III.

España, siempre buscando la posición que más convenga al libre desarrollo de su oficio de creador. No se podría demostrar que esta desilusión hubiera contribuido a la formación artística del *Azorín* que todos conocemos, pero sería una hipótesis interesante que pudiera explicar su alejamiento del movimiento social.

«ELECTRA», DE PEREZ GALDOS (HISTORIA, LITERATURA Y LA POLEMICA ENTRE MARTINEZ RUIZ Y MAEZTU)

En no pocas historias políticas y culturales de España se menciona el estreno en 1901 de *Electra,* la obra dramática de Galdós, como un acontecimiento importante. Sin embargo, nunca se ha explicado con suficiente detalle el porqué de su enorme impacto. H. Chonon Berkowitz, en su libro *Pérez Galdós, Spanish Liberal Crusader,* escribe ampliamente sobre las distintas representaciones del drama revolucionario, su éxito en Madrid y en provincias, y su recepción en varios países europeos. Parece que el propósito de Berkowitz es estudiar *Electra* como obra que contribuye a la fama de Galdós como escritor —y lo hace muy bien—. Pero, así, tiende a perder de vista la importancia del episodio en un momento específico de la historia de España. Alude a su relación con la política, pero aparentemente no está familiarizado con los hechos que contribuyen a su verdadera trascendencia para la causa liberal [1].

---

[1] Cfr. el capítulo «Apotheosis» en la obra citada de Berkowitz. Hemos empleado en este estudio algunas de las mismas fuentes que el gran conocedor de Galdós. Pero por las equivocaciones en los datos

La simple lectura de la obra —con todo su anticlericalismo patente— nos deja algo perplejos con respecto a su papel casi legendario. El crítico reconocerá la belleza de sus sentimientos, el poderoso, aunque desigual, diálogo y las deficiencias en técnica dramática. No obstante, encontrará difícil de comprender el hecho de que *Electra* fuese uno de los acontecimientos más significativos en la historia intelectual española al comienzo de siglo. En este estudio pretendemos documentar e interpretar las circunstancias alrededor del estreno de *Electra,* con el fin de aclarar las cuestiones que nos plantea.

Preludio histórico

En los últimos años del siglo XIX, como es sabido, la palabra «regeneración» era clave en las obras teóricas de intelectuales como Costa, Maeztu y Unamuno; en la vida de la política práctica, sin embargo, era la base de la plataforma de la Unión Conservadora (1899-1901). Después de la muerte de Cánovas, Silvela fusionó el antiguo partido Liberal Conservador con el partido neocatólico de Pidal y Mon, y los seguidores del general Polavieja; éste, defensor inamovible del catolicismo tradicional, había sido gobernador militar de las Filipinas cuando fue ejecutado el doctor Rizal. Juntos articularon un programa de reforma basado en el sufragio honesto, la descentralización del Estado, la eliminación del caciquismo y dar gran importancia al desarrollo del comercio. Recibieron apoyo de los comerciantes catalanes y, en general, llegaron a inspirar cierta esperanza en el país. Es de recordar que el clericalismo había sido protegido bajo la Restauración, y hacia 1899, después de la vuelta a España de miles de religiosos de las colonias de Ultramar, llegó a tener más influencia de la que había tenido desde el reinado de Fernando VII. Silvela, un intelec-

_____

bibliográficos y por su visión en algunos momentos limitada (por ejemplo, no está enterado de los detalles del caso Ubao) habrá trabajado más bien con unos recortes de prensa que con las colecciones mismas de los periódicos.

tual con tendencias liberales, era poco hábil en la política práctica, y el gobierno cayó rápidamente bajo el control de Polavieja y Pidal. La Unión Conservadora, por razones demasiado complicadas para esbozar aquí, no podía llevar a cabo su programa de regeneración, y hacia mediados de 1900 era poco más que una sombra de lo que había pretendido ser —mantenida en el poder por la fuerza tradicional de la Iglesia, apoyada por la burguesía—. La influencia de los jesuitas en la política y el gobierno de Silvela (llamado por algunos historiadores, probablemente sin justicia, el *vaticanista*) fue ciertamente criticada por la oposición liberal; y a finales de 1900 tuvieron lugar unos episodios que llevaron el pleito liberal al pueblo.

El primero fue que se anunció que María de las Mercedes, la princesa de Asturias, iba a casarse con don Carlos de Borbón. Puesto que el padre de Carlos, el conde de Caserta, había dirigido las fuerzas carlistas durante una insurrección separatista en Navarra en 1900, el propuesto matrimonio tenía, sin duda alguna, implicaciones políticas. Según la constitución, hacía falta que las Cortes aprobasen la boda, y los liberales se oponían abiertamente. La aprobación fue ganada, sin embargo, debido principalmente a la intervención del mismo Silvela. Esto preparó el terreno para el brillante discurso anticlerical pronunciado por Canalejas en las Cortes, el 14 de diciembre de 1900. Se dice que fue informado el gobierno con anterioridad sobre el contenido del discurso, y las puertas de las Cortes estaban cerradas al público. El tema «Hay que dar batalla al clericalismo» llegó a ser el *slogan* del momento para los liberales [2]. El asunto se complicó para Silvela cuando el padre Montaña, el autor del libro polémico *El liberalismo es pecado,* publicó en *El Siglo Futuro,* el 24 de diciembre, una contestación a Canalejas en que reiteró su tesis favorita resumida en el título de su libro. El padre Montaña era confesor de la reina regente y profesor de religión y moral

---

[2] El discurso entero de Canalejas se puede leer en el *Diario de las sesiones de las Cortes.* Más interesante, sin embargo, son los fragmentos con comentario sobre las reacciones del público, por Fernando Soldevilla, *El año político (1900)* (Madrid, 1901).

de Alfonso XIII, y se creía que había recibido los cargos por recomendación de Silvela. Es fácil imaginar la tormenta que todo esto levantó en los sectores liberales[3], y la reina regente y el gobierno no tuvieron más remedio que destituir al padre Montaña de sus cargos oficiales. Sin embargo, los daños eran irreparables y el régimen de Silvela estaba acercándose a su fin. El 10 de enero de 1901 las Cortes fueron suspendidas. Los diarios liberales más leídos, *El Globo, El Imparcial, La Correspondencia de España, El Liberal, Heraldo de Madrid* y *El País,* declararon guerra al jesuitismo y sus páginas se llenaban con titulares como «El jesuita es el enemigo» y «Odio al jesuita»[4]. No se debe olvidar tampoco que en los mismos meses, en Francia, la Tercera República, bajo Waldeck-Rousseau, tomaba medidas contra las órdenes religiosas y que esto se imitaba en Portugal. Y no sin justificación los liberales temían que estas órdenes fuesen a tomar residencia en España. Tal fue el ambiente político y social en España en enero de 1901 cuando Galdós presentó al público madrileño su drama revolucionario que iba a poner en entredicho al clericalismo y la Restauración.

---

[3] Juan Marichal, en su excelente estudio «Unamuno y la recuperación liberal (1900-1914)», *Pensamiento y letras en la España del siglo XX* (Nashville, Vanderbilt University Press, 1966), relaciona este episodio con la vuelta de Unamuno al pensamiento liberal. Hay también dos cartas de Unamuno a Galdós, fechadas en 1901, que indican que su campaña en contra del vascuence se originó en una actitud anticlerical; véase Joseph Schraibman, «Unamuno y Galdós», también en *Pensamiento y letras de la España del siglo XX.*

[4] Conviene señalar también que se fundó una revista semanal, *El Disloque* (1899-1900), con la aparente intención de atacar el gobierno de Silvela, sobre todo en su aspecto eminentemente clerical. Con la excepción de algunas crónicas por Joaquín Dicenta y Maeztu las firmas de los colaboradores no aparecen. También la revista de Miguel Sawa, *Don Quijote* (1892-1903) se dedicaba de lleno en 1899 y 1900 a criticar violentamente el clericalismo de Silvela y Polavieja. Fue denunciada tantas veces esta revista que desaparece en junio de 1900 para no reaparecer hasta octubre de 1901. Entre sus colaboradores más importantes figuraban Maeztu, Baroja, Martínez Ruiz, Alfredo Calderón, Blasco Ibáñez, José Nakens, Luis Bonafoux, Rodrigo Soriano, Ricardo Mella, Benavente, Silverio Lanza, Lerroux, Rubén Darío, Dicenta, Pi y Margall y Pompeyo Gener.

El estreno de «Electra»

Electra se estrenó en el Teatro Español de Madrid un miércoles, el 30 de enero de 1901, y Galdós no había tenido un éxito crítico desde *La de San Quintín,* en 1894 [5]. Era un día de un frío extraordinario y la ciudad estaba cubierta de una espesa manta de nieve, lo que no impidió el lleno del teatro. La semana anterior los periódicos habían publicado noticias sobre los ensayos de la obra, y el público estaba ansioso. Teniendo en cuenta las actividades y creencias políticas del mismo Galdós, es difícil imaginar que Galdós no se diera perfecta cuenta de la posible trascendencia política de su obra [6]; y según recuerda Pío Baroja, don Benito y Maeztu situaron con cuidado a la «claque». Maeztu se fue al «paraíso» y durante el último acto fue su grito, «¡Abajo los jesuitas!», que empezó el frenesí [7]. El público había quedado ensimismado durante los tres primeros actos, esperando la solución de Galdós. Al ver su tesis desenvolverse, irrumpieron en aplausos calurosos, pidiendo repetidamente la presentación en escena del dramaturgo.

---

[5] Galdós no había escrito para el teatro desde 1896, la fecha de la obra dramática *Doña Perfecta.* Y en Vitoria, Pamplona y otras ciudades de tradición carlista, la Iglesia, con cierto éxito, se había opuesto violentamente a su representación. Véase las cartas de Emilio Mario, director del teatro de la Comedia, a Galdós en *Cartas a Galdós* (Madrid, Revista de Occidente, 1964), págs. 391-397 y 401.

[6] El interesantísimo estudio de Josette Blanquat, «Au temps d'*Electra* (Documents galdosiens)», *Bulletin Hispanique,* LXVIII, núms. 3-4 (1966), 253-308, aporta muchas novedades a este tema. Al recoger nuestro ensayo, publicado primero en revista en 1966, en este libro, en vez de añadir un nuevo apartado, hemos decidido remitir al lector al trabajo de la hispanista francesa.

[7] Pío Baroja, *Final del siglo XIX y principios del XX,* O.C., VII, 741-742. Las memorias de Baroja no son siempre de fiar, pero en este caso los periódicos del día le corroboran en casi todos los detalles. No podemos estar seguros de que haya sido Maeztu quien empezó el frenesí anticlerical, pero tenemos las siguientes noticias de José de Laserna: «Algún grito imprudente excitó más los ánimos, y se dieron mueras a la reacción y al clericalismo. La efervescencia y la agitación eran tales que parecía el teatro un club revolucionario.» («Los teatros», *El Imparcial,* 31-I-1901). Este reportaje, considerado junto con la actitud pública de Maeztu hacia la obra, nos lleva a creer que en esto también Baroja es exacto.

Después de la función, le llevaron en hombros desde el Español a su casa en Hortaleza; desbordaban las calles con gente que expresaba sus sentimientos rebeldes. Sigamos el reportaje sinóptico de Andrés Ovejero:

«*Electra* no es solamente una obra dramática de singularísimo mérito, sino un hermoso, brillante, magnífico manifiesto de las aspiraciones de la juventud intelectual española, que al aprestarse en estos días a dar batalla al clericalismo, ha encontrado en Pérez Galdós su indiscutible jefe. Bien lo demostró anoche con sus prolongados aplausos, con las frenéticas aclamaciones, con la ovación que hizo a Galdós en la escena, a donde le hizo salir innumerables veces; a la salida del teatro, donde prorrumpió en estruendosos vítores, y durante el trayecto del Teatro Español a casa de Galdós» («Galdós en el teatro», *El Globo,* 31 de enero de 1901).

Por una declaración hecha por Queipo de Llano, conde de Toreno y gobernador de Madrid, en que sugirió que la tesis de la obra le había disgustado, había rumores de que el gobierno suspendería las representaciones. Después de la tercera representación, el primero de febrero, el intercambio de insultos entre los defensores del drama y los que lo creían peligroso para la sociedad dio lugar a unos disturbios, que la policía dispersó con excesiva brutalidad. Los sentimientos liberales llegaban a un estado febril, y el gobierno, temiendo las reacciones del público, dijo que nunca había considerado la idea de suspender la obra. Canalejas, Sagasta, García Alix (el primer titular de la cartera de Instrucción Pública en España y probablemente el único liberal en el gobierno de Silvela) y otros políticos vieron, se ha dicho, la obra. En Madrid hubo ochenta representaciones consecutivas de *Electra* en el Español y unas veinte más en el Teatro Novedades [8]. En el Novedades, teatro popular de la calle de Toledo, las representaciones llegaron a ser una especie de manifestación política, acompañadas

---

[8] Berkowitz, *ob. cit.,* págs. 359-360.

siempre con el *Himno de Riego*. Durante meses, la obra se representó en provincias; en Bilbao, Sevilla, Barcelona y Cádiz fue causa de serias manifestaciones populares. *Electra* fue también lectura predilecta del pueblo y la primera edición, de diez mil ejemplares, se agotó dos días después de su publicación el 21 de febrero. Una segunda impresión de veinte mil ejemplares se vendió en dos semanas durante el mes de marzo [9].

Nuestra primera intención fue examinar detalladamente en este estudio lo escrito en los periódicos sobre *Electra*, pero sería tarea interminable y poco fructífera —los diarios y las revistas de 1901 están literalmente llenos de comentarios sobre su significado político y social—. Como se puede imaginar, lo dicho en los artículos se repite a menudo y se podría añadir poco a lo que resumimos a continuación. Hay referencias al arte dramático de Galdós: los parecidos con Shakespeare (una comparación de Electra, en sus momentos de delirio, con Ofelia, etc.), su simbolismo, el diálogo vivo y realista, y la falta de técnica dramática. Pero todo esto es poco ante la cantidad de alusiones a su significado político y social como la siguiente:

«Es que en *Electra,* como antes en las palabras de los más grandes tribunos de nuestro Parlamento, Moret y Canalejas, percibimos ecos de nuestra propia conciencia..., que con tal fraternal comunidad se sienten fuertes, poderosos, incontestables, para romper sus ataduras, y redimir la Patria, y batallar y vencer» («Frente a frente», sin firma, *El Globo,* 1-II-1901).

Mariano de Cavia, sin duda uno de los críticos más sensibles del día, es más elocuente:

«Galdós sabe que el arte verdadero, sin perseguir exteriormente fines morales y sociales, lleva en sí propio una moralidad profunda y una profunda sociabilidad, las cuales,

---

[9] Berkowitz, *ob. cit.,* pág. 368. También sería curioso estudiar el alcance de las dos zarzuelas, *Alerta* y *Electroterapia,* escritas y representadas en 1901 y aparentemente parodias del drama de Galdós.

según la definición exacta de Guyau, son las que solamente dan al arte vitalidad, salud y robustez. Y por eso Galdós, estricta y pacientemente guiado de un alto deber moral y de una honda necesidad social, ha escrito con toda su alma de artista y toda su maestría literaria, el drama que *hacía falta* a toda una generación, a toda una sociedad, cual la española, ansiosa de no concluir siendo un rebaño» («La mejor bandera», *El Imparcial,* 1-II-1901).

Hubiera sido lógico que la prensa conservadora tendiese a minimizar la importancia de *Electra;* sin embargo, precisamente porque veían que el movimiento anticlerical ganaba terreno, sacaron la espada para defender a la Iglesia. No podemos juzgar el impacto que hubiera tenido su defensa, pero es fascinante repasar lo que escribían. Empecemos por decir que no hemos visto ni un artículo en la prensa conservadora en que se cuestione el hecho de que el propósito de Galdós ha sido el animar a los radicales en su anticlericalismo. En *La Epoca,* el órgano del partido de Silvela, se publicó un artículo sin forma, «Galdós y Homais» (31-I-1901), que lamenta que los liberales hayan tomado *Electra* como motivo para la acción política. Se termina afirmando que, al hacerlo, sólo revelaron lo ridículo de su radicalismo porque no puede haber verdadera libertad fuera de la Iglesia católica [10]. *El Siglo Futuro,* el periódico ultramontano de Ramón Nocedal, era casi cómico (aunque Galdós no lo habrá pensado así) en sus ataques feroces contra la tesis de *Electra* y contra las capacidades artísticas de Galdós, a quien consideraban el liberal más peligroso del día. Desde diciembre de 1900 venían apareciendo casi a diario en *El Siglo Futuro* artículos bajo el título «El liberalismo es pecado», y después del estreno

---

[10] En *La Epoca* (2-II-1901) se alude a *Electra* como *esperpento,* y el epíteto llega a ser común en la prensa conservadora, refiriéndose siempre, claro está, a que es una deformación de la realidad. A pesar del hecho de que Corominas nos dice que la palabra *esperpento* se empleó por primera vez en 1891, sabemos que es una palabra casi predilecta de Galdós a lo largo de toda su producción novelística y creemos haberlo visto hasta en Larra. Sin embargo, nos preguntamos si *Electra* no ha sido *la primera obra dramática* llamada así.

de *Electra,* en su artículo sin firma, «El crimen del día», se le critican a Galdós sus ideas radicales y se le moteja de «calamidad literaria» y de «novelista de folletín» [11]. Un párrafo del mismo artículo sigue: «Que don Benito habla un castellano lamentable, sin elegancia, sin propiedad, vulgarote, a la vez rastrero y amazacotado, lleno de galicismos, incorrectísimo, con absoluto desconocimiento de sus incompatibles gallardías, de su número y abundancia, y aun de su sintaxis, es cosa que todos saben...»

De todas formas, Galdós aceptó, por lo visto, los términos de su éxito, y es curioso ver en *El Imparcial* un reportaje sobre un homenaje ofrecido al escritor, el 12 de febrero de 1901, por los liberales más importantes del tiempo. Entre los asistentes al banquete, ofrecido por el marqués de Santa María, se contaban Salmerón, Canalejas, Romero Robledo, Nicolás Estévanez, Romanones, Gumersindo Azcárate, Moret, Bergamín, Labra, Prieto y Nakens —muchos de los cuales iban a ocupar puestos clave en el gobierno de Sagasta, que subió al poder en marzo de 1901.

El caso Adelaida Ubao

También en enero de 1901 el Tribunal Supremo tenía pendiente un importante pleito que había atraído gran atención pública porque se trataba de una confrontación entre la Compañía de Jesús y el Código Civil. En 1900, un jesuita, el padre Carmeño, había convencido clandestinamente a una joven («mayor de veintitrés años y menor de veinticinco»), adelaida Ubao, a que entrase en la orden de las Esclavas del Corazón de Jesús sin el consentimiento de su madre. Resultó que ella se escapó de su hogar una noche y entró en el convento como novicia. Su hermano, un *joven ingeniero* que había protestado violentamente contra

---

[11] *El Siglo Futuro* se dedica a atacar a Menéndez Pelayo también, por recibir favorablemente la obra de Galdós —pese a lo dicho sobre el novelista en *Historia de los heterodoxos*—. Conviene que el lector recuerde también que Menéndez Pelayo fue derrotado en su candidatura para presidente de la Real Academia en 1906... ¡por Pidal y Mon!

el acto, y su madre, Adela Icaza, no pudiendo conseguir la cooperación de las autoridades locales, llevaron el pleito legal ante el Supremo para conseguir la restitución de la joven. Nombraron como abogado a Nicolás Salmerón, ex presidente de la República y jurisconsulto eminente.

La vista del pleito ante el Tribunal Supremo tuvo lugar en Madrid, el 7 de febrero de 1901, sólo una semana después del tumultuoso estreno de *Electra*. Los periódicos nos aseguran que Salmerón estuvo brillante, empleando como principal argumento el de que el jesuita había fomentado la discordia entre la familia y la Iglesia. Presentó como pruebas dos cartas que Adelaida Ubao había escrito al padre Cermeño, en que reveló su amor por un joven y sus dudas con respecto a la vocación religiosa. Salmerón cafilicó a las acciones del jesuita de «secuestro moral». Durante y después del proceso hubo manifestaciones en las calles de casi todos los barrios de Madrid. Los jueces deliberaron varios días, durante los cuales los madrileños no dejaban de participar en protestas callejeras. Por fin, la decisión se anunció en favor de Salmerón y la familia por un voto de 5 a 2, y la joven fue devuelta a su casa.

Tendemos a creer que la obra de Galdós se inspiró en el caso Ubao, los hechos del cual eran de sobra conocidos por el público desde hacía mucho tiempo. El argumento y los personajes de *Electra* son demasiado similares a los de la realidad de la familia y el pleito Ubao para que todo fuera mera coincidencia. Por lo menos, Ramiro de Maeztu explica su participación en el éxito de *Electra* como relacionada con su interés en el asunto Ubao: «Cuando hace quince meses aplaudíamos frenéticos *Electra,* más que en el drama, más que en el legítimo triunfo de Galdós, poníamos el alma entera en librar del convento a la engañada señorita Ubao y a las miles de infelices que purgan en perpetua clausura su credulidad o su miseria fisiológica» («Más frailes», *La Publicidad,* 18-V-1902). En todo caso, coincidencia o colaboración de parte de Galdós, *Electra* proporcionó el elemento catalizador para el movimiento anticlerical. Citamos de un artículo publicado en *El Globo* el día después del proceso, el 8 de febrero:

«Salmerón, el Tribunal Supremo, Ubao, el padre Cermeño, ¿qué son esos nombres? ¿Qué realidad tienen? No. No nos importan las personas ni los organismos. Son para la conciencia española símbolos... Vemos hoy en este hecho, jurídicamente discutido, lo que vimos ayer en el teatro, y siempre en lo real... El estallido popular se endereza contra las órdenes religiosas.»

Dos días más tarde, el 10 de febrero, se casaron en Madrid la princesa de Asturias y don Carlos de Borbón, y la boda dio origen a violentos incidentes, incluyendo la quema de algunos conventos. Galdós había sabido llegar derecho a las emociones del pueblo con *Electra,* un perfecto ejemplo de la capacidad de una obra teatral para llevar sentimientos revolucionarios a un desenlace activo. Las primeras grandes manifestaciones anticlericales de la Restauración vinieron después del estreno de *Electra* y duraron a lo largo de 1901, llamado por los historiadores el «año anticlerical». Fue esta actitud, una vez desatada, lo que llevó a la Semana Trágica de 1909, las huelgas de 1917 y, por fin, a la Guerra Civil española.

«*Electra*» y Maeztu y Martínez Ruiz

Después de esbozar las repercusiones políticas de *Electra,* nos interesa ahora repasar las varias reacciones del mundo intelectual y del de las letras. Para comenzar, conviene dejar constatado que, tratándose de los escritores de la generación de 1898, casi todos tomaron papel activo en defensa de su postura libertaria y que encontramos poca divergencia entre sus ideas sobre el clericalismo y las de los políticos liberales. Esto lo demostró adecuadamente Galdós al poner *Electra* en escena. La mañana siguiente al estreno, el número entero de *El País* fue dedicado a comentarios por los escritores y críticos más destacados del día. Los artículos de fondo son de Baroja y Maeztu; pero hay declaraciones extensas de otros tan importantes como, por ejemplo, José Martínez Ruiz. Limitaremos nuestro estudio a las palabras de Maeztu y Martínez Ruiz, primero por razones de espacio, pero aún más porque dieron ocasión a una polémica que nunca ha sido aclarada. A continuación, reproducimos los artículos publicados por ellos en *El País,* el 31 de enero de 1901 [12]:

[12] Como documento interesante y para completar el cuadro de la reacción de «los Tres» ante este importante episodio histórico, publicamos a continuación el artículo de Baroja, nunca, que sepamos, reproducido.

«Galdós Vidente»

«Hay hombres que tienen la terrible misión de representar el mundo de las ideas y de los hechos. Su vida no es vida de pasiones, ni de esperanzas, ni de cariños; como las cumbres de los grandes montes, están rodeados de soledad y de silencio.

La vida de Galdós era de estas vidas, reflejaba su mundo; de vez en cuando, por debajo de sus ideas y de sus personajes, sosteniéndoles como el subsuelo el suelo, aparecía en sus obras algo profundo, íntimo, grande: corriente subterránea que vivificaba sus pensamientos.

Era frío, reflexivo, calculador, viejo —decían algunos—; yo, en mi fuero interno, encontraba a veces su arte cauteloso y reservado.

Pero de pronto desaparece su reserva, se abre su alma y salta como un torrente lleno de nubes de espuma rompiendo diques y salvando obstáculos. Se abre su alma y nace *Electra*. La idea reflejo se ha hecho idea aspiración, se ha convertido en fe, en entusiasmo, en fuego.

El hombre analítico, se ha hecho hombre vidente.

Galdós ha saltado de las cimas de Dickens a las infinitas alturas de Shakespeare; hombre genial, ha auscultado el corazón de la España dolorida, triste, que desea salir de su letargo y no puede, ha señalado el mal, ha iniciado el remedio.

El remedio, sí, el remedio verdadero y no porque sea éste un plan, ni un dogma, ni una fórmula, sino porque es entusiasmo, rebeldía, amor, fe... Hay en la generación actual, entre nosotros, una ansia inconcreta, un ideal sin forma, algo vago, indeterminado, que solicita nuestra voluntad sin rumbo fijo. Sabemos que debemos hacer algo y no sabemos qué, sabemos que hay una luz, pero no sabemos dónde; tenemos la aspiración de concretar nuestros ideales para encontrar el elemento común que nos une a todos los rebeldes y no lo encontramos.

Sentimos la necesidad de que nuestros anhelos tomen carne espiritual, se hagan conciencia, y por una extraña paradoja, los alientos de juventud, las vibraciones de nuestro espíritu, van a formar el nido en el alma del novelista que tiene fama de indiferente, de pío, de hombre que clasifica las almas como un botánico clasifica las flores.

Hoy en Galdós nuestras afirmaciones han tornado conciencia, mañana quizás adquieran en otro voluntad.

Electra es grande, de lo más grande que se ha hecho en el teatro. Como obra de arte es una maravilla, como obra social es un ariete.

Es el ensayo general de *Electra*. En las sillas de orquesta, a la derecha de la concha, los jóvenes; diseminados entre el público, los viejos son legión, ¡y se encuentran tan solos!... Echegaray tiende la mano a un principiante que

---

Luchan allí los dos principios que se agitan en nuestra sociedad moderna: la rebeldía por un lado que sueña en la conquista del mundo para el bien, para la ciencia, para la belleza, para la vida, el dogma por el otro que quiere afirmar la vida, para ganar el cielo después de la muerte.

El ideal del rebelde tiene la belleza de lo que va a ser fuerte, lozano, espléndido; el ideal del creyente está adornado con las flores del arte, con los perfumes del incienso, con los rumores del órgano; tiene la inmensa poesía de las decadencias, de las cosas que han sido.

En *Electra* el rebelde vence al creyente, pero no lo aniquila, no lo mata; sabe que en el cerebro de su contrario hay una idea grande también y que esa idea no puede morir por la violencia.

Y no debe morir. Tenemos todavía en nuestra España un sentido religioso en el espíritu, vago e incierto; un rumor de iglesia en el alma; y ese rumor de iglesia, esa fe, no debe permanecer inmóvil en el cauce frío de una religiosidad hierática, sino que debe elevarse y elevarse cada vez más y servir de aureola a nuestra vida.

La obra de Galdós en un país como el nuestro, que no es más que un feudo del Papa, en donde el catolicismo absurdamente dogmático ha devorado todo: arte y ciencia, filosofía y moral, en un país borrado del mapa, porque el hecho histórico de España casi no existe ya; en un país, que si tuviera que calificarse con exactitud, habría que llamársele estado pontificio; la obra de Galdós es una esperanza de purificación, es la visión vaga de la Jerusalén nueva que aparece envuelta en nubes.

El Galdós de hoy, el Galdós vidente adquiere ante nosotros, ante la juventud que busca un ideal y no lo encuentra, un compromiso grave, una terrible responsabilidad; no impunemente se puede ser la conciencia de una multitud...

Y mientras tanto, aplaudamos a *Electra* que rompe las trabas que le aprisionan en su medio social, y como ella rompamos nosotros los dogmas en mil pedazos para fundirlos en el crisol de nuestro corazón, en el crisol de la vida, del amor, de la luz...»

[13] El lector debe notar que el artículo de Maeztu se trata del ensayo general, el 29 de enero, y no del estreno. El hecho de que, según nuestras informaciones, ha sido el primer ensayo general abierto al público en la historia del teatro español nos da una idea de cómo Galdós y sus amigos preparaban el terreno para el éxito, tanto político como teatral.

se encamina a su butaca. El joven guarda la mano en el bolsillo y sigue en dirección a las sillas de orquesta.

Se encienden las candilejas. Galdós va a hablar. ¡Silencio! Habla Galdós. Las orejas se estiran hambrientas. Corren escalofríos por las médulas; la acción principia tranquila y apacible, pero iluminada con luz interior. Sin saber cómo, se presiente lo épico... y en las sillas de orquesta todos estamos pálidos.

Dice la Moreno: '¡Cómo me abruman las conciencias ajenas!' A Palmero le retumba la frase en las dos manos. Nos levantamos para aplaudir, se escucha un '¡chis!', que nadie sabe de dónde viene, pero todos alzamos los puños, callan los rencores, atemorizados, y la ovación se hace estupenda.

¡La batalla está ganada..., pero hay que asegurarla!

Termina el primer acto; como nuestra alma está llena de ideas, hablamos para adentro, tampoco habría tiempo de conversar; a los dos minutos vuelve a alzarse el telón. '¡Qué epopeya!', me dice Ricardo Fuente, con las mejillas inflamadas de entusiasmo, ¡él, tan frío, tan impasible, tan estoico!... 'Cuanto hemos pensado, y soñado, y anhelado los jóvenes, aquí encuentra su cristalización gloriosa!', se le escapa a Manuel Bueno. Y comenzamos a prorrumpir en bravos. Ya no se escucha '¡chis!'. En las sillas de orquesta hay buenos puños ¡y ganas de esgrimirlos! Cuando baja el telón, todos estamos roncos.

En los pasillos, las malas bestias murmuran en voz baja. Llega a los oídos de Amadeo Vives la noticia de que Arimón se ha permitido un chiste, y el maestro catalán, con su pierna coja y su brazo medio muerto, pretende estrangularle. Se nos asegura que Sellés echa de menos en Galdós la fantasía, y pregunto: '¿Dónde está ese hombre?'... Y no se le encuentra.

Tercer acto. Un idilio sublime, incomparable. ¡La vida y el amor!... ¡La ciencia y el ensueño!... ¡Romeo y Julieta y el doctor Pascual! '¡Bravo, bravo!', repiten rabiosamente nuestras voces afónicas. '¡Aquí se ha revelado todo el sentido de la tierra!', grita Pío Baroja. '¡Y el del siglo que empieza!', añade Adolfo Luna. Aparece en escena el jesuita y estallan nuestros odios comprimidos... ¡Santo ateísmo de la raza!

Segundo entreacto. '¿Qué tal?', pregunté a Martínez Ruiz. '¡Enorme de hermosura!' Minutos antes le había acusado de tener nervios de sebo..., ¡y me entran anhelos de abrazarle! '¿No le parece que hay mucho simbolismo?', dice un crítico..., ¡y gracias a que se nos garantiza la admiración de ese escritor!

El jesuitismo ya no se atreve a protestar de cara, pero busca las vueltas. 'Para que no deje de venir gente habrá que ser parcos al juzgar la obra', susurra alguien melosamente. '¿Cree usted que somos nosotros liberales? ¡Allá los viejos con esa candidez!' Nuestra fórmula es otra: 'El cielo para los creyentes, pero la tierra para los desposeídos', se le contesta.

Y luego, en la escena, dice Galdós del neo: '¡Hay que matarle!' Nuestros bravos afónicos resuenan milagrosamente por el teatro... Y la ovación no se interrumpe. '¡Galdós!, ¡Galdós!», pedimos. Y Luis Bello remacha el pensamiento: '¡Ya tenemos un hombre en el que creemos!', mientras Valle-Inclán, el enemigo de la emoción en la obra de arte, llora por detrás de sus quevedos.

'¡Hay mucho simbolismo!', repite no sé quién en los pasillos, y Joaquín Sorolla le increpa de este modo: '¡No sea usted animal!'

Y siguen las ovaciones en el quinto acto. Las almas frías nos miran estupefactas... Pero Galdós ha extraído de todos los espíritus los sentimientos nobles..., y a cada palabra surge una ovación: no logran los actores ni terminar las frases; ¡qué aplausos... y qué ronqueras!

Acaba la obra. '¡Galdós!, ¡Galdós!', pero don Benito rehúye la salida al palco escénico. '¡Galdós!, ¡Galdós!'; pero Galdós no sale.

¡Y hay que traerlo!

De las sillas de orquesta se precipita un joven al escenario, rompiendo las candilejas; veinte le siguen y agarran a Galdós.

Ya está en la escena, ¡solo!... ¿Quién con derecho a acompañarle?

¡Oh, noche, noche hermosa, en que por primera vez hemos sentido junto a nosotros la presencia del genio y la suprema alegría de poder admirarle hasta rendir el alma entera en sobrehumano vasallaje!

¡Oh, noche histórica la del 29 de enero!... Yo os conjuro a todos, jóvenes de Madrid, de Barcelona, de América, de Europa, para que os agrupéis en derredor del hombre que todo lo tenía y todo lo ha arriesgado por una idea, que es vuestra idea, la de los hombres merecedores de la vida. ¿Lo habéis visto?... El hombre de la ciencia, del cálculo y de la exactitud, la inteligencia fría e impasible, tiene un ensueño superior; *Electra* —y ese hombre es Galdós— y *Electra* somos nosotros —los hombres y la tierra.

Ramiro de Maeztu»

«Instantánea

Yo contemplo en esta divina Electra el símbolo de la España rediviva y moderna. Ved cómo poco a poco la vieja patria retorna a su ensueño místico y va abriéndose a las grandes iniciativas del trabajo y la ciencia, y ved cómo poco a poco va del convento a la fábrica y del altar al yunque. Saludemos la nueva religión; Galdós es su profeta; el estruendo de los talleres, su himno; las llamaradas de las forjas, sus luminarias.

J. Martínez Ruiz»

El artículo de Maeztu tiene interés como documento y no necesita comentario, con la excepción de que señala que Galdós y los otros escritores sabían lo que les esperaba la noche siguiente. Las palabras de Martínez Ruiz, sencillamente, expresan su aprobación de la reforma social y no deben sorprender al conocedor de la obra del futuro Azorín.

Sin embargo, la evaluación crítica que publica Martínez Ruiz sobre *Electra* en *Madrid Cómico,* el 9 de febrero de 1901, señala un importante cambio de tono:

«Ciencia y fe
(A Clarín)

Desconsuela el ruidoso y triunfador éxito de *Electra*. Desconsuela y anonada porque ha removido y hecho pintorescamente visible toda la frivolidad de nuestra liberalesca y huera burguesía, toda la inanidad irritante de nuestra panurguista crítica. La unanimidad ha sido aplastadora: todos, jóvenes y viejos, intelectuales e iletrados, gacetilleros y ex ministros, decadentes y tradicionalistas; todos han aplaudido en este drama de Galdós el antipático manifiesto progresista, la antipática arenga anticonventual y redentora.

Y es una gran tristeza que el público burgués y necio calle ante el arte desinteresado y puro, y lo posponga a la soflama en que se halagan sus 'ideales'; pero es una gran vergüenza que la crítica, y más que la crítica, la juventud independiente que pretende contrastar los desafueros de la crítica, pase también por alto lo que en *Electra* hay de inactual, fuera de toda miserable contingencia, y aplauda y vocifere a coro con el burgués innoble y rudo.

Sí; es una gran vergüenza. Galdós se reirá por dentro de esta pobre España tan inculta, tan grosera, tan fanática, donde para que el arte llegue al corazón del público hay que prostituirlo y hacerlo servidor de programas religiosos y políticos. Nadie ha entendido su obra; todos se han ido tras el señuelo de un anticlericalismo superficial y postizo.

Y es seguro que, suprimidas cuatro o seis frases en todo el drama, no hubiéranse logrado las fervorosas aclamaciones del teatro y las insustanciales lisonjas de la prensa.

Hay algo más en la obra del maestro que un relampagueo del espíritu liberal. Hay algo más conmovedor y más intenso: el problema de la vida y del mundo, la perdurable ansia por lo definitivo y verdadero. ¿Dónde está la verdad? ¿Cuál es el *fin* de la vida? ¿Cuál es el *sentido* de la vida? La ciencia calla, y el hombre ignora *por qué* vive y *para qué* vive.

Dolorosa y larga progresión de fantasmas, la humanidad surge del misterio y al misterio retorna.

5

Todo pasa: el hombre, el mundo, el universo. Todo perece: aun el mismo implacable tiempo que todo lo trasmuda y acaba, perecerá como el hombre, el mundo y el universo. El tiempo no puede ser eterno: la eternidad, presente siempre, sin pasado, sin futuro, no puede ser sucesiva. Si lo fuera y por siempre el momento sucediera al momento, daríase el inconcebible y absurdo caso de que lo infinito se aumentaba a cada instante transcurrido...

Todo pasa, todo se muda, todo perece. ¿Para qué nuestra momentánea vida en ese momentáneo planeta nuestro? ¿Puede la ciencia apaciguar las ansias de las conciencias conturbadas por el anhelo de verdad? ¿Puede la fe apaciguarlas? El conflicto es irreductible: la especulación humana, sin más vías para el conocimiento que los sentidos, es tan eventual y problemática como problemática y eventual es la realidad que los engañosos sentidos nos presentan; la fe, en cambio, nos da el sosiego del espíritu, pero exige el duro sacrificio de la razón. ¿Dónde ir: al espejismo amargo y desolador de la ciencia, o a la enervante y anonadadora calma de la fe?

¿Dónde encaminar nuestros pasos inciertos? Máximo y Pantoja están frente a frente: Electra, indecisa, perpleja, alma irresoluta e ingenua, va de una a otra de las dos avasalladoras fuerzas, se aleja de ésta, retorna a aquélla, vacila, fluctúa, cae en brazos de la fe, se acoge finalmente a la ciencia... ¿Qué representan junto a este eterno conflicto del alma vacilante las pequeñeces y miserias de la política y de los derechos del ciudadano?

¡Oh, paladines denodados de la democracia y de la libertad, aunque vuestra fiereza destruya conventos y arrase templos y acabe con todo símbolo y rastro de idealidad, el pavoroso problema de la conciencia y de la vida perdurará mientras perdure el hombre!

Yo veo en *Electra* de nuestro gran pensador una expresión plástica y pintoresca de este conflicto. Máximo y Pantoja son dos espíritus representativos; dos fuerzas de la naturaleza, impasibles y serenas como la misma naturaleza. Pero en tanto que Máximo, con sus arranques progresistas —completamente inartísticos y de fines puramente industriales—, despierta el aplauso de la muchedumbre indocta, Pantoja, que es la idea pura, independiente de todo fin utilitario, abstraída del mundo, intangible, tan duradera como el hombre, llega más al corazón del artista y con ímpetu más poderoso lo conmueve y gana.

El sabio es tan grande como el místico, mas aquél se afana tras la verdad nunca lograda, y éste sosiega con la verdad lograda. ¿No es una ilusión la verdad del sabio? ¿No es una ilusión la verdad del místico?

Ilusión por ilusión, acaso sea más incitante para las almas soñadoras la que ofrece la salud, de modo definitivo e inmediato, a cambio del bárbaro sujetamiento a un dogma.

En la obra de Galdós, la protagonista, a vuelta de sus perplejidades, se decide al fin por Máximo... El político ha logrado su triunfo. El pensador debe saber que las dos soluciones son indiferentes y que las dos —la ciencia y la fe— son bellas supercherías con que pretendemos acallar nuestras conciencias.

J. Martínez Ruiz»

En este artículo se pueden vislumbrar las caracterícticas que harán de Azorín más tarde uno de los más interesantes críticos de la literatura española; pero nos hace sonreír su filosofar sobre la eternidad, inspirado probablemente en la lectura del libro de Lichtenberger sobre la teoría de Nietzsche del eterno retorno. Lo que más nos llama la atención es que su crítica no es consistente con otras del joven Martínez Ruiz, propagandista militante del anarquismo, cuya fórmula ha sido «en el arte se trabaja por algo». Y no tenemos más remedio que censurar su falta de sensibilidad ante la tesis de *Electra*. Si es verdad que la existencia de Máximo se presenta como estéril por falta de ideales, con el desenvolvimiento de la obra su amor por Electra provee la chispa y a través de la fusión de sus virtudes científicas y las vitales, Máximo llega a simbolizar para Galdós el hombre moderno. Desde el principio, Máximo está caracterizado como religioso y el lector siempre simpatiza con él. Del otro lado, Pantoja es la encarnación del mal y actúa sin moralidad o escrúpulos para dar a la Iglesia el poder político y social necesario para sobrevivir. La reacción de Martínez Ruiz únicamente se podrá explicar relacionándola con los albores de su desilusión hacia las reformas sociales en España y de sus dudas con respecto a la dirección que le conviene tomar como escritor. Su estado psicológico está claramente definido en *Diario de un enfermo*, también de 1901. Este artículo, entonces podría ser considerado como una expresión momentánea de su estado deprimido, que culminará hacia 1904 con su abandono de la causa libertaria.

Le disgustó a Maeztu la interpretación de su compañero en armas de lo que él consideraba ser uno de los acontecimientos más significativos en la historia intelectual de la España moderna, y el 16 de febrero publica en *Madrid Cómico* una contestación a Martínez Ruiz [14]:

«'Electra' y Martínez Ruiz»

¿Martínez Ruiz, jesuita? Ahí van los hechos. Llegó a Madrid hace cuatro años, con fama de anarquista. Gracias a Fuente y a Lerroux entró en *El País*. Hizo en el periódico revolucionario tales artículos, que en cosa de dos meses quinientos suscriptores diéronse de baja. Salió de *El País* para caer en brazos de la juventud avanzada. Cuando ésta fundaba *Germinal*, Martínez Ruiz lanzó contra ella el folleto 'Charivari'. José Nakens tuvo la debilidad de imprimírselo. M. R. le pagó el servicio escribiendo contra el honrado luchador su 'Pecuchet, demagogo'. En *La Campaña*, de Bonafoux, publicó M. R. varios escritos contra reputados publicistas: todos anticlericales. Agradecido a la hospitalidad, combatió a Bonafoux en un artículo de macabra intención.

---

[14] Este artículo fue reproducido por Sergio Beser en una nota «Un artículo de Maeztu contra Azorín», *Bulletin Hispanique*, LXV (1963), 329-332, y se incluye aquí para la comodidad del lector. El profesor Beser no hace más que dejar constatada su curiosidad respecto a la discrepancia entre las opiniones de los dos escritores del 98.

Recientemente, mientras escribía en *El Progreso,* siempre contra literatos de ideas progresivas, creando al semanario conflicto por artículo, deslizaba contra Lerroux las calumnias que puedan hacer más daño a un periodista de batalla. Titulándose anarquista ha combatido a Federico Urales. Se ha enemistado con *El Progreso* porque se le obliga a firmar un artículo contra Salvador Canals. Dedica a *Clarín* el escrito 'Ciencia y fe', como invitándole a hablar sobre *Electra.* Si el catedrático de Oviedo persiste en el neomisticismo que mostró en el Ateneo, merecerá sus plácemes: si Alas diera la nota antijesuística, Martínez Ruiz redactará contra *Clarín* un nuevo 'Charivari'; repetidas veces me ha manifestado este propósito. Hoy es posible que Martínez Ruiz se halle escribiendo el folleto que preparan los jesuitas contra la familia Ubao.

A los que con estos datos querían bosquejar un Martínez Ruiz jesuita, les contestaba yo: 'Para mí, su jesuitismo es *pose;* para mí, se trata de un espíritu seco en el que sólo vibra la ambición, pero loca y sin vallas.' Martínez Ruiz comprende que carece su alma de fantasía, de ternura, de honradez, de entusiasmo y amor a la vida y a los hombres, 'cárdicas' condiciones indispensables para el triunfo de un artista. De ahí que procure a su persona lo que niega el arte a sus escritos. Hambriento de notoriedad, sería autor de un crimen si tuviera valor. Espíritu cobarde, necesita para su nombre un misterio que lo acreciente.

A esto se me contesta: 'Cierto que en Martínez Ruiz se echa de menos la fantasía, la ternura, el valor personal, la honradez artística, el entusiasmo y el amor a la vida y a los hombres, mas ¿son otras las cualidades que arranca a las almas la educación jesuítica?... Y Martínez Ruiz ha sido educado por jesuitas; es discípulo predilecto de la Compañía; visita a los padres; son los jesuitas quienes pagan las ediciones de sus libros; hay cartas suyas que llevan por sello el corazón de Jesús. Hace tiempo que la Compañía necesitaba de alguien para desprestigiar a los escritores radicales, uno a uno. Esto no debía hacerse en los periódicos neos... ¿quién los lee?... Era preciso hacerlo desde nuestro campo, sembrando en él la desconfianza. Varios escritores han recibido proposiciones de los jesuitas; quienes de dinero, quienes de puestos; lo que en cambio se les exigía no era renunciar a los principios liberales, sino meterse con Fulano, con Zutano, con los que estorban. El mismo Martínez Ruiz se lo propuso a Lerroux. Lerroux le contestó: 'No le doy dos patadas... porque es usted quien me lo propone...' ¡Sembrar la desconfianza entre la juventud radical! ¿No era ésa la tarea que ha venido realizando Martínez Ruiz?

Ante el artículo de M. R. sobre *Electra* me quedo perplejo. Verdad que no combate la obra, pero ¿de qué le hubiera servido combatirla?... Los lectores del *Madrid Cómico* lo son de *El Imparcial,* de *El Heraldo,* de *El Liberal,* de *La Correspondencia,* periódicos liberales, al fin y al cabo. Por otra parte, ¿quién combate a Galdós sin caer en el ridículo? M. R. se limita a protestar del éxito y, sobre todo, de la juventud entusiasmada con la obra y con su símbolo. Nos acusa de haber callado ante el puro arte, que hay en *Electra.* M. R. nos calumnia. ¿Quién aplaudió más fervorosamente el arte interior y la exposición serena que con majestuosidad se desarrollan en los actos primero y segundo? ¿Quién sintió con más hondura el primoroso idilio del tercer acto y el contraste de la locura y el corro de los niños de la cuarta jornada?... Parece usted temer que el éxito social de *Electra* ahogue el de la obra de arte. Deseche sus hipócritas aprensiones. ¿Amenguó en nada el valor literario de *Los bandidos,* de Schiller, su éxito político?

Nadie nos gana en amor a Galdós. Don Benito y Campoamor son los dos españoles que han acuñado su espíritu en monedas de oro —las únicas que no pierden, al trasponer la frontera, el 40 por 100 de su valor nominal. Pero en *Electra* hay un dilema; o el trabajo o el convento. Galdós ha optado por el trabajo; nosotros con él. ¿Cómo íbamos a prescindir de nuestro amor hacia 'esta pobre España tan inculta, tan grosera, tan fanática?' —palabras de usted.

Ya que no quiere atacar a Galdós, calumnia la juventud. Y lo restante de su artículo no me interesa. Es una

70

repetición de esos tópicos vulgares; *sentido* de la vida, *fin* de la vida, y de esas estúpidas palabras huecas: eternidad, infinito, saber absoluto, fe, etc., etc., con que la metafísica escolástica conturba las inteligencias infantiles o cansadas. Sobre nuestro ánimo nunca hará huella semejante palabrería.

Ramiro de Maeztu»

Es difícil refutar las opiniones de Maeztu sobre *Electra,* pero es importante negar la veracidad de sus alusiones al jesuitismo de Martínez Ruiz. Azorín nos cuenta en *Madrid* (1941) que en 1900 y 1901 pasó mucho tiempo en la biblioteca del Instituto de San Isidro, antigua biblioteca del Colegio Imperial de los Jesuitas, haciendo investigaciones para su novela *La voluntad* (1902), cuyo tono anticlerical es conocido por todo el lector de la novela española contemporánea. Por eso es posible que se le haya visto en compañía de padres jesuitas, pero aún no había abandonado su postura anticlerical, o, más específicamente, antijesuita, como se verá a continuación.

El 16 de marzo de 1901 apareció la revista *Electra* y entre sus colaboradores principales figuraban Maeztu, Baroja, Valle-Inclán, Martínez Ruiz, Unamuno, Antonio Machado, Nakens, Soriano y Castrovido; y aunque nunca se publicaron por la vida breve de la revista, había títulos anunciados de Canalejas, Moret, Pi y Margall, Romero Robledo y otros políticos. El título de la revista, claro está, procede de la obra de Galdós y se incluye en el primer número una carta suya en que anima al grupo a trabajar con voluntad y paciencia en sus campañas en pro de la justicia [15]. Con *Electra,* pues, Galdós ha emergido también, al menos momentáneamente, como el jefe espiritual de la generación de 1898; y la revista *Electra* llega a ser una de las primeras en consolidar a la generación. Su tono es ácrata y anticlerical; y para completar nuestro comentario sobre Martínez Ruiz y el

---

[15] Véase la sección sobre la revista *Electra* por Domingo Paniagua en su libro *Revistas españolas contemporáneas* (Madrid, 1964), donde se reproduce la carta de Galdós a los redactores.

jesuitismo, señalaremos que el 6 de abril de 1901 publicó en *Electra* el artículo «Los jesuitas», en que ataca a la Compañía por la frivolidad de su dogma y la clandestinidad de su infiltración en la sociedad y declara con energía que la orden jesuita es hostil a las masas y un instrumento de la burguesía decadente. Vuelve a publicar el mismo artículo en *El Diluvio* de Barcelona, el 10 de abril de 1902.

* * *

Galdós, entonces, con la representación de *Electra* sirve para juntar a los intelectuales, los hombres públicos y las masas en sus esfuerzos por imponer el liberalismo en la España del siglo xx. Representada por primera vez en Barcelona en 1903, su obra teatral *Mariucha* también atrajo la atención de Maeztu y Martínez Ruiz (esta vez estaban de acuerdo) y ocasionó polémicas alrededor de la cuestión del regionalismo. Pero este tema merece un estudio aparte. Basta decir que el teatro de Galdós, ya el más eminente novelista de España, consolidó su puesto como el «Spanish Liberal Crusader».

EN TORNO A *MARIUCHA:* GALDOS EN 1903

Aunque poco se ha escrito sobre el teatro de Galdós, no deja de sorprender la falta de atención que ha prestado la crítica a la comedia *Mariucha.* Sólo *Electra,* obra que bautizó a 1901 como «año anticlerical», y *Casandra* (1910), novela que Galdós dramatizó para su campaña electoral, dieron en su tiempo ocasión sobrada al comentario y a la polémica. Igual que las dos obras mencionadas, el éxito público de *Mariucha* se debió más a su intención política y al momento histórico que a sus logros estéticos o artísticos. Parece evidente, además, que la decisión de Galdós de estrenar la obra en Barcelona (*Mariucha* es la única de don Benito no estrenada en Madrid) obedecía, como se verá más adelante, a un deseo de presentarla ante un público más receptivo a su tesis social. Si a esto se añade el hecho de que Galdós acompañaba a la compañía teatral de Guerrero-Mendoza en su gira por provincias [1], aprovechan-

---

[1] La obra se representó siempre con la presencia de don Benito en los siguientes lugares y fechas: Barcelona, 16-30-VII-1903; Lérida, 12-13-VIII-1903; Murcia, 8-9-X-1903; Cartagena, 11-12-X-1903; Orihuela, 15-X-1903; Albacete, 17-X-1903; Madrid, 10-XI a media-dos-XII-1903. También hemos visto alusiones a representaciones en Vigo, 13-XIII-1903; Málaga, 14-XII-1903, y Zaragoza, 14-XII-1903.

do su presencia en varios sitios para participar en actos públicos ajenos al teatro, uno fácilmente se convence de que los fines de *Mariucha* no fueron siempre artísticos.

Se podría conjeturar que Galdós se acercó a la escena al principio por una necesidad psicológica de un contacto más directo con su público. Siendo ya un novelista consumado, quería probar fortuna en el arte dramático donde sabía que la fama conseguida se sentía más inmediata. Esto es un fenómeno que se ha dado en no pocos novelistas. Y tampoco debemos olvidar las posibilidades que esta nueva orientación literaria ofrecía para ganar más dinero, preocupación nunca totalmente ajena a la labor de Galdós a partir de 1890.

Por otro lado, no hay duda de que las obras teatrales de Galdós prepararon el terreno para una ruptura definitiva con la forma neorromántica del teatro español entonces en boga. Y más importante que sus «nuevos moldes» o sus dotes como escritor dramático fue, para el teatro en España, la novedad de sus ideas [2]. De todos modos, fueran los que fueran los impulsos iniciales para ensayarse en la forma dramática, de entre ocho dramas los únicos verdaderos éxitos de Galdós anteriores a *Electra* (1901), *La de San Quintín* (1894) y *Doña Perfecta* (1896), fueron debidos a la actualidad socio-política de sus ideas. En *La de San Quintín,* obra en que el mismo título es indicio del significado de la boda de Rosario, la *duquesa* de San Quintín, con Víctor, hijo ilegítimo, obrero y antiguo socialista, favorece Galdós la asociación de las clases sin revolución. *Doña Perfecta,* como se sabe, desemboca en la condenación del

---

[2] Hay un apartado sobre Ibsen y Galdós en el libro de H. Gregersen, *Ibsen and Spain* (Harvard University Press, 1936), pero no cubre, ni mucho menos, las amplias cuestiones de un estudio comparativo sobre el teatro del noruego y el del español. Sabemos que Galdós conocía a fondo algunas de las obras de Ibsen y las actitudes de ambos frente a la sociedad y la administración pública, sus ideas, su mutuo interés en la mujer como principal factor regenerador, y su insistencia en el tema de la «verdad» son muy parecidos. A manera de diferencia, sin embargo, Galdós nunca llegó en el teatro a profundizar en la complejidad de los problemas de la personalidad, ni aceptó ciertas leyes de la escuela naturalista como Ibsen.

caciquismo, sostén de la Restauración. Con *Electra,* drama cuya importancia político-histórica ya se ha estudiado en detalle [3], Galdós se convierte en una figura con posibilidades políticas y se sentiría indudablemente con nuevo vigor ante su posible influencia social a través del teatro.

Con esto, nuestra intención en este breve trabajo es examinar *Mariucha* «exteriormente» a través de críticas del día y un escrito del mismo Galdós, que nunca ha sido reproducido, para acabar con un planteamiento del pensamiento político-social de Galdós en relación con las realidades históricas de 1903.

Mariucha, comedia en cinco actos, se estrenó en el teatro Eldorado de Barcelona el 16 de julio de 1903, después de una intensa campaña de publicidad poco común para la época. Unos días antes se habían desplazado a Barcelona los críticos madrileños más importantes para telefonear a sus respectivos periódicos las informaciones en la misma noche del estreno. Manuel Bueno publicó un artículo sobre el ensayo del 14 de julio y otro antes del estreno, en el *Heraldo de Madrid;* y todos los periódicos de Madrid y Barcelona publicaron largos artículos ocupándose del estreno, muchas veces como artículo de fondo, el 17 de julio. Según el corresponsal de *El Globo,* los revendedores cobraban precios fabulosos por las localidades, y asistieron al estreno el gobernador, el alcalde y una nutrida representación de literatos, políticos, hombres de ciencia y periodistas. *La Epoca* añade que había «gran número de obreros»; pero que su número fuera grande es difícil de creer ya que Barcelona se encontraba en aquellos días en plena huelga obrera, dato cuya importancia discutiremos luego.

El éxito público de *Mariucha* fue total. Los periódicos madrileños publicaron las crónicas telefónicas después de cada acto para dar una impresión de actualidad a los reportajes, y con respecto a las reacciones de los presentes coin-

---

[3] H. Chonon Berkowitz, *Pérez Galdós, Spanish Liberal Crusader* (Madison, University of Wisconsin Press, 1948); Josette Blanquat, «Au temps d'*Electra* (Documents galdosiens)», *Bulletin Hispanique,* LXVIII, núms. 3-4 (1966), 253-308; y nuestro estudio incluido en este tomo.

ciden en cada detalle. Se respondía a los tres primeros actos con demostrado interés y aplausos vigorosos. En el acto cuarto, los apóstrofes y las imprecaciones contra la nobleza parasitaria y egoísta y la apología del trabajo producen arrebatador entusiasmo. Galdós se presenta cuatro veces entre calurosas aclamaciones [4]. Y a la salida del teatro millares de personas acuden a ver salir a Galdós y prorrumpen, cuando aparece, en estrepitosos aplausos [5]. Manuel Bueno resume la reacción pública en palabras por lo visto no exageradas: «Galdós ha tenido un triunfo frenético con *Mariucha*... El sufragio popular le ha sido favorable con ruidosa unanimidad...» [6]

No obstante la acogida del público, fielmente descrita por todos los periodistas, el rechazo crítico de los talentos de don Benito como autor dramático fue también casi unánime. Oigamos otra vez al mismo Bueno: «La arquitectura teatral de la obra es sencilla, casi primitiva. Es el procedimiento escénico más cercano de la naturalidad. La acción transcurre lenta, monótona y erizada de episodios ociosos, que fatigan... [7]». José de Laserna, en el artículo citado, escribe lo siguiente: «Su factura escénica, más *novelable* que teatral, con arreglo a los deliberados procedimientos del autor, que sigue su camino con reposada lentitud sin preocuparse mucho de que la acción sea accidentada ni de excitar el interés por habilidades técnicas.» «Zeda» (Francisco Fernández Villegas), en un artículo elogioso sobre el estreno en Madrid, comenta sobre la falta de verosimilitud en la obra: «Creo que en *Mariucha,* como en alguna otra de sus comedias, Galdós atiende más a lo interno de la obra, a la lógica del pensamiento, que a la lógica y la verosimilitud de la acción.» [8]

[4] José de Laserna, «Los teatros. Desde Barcelona. *Mariucha*», *El Imparcial,* 17 y 18-VII-1903.
[5] «Estreno de *Mariucha* (Información telefónica). Exito grandioso», *El Liberal,* 17-VII-1903.
[6] «*Mariucha,* Impresiones del Estreno», *Heraldo de Madrid,* 17 de julio de 1903.
[7] «Antes del estreno. *Mariucha*», *Heraldo de Madrid,* 16-VII-1903.
[8] «Veladas teatrales. En el Español. *Mariucha*», *La Epoca,* 11 de noviembre de 1903.

Varios críticos ponían en tela de juicio la verosimilitud del hecho de que hubiese pagado el padre de Mariucha mil duros por un vestido cuando no tenía qué comer, o la posible realidad de que Mariucha vendiese su vestido desnudándose en el mismo portal de la casa. También se criticó la falta de realidad artística en el acto tercero cuando la alcaldesa comenta en apartes la importantísima conversación entre León y Mariucha. Es, sin embargo, Federico Urrecha quien señala un defeto en *Mariucha* que se encuentra en muchas otras galdosianas de índole social —defecto que se podría describir como una especie de desequilibrio de tesis. Y es que la protagonista se lanza al principio por la voluntad determinada de corregir los males de la sociedad por medio del trabajo y acaba obsesionada por el amor [9]. También es la pasión amorosa, el asesinar por amor y no por razón de explotación, lo que le quita al *Juan José* de Joaquín Dicenta cierto impacto como drama social y revolucionario. Creemos, no obstante, que el desarrollo de la tesis de Galdós correspondía al estado de evolución de los valores morales de los burgueses para quienes escribía. Por lo visto, Galdós supo bien medir a su público.

En cuanto al valor artístico de la obra los críticos de los periódicos barceloneses —*La Vanguardia, Diario de Barcelona* y *Diluvio de Barcelona*— estaban más o menos de acuerdo con los madrileños. Sólo *Juan de Dos* (Jordá) de *La Publicidad* y el crítico de *Las Noticias* («... es ante todo un violentísimo ataque contra una sociedad viciada e inconsciente»), eran totalmente favorables hacia el estreno de *Mariucha*. Las opiniones de Ignacio Iglesias y Santiago Rusiñol, conocidos dramaturgos catalanes y organizadores del estreno en Barcelona, fueron solicitadas y publicadas por *El Liberal* (24-VII-1903). Citamos de Iglesias: «El ilustre Galdós se ha preocupado seriamente, como pensador, de la regeneración de su raza, trazándole un nuevo camino para refundirle el amor al trabajo.» Y a pesar de los defectos artísticos bien destacados por la crítica, casi todos coinciden

---

[9] «Teatros. Eldorado. *Mariucha,* comedia en cinco actos, de Pérez Galdós», *Diluvio de Barcelona,* núm. 198 (17-VII-1903), 3-5.

al mismo tiempo con lo publicado en *La Epoca* (17-VII-1903): «La tesis se encuentra en una frase. Es la regeneración por el trabajo, en lo cual responde Galdós a la idea general del país.» Los que quisieron ver *Mariucha* únicamente en todo su impacto como teatro de ideas con alcance socio-político sencillamente dejaron de comentar los elementos estéticos, entregándose más bien a un elogio de la tesis. De ahí fue que universalmente se alabó el acto cuarto, cuando Mariucha se encara con sus padres.

Galdós había tenido sus encontronazos con la crítica antes, como nos indican los prólogos puestos por él a la publicación de sus obras de teatro *Los condenados* (1894) y *Alma y vida* (1902). Así es que, adelantándose al estreno de *Mariucha* —en un paso por cierto curioso—, acepta la invitación de su amigo, Miguel Moya, director de *El Liberal,* a publicar en dicho periódico los motivos que había detrás de su creación de *Mariucha.* La carta, que se publicó en *El Liberal,* el 17 de julio de 1903, la mañana siguiente al estreno y que se reproduce a continuación, es de gran interés.

«Sr Director de *El Liberal.*

Mi querido amigo: Me pide usted que le comunique algunas ideas y noticias acerca del porqué, del cómo y cuándo de esta comedia que voy a estrenar. La amable invitación de usted despierta en mí tormentosas dudas y un poquito de vergüenza. ¡Hablar de su obra el propio autor de ella, días, horas, momentos antes de alzarse el telón para mostrarla tal como es a los ojos, a los oídos y al corazón de la muchedumbre! Esto no puede ser. La rutina, señora muy acartonada y de gran respeto, lo prohíbe. No obstante, hemos de reconocer que en las ansias precursoras del alumbramiento del ser dramático, el silencio, lejos de calmarnos, nos agobia más y da mayor intensidad a nuestro padecer. He podido observar que en la grave desazón del estreno, hasta los enfermos más taciturnos sacuden, o creen sacudir, el mal hablando de él y de las circunstancias y ocasión en que han venido a padecerlo. Pues rompamos la costumbre, volvamos la espalda con muchísimo respeto a ese vejestorio del *precedente* y quitemos el freno a la palabra escrita, pues nada pierde en ello la dignidad, nada la compostura y modestia a que estamos obligados.

Pues verá usted: la primera razón de *Mariucha* hay que buscarla en ese afán o comezón que a todos los españoles nos acomete de ponernos la máscara griega para engrosar la voz y hablar alto a la familia nacional. El teatro ha sido siempre el vehículo más eficaz para transmitir una idea cualquiera a mucha y diversa gente. ¡Y hay tanto que decir al pueblo; es tan grato decirlo, es tan halagüeño saber que a veces oye, y que nos devuelve con sonoros ecos el pensamiento transmitido! Del propio pueblo y de sus ondulantes opiniones nos vienen las ideas: las encarnamos en sentimientos, y allá vuelven ahuecadas por la trompeta del teatro, despertando regocijo unas veces, otras emoción, entusiasmo. La figuración escénica seduce a todos los españoles: adóranla unos oyendo, otros hablando. De mí sé decir que teniéndome, más que por autor dramático, por aficionado, siento muy a menudo la necesidad de comunicar con la muchedumbre, aun cuando sepa o presuma que no he de ser escuchado.

Los que armamos estos artificios del teatro, hacémoslo sin darnos cuenta de ello, por monotonía de contarle a la muchedumbre algo que creemos bello y eficaz. Si algo le cuento yo con la máscara de *Mariucha,* no se crea que he querido abordar en esta obra laberínticas tesis, que más fácilmente se exponen que se resuelven. Se puede hablar con el pueblo sin instruirle hondamente ni calentarle la cabeza con graves problemas morales, encarnados en intensos afectos; se habla muchas veces con él sin otro fin que entretenerle, refiriéndole algo que ya sabe o recordándole las más elementales cosas del humano vivir, de puro sabidas, quizás olvidadas. Este es el fin y procederes de la pura comedia, la cual no por su condición apacible carece de poder sugestivo sobre el público. La comedia se hace depositaria y conductora de mil ideas secundarias que andan de cerebro en cerebro por el espacio social; recoge sentimientos y quejas individuales, domésticas, que salen de las bocas del vulgo, sin que se vea su relación con el conjunto de las grandes quejas nacionales. Con tales elementos, el cultivador de esta literatura benigna y amable, puede muy bien, sin presumir de filósofo ni meterse a redentor, realizar la transcendentalidad artística, virtud que, si bien se mira, puede resplandecer en toda obra escénica, desde la entonada tragedia hasta el sainete de apariencia más frívola.

No busque, pues, en *Mariucha* más que ideas comunes, algunas de orden económico, que es el más vulgar de los órdenes, sentimientos elementales, caracteres conocidos, familiares, sin complejidad ni depravaciones tenebrosas; encontrarán en ella más alegría que tristeza, más esperanza que desesperación, y las vulgarísimas enseñanzas de que ninguna empresa regeneradora puede ser eficaz, si no se cambian radicalmente los procederes que trajeron la desgracia, si el tiempo y la actividad perdidos en decorar las ruinas no se emplean en desmontarlas para dar a la construcción nuevo fundamento.

Es, pues, *Mariucha* una obra modesta y familiar, y su sentido tan claro como cualquier tema de instrucción infantil. Y si me pregunta usted por los moldes en que he vaciado el asunto, no sabré decirle concretamente si son los viejos o los nuevos, pues aún no he podido hacerme cargo de la diferencia entre unos y otros aparatos de vaciado y modelaje. Creo que, más que los moldes, son nuevas o pasadas las ideas que en ellos se introducen; sospecho, además, que las ideas dan, o pueden dar, configuración al mecanismo que las contiene, antes que recibir de él una forma dura, semejante a la petrificación. Dejando a un lado esto de los moldes, que darían materia de conversación para un rato, diré a usted que la buena de *Mariucha* no se mete, que yo sepa, por estos callejones o trochas del pesimismo, a los cuales hay que buscar salida con el pico o con el hacha. En ella, las violencias fugaces de acción o de lenguaje dan pronto paso a la placidez y al sereno sentido de las cosas.

Disparado ya por la pendiente de la sinceridad, diré a usted, amigo mío, que deseando ejercitarme en el procedimiento teatral, he intentado en esta obra emplear los medios más sencillos y elementales para producir la emoción.

Ignoro aún, pueden creérmelo, si me ha sido provechoso este difícil ejercicio. Mientras armaba la comedia y la iba vistiendo del tejido dialogal, la misma excitación del espíritu laborioso me hizo creer que lograba mi objetivo; hoy no pienso lo mismo; creo que muy poco, quizás nada, he podido realizar de aquel propósito. En la enojosa tramitación de los trabajos escénicos, el manosear continuo de la obra, dejándola en nuestras manos como reducida a papilla, da la impresión de que *Mariucha* se deshace en fragmentos de papel, y de que éstos van impelidos hacia el foro por una escoba compasiva, la cual nos barre a todos, a la obra y a mí, con miramiento y formas corteses.

Movido de mi admiración a María Guerrero y Fernando Mendoza, y deseando participar del esplendor de sus campañas teatrales, escribí *Mariucha* el verano último, y al ponerla en manos de los que habían de ser sus intérpretes, convinimos en que sería estrenada en la temporada de 1903 a 1904. No me pasó por las mientes estrenarla fuera del teatro Español; tan aferrados estamos a la rutina de que sólo en aquel templo teatral deben decirse estas misas. Pero algunos amigos de Barcelona, y otros a quienes por tales tengo desde aquella ocasión, expresaron el deseo de que se estrenase en esta ciudad, y me lo manifestaron en forma tan halagüeña que no vacilé en acoger la idea y en aceptar la invitación. Una y otra me llegaron al alma, avivando mi afecto a tan cariñosos amigos y la atracción que siempre ha ejercido sobre mí esta ciudad por su magna belleza y por el culto que en ella tienen todas las artes. Esta es la razón de estrenar en Barcelona antes que en Madrid. Debo decir también que al recibir el expresivo mensaje, caí en la cuenta de que el asunto de la obra y el temperamento de su protagonista habían de ser más comprensibles y asimilables para este público que para otro alguno, y, la verdad, me alegré infinito de que un requerimiento de amigos generosos trajese acá lo que resultaba tan apropiado al alma de este país.

Aquí estoy, pues, esperando a que Barcelona me diga si me equivoqué por entero o a medias, o si algo lleva en sí *Mariucha* que merezca ser dicho a un público para que éste se lo cuente a la soberana multitud. Hallándome en el período agudo del morbo teatral, o sea proceso febril ascendente del estreno, no puedo evitar el pesimismo, como antes dije: no se aparta de mí el temor de que el público barcelonés me diga, en una u otra forma, que no había para qué traer acá, de tan lejos, a esta señorita aristocrática y madrileña, que no divierte a nadie y que pretende enseñar lo que todos los hijos de esta tierra saben a machamartillo. Esto me figuro a otras cosas peores, viendo mi obra en pedacitos de papel, no ya barridos, sino volando por los aires, sin que lleguen en ningún caso a juntarse para que lo escrito en ellos pueda tener sentido. Y sólo me falta decir ahora que si en esta presunción del desastre me equivoco y *Mariucha* obtiene un sufragio benévolo, lo deberé principalmente a lo mucho que espero de María y Fernando en la interpretación, secundados por todos los suyos, y al arte supremo que ambos despliegan para obtener el decoro y la propiedad de la figuración escénica.

Y concluyo notando que al responder a la cariñosa interrogación de *El Liberal* se me ha quitado la vergüenza o falsa delicadeza impuesta, en cuestiones literarias, por las venerables rutinas que aquí nos agobian. Mirándolo bien, no sé por qué hemos de estar los autores tan compungidos en vísperas de estreno, calladitos como cartujos y teniendo por cosa fea la emisión de una sola palabra sobre lo que tanto nos interesa. Ello es un poco tonto; es una tontería más entre las infinitas heredadas de nuestros antecesores y que guardamos como reliquia sobada y mugrienta, ensuciada por los fanáticos besos de tantas generaciones. No veo la razón de que nos aflijamos y anulemos excesivamente en días de estreno, como reos en capilla preparados para que nos aprieten el pescuezo, o para oír un grave y condolido indulto, que eso viene a ser el éxito, algo como «perdonado estás, hijo, por esta vez y no reincidas».

Vivamos a la moderna, o acerquémonos un poco al vivir moderno; seamos sinceros y oportunos, considerando que para las ocasiones interesantes de la vida no se ha inventado el silencio. Por huir de vanas arrogancias no caigamos en humildades que revelan flaqueza del ánimo. Antes de un estreno, que somete a juicios las hechuras del pensamiento, digamos con honrada franqueza la razón, móviles y fines de nuestra obra, sin ocultar lo que tememos y lo que esperamos, y así se irá acostumbrando la gente a que los autores digan después del estreno lo que les regocija y lo que les duele. Eso de que todos hablen menos el autor no es justo. Hablando cada cual lo suyo, en tiempo y sazón lograremos formar en literatura lo que no han podido crear los polígonos en la esfera del nacional interés: una opinión clara, robusta, expansiva.

Dispense usted, señor Director, que haya ocupado en su periódico mayor espacio del que merecen estos desordenados informes. Es cuanto puede decir a usted por hoy su buen amigo.

B. Pérez Galdós

Barcelona, 15 de julio de 1903.»

Hablando tan llana y humildemente y pidiendo el «sufragio benévolo» del público, Galdós les quita, desde luego, a sus críticos las armas antes de que tuviesen la oportunidad de blandirlas. Y el hecho de que *El Liberal* publicara la carta el mismo día en que aparecieron las primeras crónicas sobre *Mariucha* no deja de ser tal vez una intencionada coincidencia. Para nuestro propósito, sin embargo, más importantes son las declaraciones de don Benito sobre los motivos e intenciones de su obra. Resulta que para él el teatro sirve principalmente para comunicar con el pueblo, con la «familia nacional», de una forma clara y sincera, una opinión que beneficie al interés nacional. Sugiere que las ideas y sentimientos que expresa los ha encontrado entre el pueblo, y que el objeto de su comedia es convertir quejas individuales en quejas nacionales y transmitirlas a la sociedad, y luego a la *soberana multitud.* Hay también una clara alusión negativa a la literatura pesimista del Desastre y de la joven generación (la de 1898), y un tono optimista y confiado en cuanto al futuro de España.

Además, es evidente que Galdós se dio cuenta de que entre ciertos círculos de la sociedad catalana —los industriales, los comerciantes y unos intelectuales— su tesis gustaría. El elogio del espíritu trabajador era en gran parte elogio al espíritu catalán diferenciador del castellano. Es decir, que podríamos sospechar que Galdós jugaba con emociones regionalistas. Y, efectivamente, por ser la tesis reflejo de sus máximos valores sociales, algunos intelectuales catalanes creían que la prensa madrileña habría tratado *Mariucha* con demasiada dureza. *Juan de Dos* (Jordá), traductor y gran conocedor de Ibsen, Sudermann y Hauptmann, expresó tal opinión en un artículo publicado en *La Publicidad,* acusando a *El Imparcial* (José de Laserna) de contribuir al catalanismo. Manuel Bueno, en otro de los muchos artículos que le inspira *Mariucha,* contesta a Jordá en un artículo denigrante [10]; y Ramiro de Maeztu sale a la defensa de Jordá, Galdós y el teatro de ideas. La obra predica, dice Maeztu, la ley de los fuertes caracteres y el triunfo por el trabajo, y eso no encaja con las ideas eruditas y parisinas de los críticos madrileños. Y comentando la relativa frialdad con la cual recibió el público madrileño a *Mariucha,* Maeztu caracteriza a los periodistas, «snobs» y políticos de la capital como gente sensual y abúlica que vive de la mentira. «Los ladrones, escribe con gracia y mala intención, no aplauden a la Guardia Civil.» [11]

Ahora bien, todos los personajes de importancia en *Mariucha* proceden de la aristocracia. Los padres de María, nobles venidos a menos, viven primero del sablazo y al final de la posición política caciquil de su hijo, conseguida a través de su matrimonio con la rica hija de un traficante de esclavos (producto del colonialismo). León, alias Antonio Sanfelices, también de familia aristocrática y ex calavera procesado, se regenera trabajando de minero, y luego apartando los cuartos y pedazos de carbón, logra montar, por medio de créditos, etc., un comercio floreciente como carbonero. Siguiendo el ejemplo de León, Mariucha rechaza la vida de sus padres y empieza a dedicarse a «menesteres mercanti-

[10] «*Mariucha* y la crítica», *Heraldo de Madrid,* 26-VII-1903.
[11] «Una polémica», *Diario Universal,* 27-VII-1903; «Dos Mariuchas», *Diario Universal,* 30-VII-1903; y «*Mariucha* y el público», *Alma Española,* 15-XI-1903.

les» que desarrolla, por su trabajo y firme voluntad, en un negocio admirable. El hecho de que se enamoran y se casan León y Mariucha simboliza, claro está, la regeneración de las clases altas españolas. Parece ser, entonces, que la visión galdosiana de la realidad socio-económica corresponde a la etapa de industrialización y de desarrollo capitalista cuando la clase media podría abrirse camino y reemplazar a la aristocracia por su comprensión de ciertas leyes económicas y su iniciativa en el trabajo [12]. Y la perspectiva de Galdós favorece, sin duda alguna, los ideales de la creciente clase media.

El «prólogo» a *Mariucha* también se caracteriza, como hemos visto, por su patriotismo simple y sus constantes alusiones al «pueblo». En estos años comenzaba a pesar en el pensamiento social de Galdós un concepto del pueblo muy aproximado al que encontramos en la intra-historia de Unamuno y en la tradición consuetudinaria de Costa. Este nuevo ideal galdosiano se apunta y desarrolla en las últimas series de los *Episodios,* pero nosotros volveremos a aprovecharnos de las palabras del mismo Galdós sobre el tema. En una entrevista, rica en datos, que tuvo Galdós con Luis Morote sobre su teatro, más específicamente *Mariucha* y *Bárbara,* don Benito también habla de sus últimas excursiones en vagón de tercera a pueblos apartados para estudiar a las gentes humildes y sencillas. Dice que así ha aprendido él a amar a su patria. Continúa: «De ahí, del fondo del alma nacional, nos tiene que venir la cura. Médico de sí mismo, el pueblo español sanará. Las fuerzas, las energías

[12] La evolución del liberalismo burgués de Galdós se ha estudiado muy atinadamente en todos sus matices por Vicente Lloréns, «Galdós y la burguesía», y Clara E. Lida, «Galdós y los *Episodios Nacionales*: Una historia del Liberalismo español», en *Anales galdosianos,* III (1968); y por Antonio Regalado, *Benito Pérez Galdós y la Novela Histórica Española* (Madrid, 1966). Y los documentos que ocasionó *Mariucha* apoyan su interpretación de tal evolución (con la única excepción de alguna discrepancia con la última parte del libro del profesor Regalado). Uno de nuestros propósitos, sin embargo, es demostrar que Galdós, por su ideología política claramente del siglo XIX español, no pudo reflejar fielmente la realidad socio-económica de principios de nuestro siglo.

de redención que atesora, bajo una capa de aparente indiferencia, serían bastantes a revolucionar otro país más desgraciado que el nuestro. Se levantará el pueblo, y ya camina, aunque sus pasos no se oigan; tan alejados estamos de él...» [13]

No debemos dejarnos engañar por la alusión galdosiana a una «revolución». El camino no era éste para él, sino más bien una especie de democratización de la sociedad por una mutua comprensión o por la fusión sana de los ideales económicos. Esta idea de Galdós la tenemos conceptualizada en varias de sus obras dramáticas. Recuérdense las simbólicas representaciones de la masa de las rosquillas en *La de San Quintín,* la «fusión metálica» en *Electra,* y el amor entre Juan Pablo, pastor-revolucionario, y la duquesa de Ruydíaz en *Alma y vida.* Si su nuevo interés en el «popularismo» y su deseo de amalgamar el «espíritu» del pueblo y el liberalismo burgués, siguiendo la pauta de los pensadores de la *regeneración,* le iban a llevar a Galdós al Partido Republicano, también le alejarían de las realidades económicas del país. El, más que nadie, apreciaba la importancia de la condición económica del ser humano; pero, entre el pueblo y la clase media ¿dónde quedaba el proletariado?

Además, Galdós creía firmemente en la importancia del ejército dentro de la función del Estado. Había sido, según él, el órgano que permitió el desarrollo del liberalismo en el siglo XIX. Así lo pinta en *La Revolución de julio* y otras novelas de la cuarta serie (1902-1907) de los *Episodios* [14]. En el siglo XX todavía puede servir a la patria. Estando en Cartagena para el estreno de *Mariucha* en esta ciudad, en octubre de 1903, Galdós pronuncia un discurso —buen ejemplo de su actividad pública llevada a cabo en relación

---

[13] *Heraldo de Madrid,* 31-VIII-1903; reproducido en *El Correo,* 1-IX-1903.

[14] Vamos viendo que los elementos del pensamiento socio-económico del Galdós de 1903 coinciden con los que van apareciendo en las últimas series de los *Episodios* cuando *historiaba* el siglo pasado. Pueden corresponder a la realidad histórica de entonces, pero incorporados en una obra con las aparentes intenciones de *Mariucha,* dejan de tener la actualidad debida.

con su obra teatral— ante el Círculo del Ejército y de la Armada, en que expresa otra vez su optimismo hacia el futuro de España y en que pide la colaboración militar en la regeneración y renovación de su país a base del fomento de la educación y la ciencia [15].

De todos modos, en *Mariucha* Galdós plantea el problema de España en los términos económicos que ya hemos visto, y opta por estrenar la obra en una ciudad que sufre en aquellos mismos días de 1903 el segundo paro obrero general en dos años. Más de un crítico notó esta discrepancia: «Mariucha y León son dos personajes simbólicos, de un simbolismo nebuloso, porque encarnan seres que no existen, que han pasado a la historia porque ya no tienen razón de ser.» [16] Es decir que en 1903 Galdós sencillamente no entendió —o no quiso entender— los ingredientes de la «cuestión social» de entonces.

Hasta José de Laserna, el crítico de *El Imparcial*, tachado por algunos catalanes y por Maeztu de «snob» estético, puso el dedo en la llaga: «Lo que no parecerá a todos tan satisfactorio, es la solución de la tesis. Todos estamos en que ya no hay más aristocracia, ni más nobleza, ni más ejecutoria que el trabajo. El gran problema es si basta trabajar para poder vivir. Precisamente en estos momentos, una de las huelgas importantes en Barcelona es la de los carboneros. Estos obreros no han tenido la suerte de León o Antonio Sanfelices, que han trabajado tanto como él o acaso más. Dignidad y redención es el trabajo. Pero ya por la codicia de los patronos, ya por las exigencias y los exclusivismos de los proletarios, ya por mil otras causas, no todos los que quieren pueden trabajar, ni todos los que trabajan pueden vivir» *(ob. cit.).*

Se ve, pues, que no hacía falta ser anarquista o socialista o partidario del movimiento obrero para poder enfocar los problemas económicos que más necesitaban ser solucionados. En aquel momento, las huelgas amenazaban seriamente el comercio y la industria catalanes, y si *Mariucha* gustó,

---

[15] Discurso impreso en *El Correo,* 12-X-1903.
[16] *El País,* 11-XI-1903.

es que ha podido servir, hasta cierto punto, de apoyo moral, en un tiempo crítico, a la burguesía barcelonesa.

Por haber cuestiones más importantes en 1903 —las huelgas, la revisión del proceso de Montjuich, las elecciones generales, el nuevo gobierno de Villaverde, etc.— o por considerar su tesis poco aprovechable, ni *El Socialista* ni *La Revista Blanca* publicaron comentarios sobre el estreno de *Mariucha* en Barcelona. Pero *La Revista Blanca,* el órgano de los anarquistas, dedicó un largo artículo a la primera representación de la obra en Madrid. Su autor fue Angel Cunillera, crítico que había alabado a don Benito en otras ocasiones, y vale la pena, creemos, reproducir párrafos del artículo, en el cual califica el pensamiento de Galdós de «progresismo romántico»:

«Puede una obra dramática carecer de inspiración artística y agradar al público por la relación que éste nota entre lo que ve sobre las tablas y lo que pasa en la calle o en el mundo. El contenido social de *Mariucha* no puede ocurrir nunca, y además de no poder ocurrir nunca, no interesa, porque está antiartísticamente presentado...

»Si mala es la manera que de presentarse y de conducirse tienen los personajes, malo es el resultado. Nadie se regenera convirtiéndose de *parásito* de la sociedad en explotador de la misma. Galdós sienta la tesis de que los nobles son a manera de parásitos del cuerpo social; pero presenta como tipo del hombre moral y regenerado a dos ridículos comerciantes que negocian con el sudor ajeno.

»¡Y si al menos se ahorrase para el fin llevar a cabo alguna empresa bella! Pero para comprar más carbón y más sombreros, me parece soberanamente impropio de artistas, quienes deben tener propósitos más elevados que los burgueses.» [17]

Ahora bien, si en 1903 Galdós no se había declarado en el campo de la política, había sin duda aceptado los términos políticos del éxito de *Electra* y la evidencia apunta hacia el hecho de que se consideraba «hombre público» con

---

[17] «Crónicas teatrales», *La Revista Blanca,* núm. 130 (15-XI-1903), 316-320.

un papel activo en la posible regeneración de su patria. Creemos que es por eso principalmente que acompañaba a la compañía Guerrero-Mendoza en su gira por provincias. Se había quedado en Barcelona durante las representaciones de *Mariucha,* estando presente en cada función; y luego fue a Lérida, donde los oficiales locales le ofrecieron un banquete de homenaje. De ahí, camino de Santander, paró en Pamplona el 14 de agosto y fue a recibirle una comisión del Comité Republicano. Es curioso notar que su llegada a Santander coincidió con un gran mitin republicano en que Gumersindo de Azcárate pronunció un discurso, aunque no sabemos si Galdós asistió al acto. Es posible, entonces, que en 1903 don Benito estuviera militando ya entre los bastidores del republicanismo. Por su correspondencia con Navarro Ledesma está claro que tenía cierta influencia política en 1905, dos años antes de que se adhiriese abiertamente al Partido Republicano. No es nuestra intención exagerar la consecuencia que haya podido tener la actividad «pública» de Galdós en 1903; nos interesa únicamente como reflejo de su postura socio-política dentro del contexto de la realidad histórica.

En julio de 1903 subió al poder el gabinete conservador de Villaverde y el país se preparaba para las elecciones generales en noviembre. Para los efectos de las últimas, los fragmentados partidos de las izquierdas decidieron asociarse en la Unión Republicana con la esperanza de establecerse más firmemente como oposición eficaz a los liberales y conservadores monárquicos. Se consideraba como esencial la adhesión del Partido Socialista, y Azcárate, Lerroux y otros se dedicaron a este fin. En el mismo mes del estreno de *Mariucha,* Lerroux, diputado radical por Barcelona, inició en las Cortes la revisión del proceso de Montjuich que pedía la amnistía general para todos los obreros acusados o encarcelados. Joaquín Costa apoyó la solicitud en una carta del 31 de julio, reproducida en casi todos los periódicos, en la cual se basa en la pregunta básica de qué importa el orden público si el sistema social no les da a los obreros bastante para comer. Al lado de la aparente realidad socio-económica y las necesidades políticas para responder a tal realidad, la tesis de *Mariucha* revela a un Galdós incapaz de enfocar los más inmediatos problemas nacionales. Pese a los gestos humanitarios y políticos de los líderes más destacados de la confederación republicana, Pablo Iglesias rechazó el plan de asociación en 1903, diciendo que quedaba en pie siempre la necesidad de la lucha de clases. Si Galdós, por un cambio en la táctica de los socialistas, llegó a encabezar con Iglesias el Comité de la Conjunción republicano-socialista en 1909, nunca llegó a saber lo que había dentro del movimiento obrero [18].

Por su estudio de la historia de España durante el siglo XIX, por su constante y aguda observación de la vida socio-económica de la Restauración, y por su propia experiencia vital, Galdós llegó a ser el gran historiador y defensor del liberalismo burgués. Pero por las condiciones que habían formado su visión de la realidad nunca consiguió comprender el trasfondo de la evolución de la historia económica reflejada en la lucha de clases: trasfondo ya patente en la sociedad española hacia 1903. Lo dicho en torno a *Mariucha* sirve, creemos, para definir el pensamiento de Galdós como decimonónico [19]. Y es esto lo que más crucialmente le separa de los escritores de 1898. Es cierto que se acercaban a él en los momentos más críticos de su anticlericalismo, y es cierto que le admiraban como escritor. Sin embargo, Unamuno, Martínez Ruiz y Baroja —o en plan metafísico en plan social— siempre concebían la sociedad estructurada a base de explotadores y explotados. Y partidario de estos o aquellos, una atenta observación de la realidad socio-económica de principios del siglo XX indicaba que la evolución de la sociedad iba a desenvolverse a través de una lucha de clases.

---

[18] Véase a Juan José Morato sobre el asunto, en *Pablo Iglesias. Educador de muchedumbres* (Barcelona, 1968), págs. 144-145.

[19] Sabemos que había gestos, muy bien organizados, para conseguir para don Benito en 1912 el Premio Nobel. El dramaturgo alemán, Gerhardt Hauptmann, ganó el premio en aquel año, y, dejando aparte su enorme talento de autor dramático, nos preguntamos si no ha podido influir en la decisión la apremiante actualidad de sus ideas, de índole, claro está, socialista.

APENDICE

Artículos de prensa sobre Mariucha *publicados en 1903*

Anónimo, «Galdós en Barcelona», *El Imparcial,* 8-VII-1903.
— «*Mariucha* de Galdós», *El Liberal,* 8-VII-1903.
— (¿Joaquín Arimón?), «Estreno de *Mariucha* (Información telefónica). Exito grandioso», *El Liberal,* 17-VII-1903.
— «Galdós», *Heraldo de Madrid,* 17-VII-1903.
— (¿Zeda?), «La nueva obra de Galdós», *La Epoca,* 17-VII-1903.
— «*Mariucha* de Galdós», *El País,* 19-VII-1903.
— «*Mariucha*», *El Correo,* 26-VII-1903.
— Pleito de críticos», *El Globo,* 28-VII-1903.
— «*Mariucha* en Lérida», *El Imparcial,* 13-VIII-1903.
— «*Mariucha* en Lérida», *El Liberal,* 13-VIII-1903.
— «Viaje de Galdós», *El Correo,* 14-VIII-1903.
— «Pérez Galdós (por teléfono)», *El Liberal,* 17-VIII-1903.
— «Galdós en Murcia», *El Correo,* 9-X-1903.
— «Galdós en Cartagena (por telégrafo)», *El Liberal,* 10-X-1903.
— «Galdós en Cartagena», *El Correo,* 12-X-1903.
— «En honor de Pérez Galdós», *El Liberal,* 13-X-1903.
— «La despedida de Galdós», *El Liberal,* 14-X-1903.
— «Por los teatros. Español», *El País,* 11-XI-1903.
— «Teatro Español. *Mariucha*», *El Correo,* 11-XI-1903.
— «Conversaciones», *Heraldo de Madrid,* 14-XI-1903.
— «Hablando de *Mariucha*», *Heraldo de Madrid,* 14-XI-1903.
B. Amengual, «Revista dramática. *Mariucha* de D. Benito Pérez Galdós», *Diario de Barcelona,* núm. 201 (20-VII-1903), 8823-8826.
Joaquín Arimón, «Teatro Español. *Mariucha*», *El Liberal,* 11-XI-1903.
Manuel Bueno, «Ensayo de *Mariucha* (por teléfono)», *Heraldo de Madrid,* 15-VII-1903.
— «Antes del estreno. *Mariucha*», *Heraldo de Madrid,* 16-VII-1903.
— «*Mariucha.* Impresiones del estreno», *Heraldo de Madrid,* 17 de julio de 1903.
— «*Mariucha* y la crítica», *Heraldo de Madrid,* 26-VII-1903.
— «Los estrenos. En el Español», *Heraldo de Madrid,* 11-XI-1903.
Buxareu y José Carner, «*Mariucha,* comedia de Pérez Galdós», *El Globo,* 17-VII-1903.
Buxareu, «*Mariucha.* Después del estreno», *El Globo,* 18-VII-1903.
Angel Cunillera, «Crónicas teatrales», *La Revista Blanca,* núm. 130 (15-XI-1903), 316-320.
E. Gómez de Baquero, «*Mariucha*», *La España Moderna,* núm. 176 (agosto de 1903).
Angel Guerra (José Bethancourt), «En el Español. *Mariucha*», *El Globo,* 11-XI-1903.
Ignacio Iglesias y Santiago Rusiñol, «*Mariucha.* Lo que dicen Iglesias y Rusiñol», *El Liberal,* 24-VII-1903; reproducido en «*Mariucha.* Votos de calidad», *El Correo,* 24-VII-1903.

Lara, «Estreno de *Mariucha*», *El Correo*, 17-VII-1903.
— «*Mariucha*», *El Correo*, 19-VII-1903.
José de Laserna, «Los teatros. Desde Barcelona. *Mariucha*, comedia en cinco actos de D. Benito Pérez Galdós», *El Imparcial*, 17 y 18 de julio de 1903.
— «Los teatros. Español. *Mariucha*, comedia en cinco actos de D. Benito Pérez Galdós», *El Imparcial*, 11-XI-1903.
Ramiro de Maeztu, «Los críticos de *Mariucha*. Una polémica», *Diario Universal*, 27-VII-1903.
— «Dos Mariuchas», *Diario Universal*, 30-VII-1903.
— «*Mariucha* y el público», *Alma Española*, 15-XI-1903.
José Martínez Ruiz, «La farándula. *Mariucha*», *Alma Española*, 15 de noviembre de 1903.
Luis Morote, «Lo que dice Galdós», *Heraldo de Madrid*, 31 de agosto de 1906; reproducido en *El Correo*, 1-IX-1903.
B. Pérez Galdós, «*Mariucha*. Carta de Galdós», *El Liberal*, 17 de julio de 1903.
Federico Urrecha, «Teatros. Eldorado. *Mariucha*, comedia en cinco actos, de Pérez Galdós», *Diluvio de Barcelona*, núm. 198 (17 de julio de 1903), 3-5.
Zeda (Francisco Fernández Villegas), «Veladas teatrales. En el Español. *Mariucha*», *La Epoca*, 11-XI-1903.

MAEZTU Y UNAMUNO:
NOTAS SOBRE DOS INTELECTUALES DE 1898

Todos admitiríamos que el krausismo ha sido una de las ideologías que más hondamente ha penetrado en el escenario intelectual español durante la segunda mitad del siglo XIX. Pero la tendencia española a integrar nuevos pensamientos en una condición preexistente, de una forma bastante ecléctica, tiende a oscurecer la verdadera aportación del krausismo a la evolución de la mentalidad española.

A finales del siglo coexistían dos escuelas de pensamiento opuestas —no siempre bien delimitadas, sin embargo— y las dos tenían su origen en el krausismo español: una irracional de índole romántica y la otra positivista. Las teorías metafísicas posteriores a Kant, sobre las cuales se basaba gran parte del krausismo, habían enseñado que la experiencia humana, a pesar de ser un reflejo temporal de lo eterno, era la única fuente de sabiduría y que sólo a través del desarrollo de la experiencia individual se podía trascender de una manera efectiva lo temporal. De ahí el tono romántico. Por otra parte, había un énfasis general en la expansión de los conocimientos y la educación que llevó a muchos españoles al pensamiento europeo donde lo práctico se consideraba como una virtud y se exaltaban los métodos científicos. Esta insistencia sobre la realidad objetiva dio una orientación positivista al pensamiento de muchos de los intelectuales españoles europeizados y les llevó a interesarse por la sociología, la historia y las teorías económicas.

A pesar de que hay indicios de que no todos los escritores del 98 estaban familiarizados con los principios específicos del krausismo, no hay duda de que se educaron dentro de un ambiente intelectual imbuido por ellos [1]. Se podría decir que el pensamiento ambiguo y bipolar de Joaquín Costa, el último de los grandes pensadores krausistas, es el que mejor representa el conflicto aparente en la evolución del pensamiento español. Pero también podemos ampliar nuestra visión de este movimiento intelectual si comparamos y enfrentamos las teorías de Miguel de Unamuno y Ramiro de Maeztu sobre la regeneración de España. A través de estos autores —ambos influidos por Costa, como el profesor Pérez de la Dehesa ha documentado en *Costa y la generación del 98* (Madrid, 1965)— se pueden ver las dos orientaciones intelectuales coexistiendo en la búsqueda de la solución del mismo problema. Escribieron al mismo tiempo, a menudo en los mismos periódicos y revistas [2], y sobre el mismo tema, pero el enfoque que cada uno tenía de los problemas concretos era tan distinto que durante muchos años polemizaron constantemente.

Los artículos, ensayos y correspondencia que Unamuno escribió a finales del siglo XIX y principios del XX han sido objeto de cuidadosos análisis [3] y el lector atento ya no

---

[1] Véase María Dolores Gómez Molleda, *Los reformadores de la España contemporánea* (Madrid, 1966); sobre todo la tercera parte, «Reformismo y Noventayocho», págs. 329-419.

[2] Sus firmas aparecen juntas en los siguientes periódicos y revistas durante las fechas indicadas: *El Progreso*, 1897-1898; *Madrid Cómico*, 1897-1902; *Vida Nueva*, 1899; *Revista Nueva*, 1899; *La Vida Literaria*, 1899; *Las Noticias*, 1899; *El Motín*, 1899-1904; *Electra*, 1901; *Juventud*, 1901-1902; *El Imparcial*, 1901-1902; *La Lectura*, 1901-1903; *Alma Española*, 1903-1904; *La Correspondencia de España*, 1907.

[3] La bibliografía sobre el joven Unamuno es demasiado extensa para reproducir aquí. Las fuentes más importantes son los prólogos de García Blanco a su edición de las *Obras Completas* de Unamuno (Madrid, Afrodisio Aguado, 1958-1964); Antonio Sánchez Barbudo,

puede confundir ciertas actitudes fundamentales que subrayan el pensamiento de Unamuno hasta 1905. Esperamos también que a través de nuestro trabajo sobre el joven Maeztu, próximo a publicar, se podrá tener una visión clara de la orientación de su ideología entre 1896 y 1905. El propósito de este estudio no es simplemente el de afirmar que, mientras que la visión que tenía Unamuno de España y de sus problemas parecía surgir, después de su crisis espiritual, de un concepto básicamente romántico del universo, Maeztu se inclinaba hacia un estudio más científico y antihistórico del problema. Más bien pretendo examinar las reacciones que cada uno tuvo frente a lo escrito por el otro, la necesidad que sintieron de demostrar sus sentimientos mutuos en lo que podríamos llamar discusiones públicas. A menudo, al examinarlo en detalle, nos damos cuenta de que lo que creíamos era un artículo dirigido al público en general es, en realidad, una conversación privada. Casi siempre las «cartas abiertas» vienen a ser «cartas privadas». Es conveniente recordar que esto era una actividad importante, aun entre los miembros de la llamada generación del 98, y es a través de sus avenencias y desacuerdos sobre temas determinados como mejor podemos enfocar las divergencias y las semejanzas de sus pensamientos.

Estudios de Unamuno y Machado (Madrid, Guadarrama, 1959); Rafael Pérez de la Dehesa, *Política y Sociedad en el primer Unamuno (1894-1904)* (Madrid, Ciencia Nueva, 1966); Armando Zubizarreta, «La inserción de Unamuno en el cristianismo: 1897», *Cuadernos Hispanoamericanos*, 106 (1958), incluido en *Tras las huellas de Unamuno* (Madrid, Taurus, 1960); Geoffrey Ribbans, «Unamuno en 1899: Su separación definitiva de la ideología progresista», *Cuadernos de la Cátedra Miguel de Unamuno*, XII (1962), refundido bajo el título «Unamuno en 1899: El proceso de Montjuich y los anarquistas», *Niebla y Soledad* (Madrid, Gredos, 1971); Carlos Blanco Aguinaga, «De Nicodemo a Don Quijote», *Pensamiento y letras en la España del siglo XX* (Nashville, Vanderbilt University, 1966); y del mismo autor, «El socialismo de Unamuno (1894-1897)», *Revista de Occidente*, 41 (agosto 1966), 166-184; y «De nuevo: el socialismo de Unamuno (1894-1897)», *Cuadernos de la Cátedra de Miguel de Unamuno*, XVIII (1968), incluido en *Juventud del 98* (Madrid, Siglo XXI, año 1970).

Sabemos que los artículos escritos por Unamuno y Maeztu sobre la guerra de Cuba estaban basados en las mismas ideas: la posición oficial del Partido Socialista, que subrayaba las razones económicas para la guerra y la dura necesidad de una lucha de clases, en España y en las colonias [4]. En resumen, podemos decir que en 1896-1897 Maeztu y Unamuno parecían estar de acuerdo en cuanto a la importancia de un socialismo libertario para la regeneración de España. Pero la crisis espiritual que sufrió Unamuno en marzo de 1897 le llevó a consideraciones metafísicas sobre el individuo y con el tiempo le alejó del socialismo.

Maeztu se dio cuenta inmediatamente de esta evolución en el pensamiento de don Miguel y emprendió la tarea de corregirla en el primer artículo que escribió en Madrid, «El socialismo bilbaíno», publicado en la revista *Germinal* el 16 de julio de 1897. En este escrito ataca acerbamente a Unamuno y el lector se da pronto cuenta de que Maeztu no considera la evolución de Unamuno como beneficiosa para el intelectualismo español: «A pesar de todo el socialismo sigue su camino. Dos o tres de los más caracterizados propagandistas son vizcaínos, entre ellos el insigne catedrático Miguel de Unamuno, quien antes de ir a buscar una especie de papado civil al jesuitismo, desde las columnas de *La lucha de clases* y a través de centenares de artículos, iba dando carácter científico a una escuela que hasta entonces aparecía como una religión, y como todas las religiones, preñada de intransigencias.»

Ya entonces Maeztu sugiere que su papel como intelectual y propagandista del socialismo tiene que ser el darle un carácter científico —despreciaba la visión mística tolstoiana porque separaba al intelectual del trabajador y esto llevaría irremisiblemente a un desastre.

---

[4] Cfr. Unamuno, «La guerra es un negocio», *La Lucha de Clases,* 26-X-1895; «La guerra y el comercio», *La Lucha de Clases,* 20-II-1897; «El negocio de la guerra», *La Estafeta,* 23-I-1898; y los artículos de Maeztu, «¿Qué se debe hacer en Cuba?», *Germinal,* 6-VIII-1897; y «Carta abierta (para el Ministro de la Guerra)», *El País,* 30-X-1897. Véase también el libro ya citado de Pérez de la Dehesa, páginas 116-118.

La revista *Germinal,* cuya importancia ha sido estudiada por Rafael Pérez de la Dehesa en una monografía [5], se fundó a mediados de 1897 bajo la dirección de Joaquín Dicenta. Parece que su propósito principal fue dar amplia cabida a los revolucionarios y los progresistas bajo la bandera del socialismo. En sus páginas se ventilaron, de manera más bien teórica, los debates sobre el reformismo y el revisionismo marxista. El grupo «Germinal» se pasó a la redacción del periódico republicano-socialista *El País,* cuya dirección fue concedida a Dicenta en octubre de 1897. En las columnas de *El País,* su campaña se desenvolvió en un nivel más popular y personalista, lo cual llevó a unos ataques violentos de varios pensadores, entre ellos Pablo Iglesias y Martínez Ruiz. El ataque más fuerte que se dirigió al grupo «Germinal» y a *El País* fue, sin embargo, el de Unamuno en el artículo «Carne sobre hueso», publicado el 29 de diciembre de 1897 en *El Progreso:*

«Viene esto aquí a cuento de cierto pseudo socialismo declamatorio que corre por ahí, dando que hacer a la sin hueso en los cotarrillos de bohemios, queriendo hacer pasar por la última novedad de la modernistería en España carroña desenterrada de los buenos tiempos de Eugenio Sue.

»Bien está la carne sobre el hueso, y mejor estaría aún que esos socialistas se pusiesen a régimen de hipofosfitos de ciencia económica y sociológica en general...

»Un pobre amigo mío me repetía que lo que el socialismo necesita es un himno. Tal vez sea verdad; pero lo que puede sin duda asegurarse es que, en España por lo menos, lo que más falta hace son conceptos; porque aún hay quienes creen que el *Germinal* de Zola es una especie de evangelio socialista, como creen los chicos de bachillerato que son científicas las novelas de Julio Verne...

»Leyendo atentamente a Marx, se ve que este formulador de las tendencias socialistas, en quien muchos apenas ven más que el revolucionario de la Internacional, fue ante todo y sobre todo un vigoroso pensador nutrido de ciencia...

---

[5] *El grupo «Germinal»: una clave del 98* (Madrid, Taurus, 1970).

»Hipofosfitos, hipofosfitos de firme, porque si está muy bien la carne sobre el hueso, están, en cambio, de estorbo los edemas, tumores, gorduras adiposas, convulsiones epilépticas de boquilla y delirios de alcohol o de teatro. Y sobre todo, es menester penetrarse bien de que para algo legión de investigadores exploraron el campo de la sociología, y de que *eso del socialismo* —como decía el otro— es algo más que mera literatura. ¡Hipofosfitos, hipofosfitos de firme!, y si nos apuran mucho, unos cursillos de matemáticas y una temporada en las oficinas de un banco no vendrían del todo mal.»

Maeztu, volátil y apasionado como muchos de los escritores de la época[6], defiende al jefe del grupo «Germinal» contra Unamuno y los otros en «Carta íntima para Joaquín Dicenta», publicada en *El País* el 4 de enero de 1898:

«En cambio, Unamuno le recomienda a usted el uso de los hipofosfitos... ¡Alma caritativa! Perdido en un laberinto de lecturas, el cerebro desequilibrado de Unamuno se despierta un día acrático, al siguiente marxista y al otro se prepara para ejercicios espirituales. A Miguel de Unamuno le sucede lo que a aquel aldeano que buscaba la pipa ¡y la tenía en la boca!... Comprende la utilidad de los hipofosfitos... ¡y no comprende que es él quien más los necesita!... ¡Pobre Unamuno!»

Estos ataques hechos por Maeztu contra Unamuno parecen a primera vista superficiales, como muchos de los libelos, hasta entre amigos, que encontramos a menudo en la prensa de la época. Pero otros artículos escritos por Maeztu a finales del siglo demuestran el respeto que siente por la capacidad e integridad de Unamuno; está bien claro que Maeztu se ha lanzado a un intento quizá de influir en el pensamiento de don Miguel en pro del interés público.

---

[6] Para comentarios sobre la violencia y la nerviosidad del temperamento de Maeztu, véase José María Salaverría, «La generación del 98», *Nuevos retratos* (Madrid, 1930); Ricardo Baroja, «El asesinato de Ramiro de Maeztu y Pablo Ruiz Picasso», *Gente del 98* (Barcelona, 1952); y Pío Baroja, *Final del siglo XIX y principios del XX* (Madrid, Biblioteca Nueva, 1945), págs. 76, 210-223, 300-304.

En octubre de 1898, Maeztu le dedica un cuento corto: «Desdoblamiento. Cuento sin asunto» (*Vida Nueva,* 9-X-1898). La historia relata las experiencias místicas del protagonista, que, al enfrentarse con la muerte y el dolor, ansía ir hacia un «más allá» donde su alma se fusionará con el elemento eterno. El deseo aumenta su sufrimiento hasta tal punto que no puede soportar su existencia. Al final, sin embargo, acepta su condición y ofrece una solución:

«... ese anhelo no fue sino la exaltación frente al dolor, junto a la muerte, del triple mandato imperativo que llevamos dentro...; sólo que entonces no supe comprenderlo... Era la voz social que nos dice: ¡Trabaja!; el instinto animal, más lógico, que dícenos sencillamente: ¡Lucha!, y la ley de la Naturaleza, más poderosa y más compasiva, que se contenta con decirnos: ¡Vive! ¡Después he aprendido a interpretar el triple grito!»

Aquí Maeztu ensalza las virtudes prácticas del socialismo: trabajo y empeño para vivir y disfrutar de la vida sobre la tierra. Y al dedicar la historia a Unamuno indica que considera que hay en ella una lección que el profesor de Salamanca podría aprovechar. Por lo visto, Unamuno prefería pasar por alto lo que publicaba Maeztu sobre él en los años 1897-1898, pues no se refiere al joven escritor hasta la aparición de *Hacia otra España* en 1899, y entonces, aunque muestra su desacuerdo con sus conclusiones, Unamuno trata a Maeztu con gran respeto.

En sus obras posteriores, Unamuno se vuelve tan introspectivo que su atención se aparta de España y uno tiende a olvidarse de que al principio adoptó esta actitud de autoexamen, buscando la regeneración de España. No era un oscuro economista político, pero hacia 1898, a pesar de seguir apoyando una agitación socialista y de reconocer la importancia del desarrollo económico, había llegado a la conclusión de que, puesto que era el hombre el que realizaba esta evolución, lo que se necesitaba era el desarrollo espiritual del español como individuo [7].

---

[7] Cfr. «Doctores en Industrias», *La Estafeta,* 16-X-1898; y «De regeneración: en lo justo», *Diario del Comercio,* Barcelona, 9-XI-1898

Al parecer, la lectura de *Hacia otra España* de Maeztu, publicado en febrero de 1899, empujó a Unamuno a llevar la contraria a su compatriota en dos puntos importantes. Uno, de índole concreta, versaba sobre la «colonización» de la meseta, y el otro, más mordaz, preparó el terreno para un debate que iba a durar muchos años, sobre si el Hombre o la Idea eran más importantes. Por lo pronto, la estrategia de Maeztu logró su efecto. Obligó a Unamuno a escribir sobre cuestiones económicas.

En «La meseta castellana»[8] Maeztu pide y apoya la colonización de la meseta central. Las zonas costeras están bien desarrolladas económicamente, pero puesto que han perdido sus mercados coloniales de ultramar, el interior de España debe proveer los nuevos. Maeztu ve en la realización de esta proposición un paso hacia una posible integración de España —la fuerza unificadora de Ortega: al mismo tiempo que Bilbao y Barcelona está modernizando a Castilla, proveerán nuevo ímpetu a su propio desarrollo. Al labrador de Castilla le falta agua: pues que se construyan canales, dice Maeztu. El labrador necesita nuevos abonos químicos y conocimiento de los nuevos métodos de cultivo para lograr un mayor rendimiento de su tierra. Debe invertir el dinero en su propia tierra, no gastarlo mandando a su hijo a estudiar a Madrid o en los cepillos de la iglesia:

«Para acometer tamaña empresa no son partidos políticos, ni sentimentalismos literarios, ni ideales democráticos, ni tradiciones de orden, ni estados constituyentes, ni épicas glorias, ni marchas de Cádiz, ni profesores de humanidades, ni varones ilustres y probos lo que se necesita; sino bancos agrícolas, ruda concurrencia, brutal lucha.»

En junio y septiembre de 1899, Unamuno contesta con dos artículos titulados «La conquista de las mesetas»[9], «al joven escritor Maeztu, inteligencia brillante e impetuosa,

---

Ambos ensayos están incluidos en el tomo IV de las *Obras Completas* (Afrodisio Aguado) de Unamuno.

[8] Publicado primero en *Vida Nueva*, 6-XI-1898; y luego recopilado en *Hacia otra España* (Madrid, Fernando Fe, 1899), págs. 159-166.

[9] *La Estafeta*, 5-VI-1899 y 11-IX-1899; también incluidos en *Obras Completas*, IV, 1051-1065. Al publicar este ensayo por primera vez,

envuelta en un yanquismo generoso como inmaduro aún... por ser quien con más empuje y sugestiva forma expresa tales ideas.» En ellos explica por qué no se invierte más capital en el desarrollo de la agricultura de la meseta castellana.

A Unamuno también le gustaría ver la meseta colonizada pero sostiene que la pobreza de Castilla ayuda a la industria del País Vasco y de Cataluña puesto que toda su población pobre emigra hacia las regiones industriales. Además, según Unamuno, el valor de la tierra está en su cumbre y el mero hecho de poseer un trozo de tierra da a su poseedor una sensación de seguridad. El terrateniente no puede invertir capital en mejoras —regadío, abonos, etc.— porque su capital está atado por hipotecas e intereses demasiado elevados. El arrendatario no intentará mejorar sus métodos de cultivo porque teme una subida en la renta. Luego agota la tierra y, una vez agotada, busca otra.

En estos artículos sorprendemos a Unamuno en uno de sus raros momentos de gran escritor objetivo. Su exposición del problema es clara y sus declaraciones están basadas en estadísticas y estudios hechos por autoridades en economía agrícola. Es muy convincente en su refutación del joven Maeztu y parece que quiere demostrar que él también sabe su economía política y que es algo más que el escritor borroso, paradójico, descrito por Maeztu.

Sin embargo, su interés por la teoría económica no es lo más característico del Unamuno de 1898 a 1900. Su romántica búsqueda del alma lo llevó a interesarse por las relaciones entre el individuo y lo eterno. Y sus diferencias con Maeztu resultarían mucho más profundas que las que se perfilaban en sus artículos sobre la meseta de Castilla.

En «La vida es sueño. Reflexiones sobre la regeneración de España», publicado en *La España Moderna* en noviembre de 1898 (*O.C.*, III, 407-417), Unamuno critica a los

---

fuimos los primeros en llamar la atención sobre los intereses económicos de Unamuno durante 1899. El profesor Pérez de la Dehesa desarrolla el tema y documenta el hecho de que Unamuno proyectaba publicar en 1899 un volumen de estudios «socio-económicos» (*El primer Unamuno*, págs. 109-111).

intelectuales que se atreven a hablar sobre la regeneración de España. La mayoría de ellos no se interesan por la regeneración espiritual del individuo español y por eso las masas no entienden sus ideas. Lo importante para Unamuno es que el individuo disfrute de paz espiritual y le importa poco que el país se esté derrumbando o no. Según él, el progreso no se preocupa por el individuo en tanto que individuo, sino por la sociedad colectiva en la que vive, y esto sirve para complicarle la vida: «Maldito lo que se gana con un progreso que nos obliga a emborracharnos con el negocio, el trabajo y la ciencia, para no oír la voz de la sabiduría eterna...» Sigue diciendo: «Sólo se comprende el progreso en cuanto libertando de su riqueza al rico, al pobre de su pobreza y de la animalidad a todos, nos permite levantar la frente al cielo y aliviándonos de las necesidades temporales, nos descubre las eternas.» [10] Ya se puede uno imaginar el asombro con que fue leído este artículo ingenuo de Unamuno por los periodistas como Maeztu que consideraban que su deber en la vida era luchar por remediar los males de España.

La filosofía de regeneración de Maeztu estaba basada en una campaña organizada contra los defectos obvios de las instituciones sociales, políticas y económicas de España —esto es patente para el lector de *Hacia otra España*—. En esta colección de ensayos Maeztu habla a menudo sobre Unamuno y en un párrafo determinado, al quejarse de que los grandes intelectuales españoles no llevan sus ideas a la práctica, dice:

«En cabezas como la de Unamuno caben los embriones de un centenar de literaturas y filosofías nuevas. La lucha entre el temperamento místico y el hábito del análisis lógico; la pugna entre el hombre y el intelectual...; la concepción amplísima del dinamismo económico y el culto de la muerte y de la estepa sin verdura... todo se encuentra en ese bilbaíno colosal, aunque atropellado, confundido, sin valor eficiente.

---

[10] Cfr. también la entrevista con Unamuno, publicada por Martínez Ruiz en *La Campaña,* 26-II-1898, y comentada en nuestro artículo «Dos periódicos anarquistas del 98», incluido en este libro.

»Yo espero que su temperamento místico y sus tristezas de hombre lleguen a sepultarse bajo el intelectual. Si así sucede, si sabe aprovecharse de sus dolores convirtiéndolos en el placer de crear, haciendo del sufrimiento y de la muerte afirmación airosa de la vida, brotarán de su pluma Evangelios de la patria nueva. Si vence el místico y el triste y no quedan de Unamuno más que los trabajos anfibológicos, contradictorios y oscuros que hoy se conocen, así y todo dejará un arsenal de ideas, de las que ha de apropiarse una generación de literatos, que puedan vivirlas por ser hijos del mismo cielo que el sabio profesor.» [11]

Por lo visto, fue este comentario el que hizo que Unamuno escribiese «La tiranía de las ideas» *(Vida Nueva,* 4-VI-1899) [12], dedicado a Ramiro de Maeztu. Discutir punto por punto este conocido ensayo sería excesivo aquí. Sin embargo, un breve resumen servirá para aclarar el tema que nos interesa. El ensayo está trazado alrededor de una serie de metáforas sobre la vida económica y material. En ellas, Unamuno se refiere al hecho de que Maeztu y los socialistas han confundido causa y efecto: el trabajo y la propiedad dan dinero y no el dinero, trabajo y propiedad; el valor de un billete depende del crédito del firmante, pero el primero no contribuye al crédito del último; convertimos en ídolos a los arados, en lugar de convertir a nuestros ídolos en arados. El propósito de esta dialéctica está en hacer resaltar el concepto de que es el Hombre quien hace las Ideas y no las Ideas al Hombre. Y según Unamuno, esta ideocracia, corriente tanto entre los socialistas como entre los grupos conservadores, es una demostración bajo otra cara del espíritu dogmático latente de la Inquisición. Los españoles se liberarán de esta tiranía sólo cuando se den cuenta de que no es la idea la que forma la mente sino más bien la mente la que crea la idea. Una idea sólo adquiere valor —la Verdad— cuando ha sido absorbida y digerida por el hombre.

---

[11] «El separatismo peninsular y la hegemonía vasco-catalán», *Hacia otra España,* págs. 208-209.
[12] Recopilado luego, algo retocado, bajo el título «La ideocracia», en *Tres ensayos* (Madrid, 1900). También incluido en *O.C.,* III, 428-440.

Luego hay que cultivar la mente —la vida interna— no las ideas o doctrinas que tienden a subrayar la mente.

Da preferencia al conocimiento que nos lleva a la contemplación del amor y de la vida, sobre el conocimiento práctico: «Porque tiene la ciencia dos salidas: una que va a la acción práctica, material, a hacer la civilización que nos envuelve y facilita la vida; otra que sube a la acción teórica, espiritual, a hacernos la cultura que nos lleva y fomenta la vida interior, a hacer la filosofía que, en alas de la inteligencia, nos eleve al corazón y ahonde el sentimiento y la seriedad de la vida.» [13] Unamuno concluye que, cuanto menos respeto tengamos hacia las Ideas, más respeto tendremos hacia el Hombre.

Este es uno de los conceptos matrices en el pensamiento de Unamuno. Lo encontramos en las cavilaciones de Ignacio en *Paz en la guerra;* y es parecida su declaración sobre la casta histórica castellana en *En torno al casticismo:* «No es de extrañar que se sobreponga el idealismo de Calderón al de Shakespeare, y aún que no se le vea bien en éste. El inglés pone en escena a que desarrollen su alma hombres, *ideas* vivas, tan *profundas* como *altas* las más elevadas del castellano. El rey Lear, Hamlet, Otelo, son ideas más ricas de contenido íntimo que cualquiera de los conceptos encasillables de Calderón. ¡Un hombre!, un hombre es la más rica idea, llena de nimbos y de penumbras y de fecundos misterios» *(O.C., III, 227)*.

Maeztu ya había escrito en 1897 que consideraba a la Idea superior al Hombre y que sólo si creemos en ello podemos liberar al hombre de su egoísmo y pasión («Los dos

---

[13] Los «Tres» pidieron a Unamuno su colaboración en una campaña de acción social y su contestación es muy parecida. Después de argüir que primero hay que modificar la mentalidad del pueblo y con ella su situación económica y moral, agrega: «Con verdad se dice que cada loco con su tema, y usted conoce el mío. No espero casi nada de la japonización de España, y cada día que pasa me arraigo más en mis convicciones. Lo que el pueblo español necesita es cobrar confianza en sí, aprender a pensar y sentir por sí mismo y no por delegación, y, sobre todo, tener un sentimiento y un ideal propios acerca de la vida y de su valor.» (Azorín, «Intervención social», *Madrid, Obras Completas,* VI.)

Cristos», *Germinal,* 17-IX-1897). Y después de la publicación de «La tiranía de las ideas» utiliza constantemente los pensamientos de Unamuno para hacer resaltar sus propias ideas. No cabe duda alguna de que los comentarios de Unamuno hicieron que Maeztu atenuase su afirmación referente a la necesidad absoluta de una consideración de los problemas económicos ante todo, aun a riesgo de perder una vida espiritual completa.

En «Turrieburnismo», artículo que sale en *El Correo* de Valencia, el 2 de agosto de 1900 (*O.C.*, Escelicer, VII, 1272-73), don Miguel medita sobre el egoísmo del literato del «arte por el arte», que se aisla en la torre ebúrnea. Es la consecuencia de desinteresarse de todo lo hondamente humano. Pero tiene su justificación, según Unamuno, si se encierra uno en su propia torre de marfil, de vez en cuando, para absorber lo que ha aprendido, para «meter el mundo en sí».

Maeztu recoge la palabreja del maestro en seguida, hecho comprobado por un artículo, «Sobre el turrieburnismo», que aparece en *Las Noticias* de Barcelona, el 25 de septiembre de 1900. El artículo lleva lugar y fecha de composición: Bilbao, agosto de 1900; y por su contenido parece que ha hablado en persona con Unamuno sobre las ideas, ya que cita una carta que escribió el profesor de Salamanca a Bernardo Candamo. Según Maeztu, Unamuno le dijo en esta ocasión al joven escritor lo siguiente: «¡Huya usted del turrieburnismo! ¡Lea sociología, compare las religiones, asista al Congreso, hágase novio de una chica, todo, todo, menos el turrieburnismo!» Maeztu escribe a renglón seguido que antes creía en esta postura, que había que asegurar el porvenir económico de España antes de pensar en el arte puro. Pero ahora ya las cosas de otro modo; hay que empezar a definir la finalidad ideal de esta otra nueva España. Y para esta otra empresa hacen falta poetas pensadores. Maeztu termina su artículo así:

«Así los ataques de Unamuno al turrieburnismo falso se reconcilian con su *¡Adentro!* en un común anhelo de intimidad sincera. Así el turrieburnismo verdadero, tan egoísta al parecer, se resuelve en el cumplimiento de un deber social más hondo y verdadero que el de colocar en las urnas la candidatura de nuestro gusto circunstancial.»

En 1901, Maeztu dedica otro artículo a Unamuno, «Ideas de verano» (*La Correspondencia de España*, 4-VIII-1901), en que lamenta la falta de expresión artística en la vida española. Si los españoles necesitan ser más sabios, más ricos y más fuertes, su carácter exige, según Maeztu, que la ciencia, la fortuna y el saber no se considerasen como fin, sino como el camino para hacerlos más artistas. Los propósitos regeneradores han de brotar de los sentidos descontentos. Alude a que Unamuno —a quien llama un pensador de gran talento— había señalado como enfermedad de la mente española la tendencia de manejar las ideas al modo que los artistas combinan los colores y las piedras por puro sentido plástico. Mas para Maeztu no es realista «pretender que florezca en España el pensamiento abstracto, seco, kantiano, sin arte, sin gracia y sin plasticidad, o querer, por extraña *pose,* que nos enamoremos, como Tolstoi, de las uñas negras de los labriegos…»

De ahí se vislumbra que, si Maeztu demuestra que su diálogo con Unamuno le es beneficioso, quedaron los dos pensadores muy lejos el uno del otro en su estrategia para el futuro de España.

El rector de Salamanca pronuncia un discurso en los Juegos Florales de Almería en 1903 (*O.C.*, VII, 568-588), en que vuelve sobre el tema de la ideocracia pero desarrollado bajo la idea de que proviene de la soberbia, del no querer saber. Lamenta Unamuno la imitación y aboga por la originalidad; asociando aquélla con lo práctico y ésta con el cultivo del espíritu. Son voces de pereza y envidia, según él, las que claman que hay que dar a todo un giro práctico, de inmediata aplicación; y bajo ello vislumbra el temor de que se aplique a la vida espiritual.

Maeztu seguía de cerca los pasos de don Miguel, y prestaba atención a lo que decía y escribía. En un artículo satírico describe los veraneos de varios escritores conocidos y su alusión al rector de Salamanca no podía ser más ligera: «Miguel de Unamuno va a los Juegos Florales de Almería; se presentará con su casquete celta, sus gafas redondas, su chaleco hasta el cuello, sus zapatos de hebilla, y su bastón torneado...; y en el banquete lanzará a las narices de los comensales bolitas de pan.» («¡Adiós, bohemia!», *El Pueblo Vasco,* 9-VIII-1903).

Después de la confeerncia, sin embargo, Maeztu sentía la necesidad otra vez de esgrimir seriamente con Unamuno. Sólo cuatro días pasaron entre la actuación del salmantino en Almería y la publicación de «La originalidad» *(El Pueblo Vasco,* 31-VIII-1903), artículo en que Maeztu comenta el discurso de don Miguel. Estaba de acuerdo con Unamuno en que los españoles tenían que alzarse contra la ramplonería y la vida de imitación. Pero creía que la mayor paradoja unamuniana fue el pedir esa hermandad de los originales. Por su egoísmo, los hombres de valía son incapaces de aceptar las ideas de otros. Se oponen unos a otros con una resistencia y una impenetrabilidad enormes.

Parece que Maeztu no entendía las sutilezas en los argumentos de Unamuno, pero era el enfoque intelectual de don Miguel lo que más le molestaba. El pensamiento de tipo unamuniano podía aletargar las energías nacientes, si la concurrencia de otros pueblos no impusiera a los españoles la necesidad de hacer el suelo más rico.

En el periódico *España,* Maeztu publica un artículo más, «La moral del practicismo» (23-I-1904), en que critica duramente el concepto que tiene Unamuno del intelectual. Nos recuerda la tesis básica de Unamuno en «La tiranía de las ideas» y su desprecio por el intelectual que dirige su atención a cuestiones materiales. El profesor salmantino había dicho que los periódicos se ocupaban demasiado de los aranceles y altos hornos, y replica Maeztu: «... el señor Unamuno, fiel a sí mismo, se empeña en demostrarnos que el practicismo fracasaría sin remedio en tanto no resolvamos previamente nuestros problemas espirituales. Unamuno no se da cuenta de que las cuestiones materiales importantes siempre tienen implicaciones morales.» Propone como asunto concreto el ejemplo de la Compañía Transatlántica, la cual, aunque subvencionada por el gobierno, cobraba más a las compañías exportadoras españolas que a otras europeas [14]. La moralidad, según Maeztu, no es más que el reconocimiento de la importancia que tiene el fenómeno social en el bienestar del individuo; y el papel del intelectual es hacer esto patente al público. «Pero, ¿se lograría ningún resultado de provecho si la intelectualidad española se preocupara exclusivamente de esas altas cuestiones metafísicas que tanto interesan al señor Unamuno?...»

Unamuno, sin embargo, hacia 1904 estaba demasiado entregado a su esfuerzo por restablecer el quijotismo como filosofía nacional para escuchar a Maeztu. No podía estar de ningún modo de acuerdo sobre el hecho de que la fuerza económica se impusiese a la riqueza espiritual. Y cuando en 1905, en su *Vida de Don Quijote y Sancho,* comenta el capítulo donde Sancho en tono conciliatorio se refiere al «baciyelmo» (Primera Parte, XLV) Unamuno indica que tenemos que defender el hecho de que es «yelmo», y sin mencionar su nombre, se refiere a su debate con Maeztu: «No faltan menguados que nos estén cantando de continuo el estribillo de que deben dejarse a un lado las cuestiones religiosas, que lo primero es hacerse fuertes y ricos. Y los mandrias no ven que por no resolver nuestro íntimo negocio no somos ni seremos fuertes ni ricos. Lo repito: nuestra patria no tendrá agricultura, ni industria, ni comercio, ni habrá aquí caminos que lleven a parte a donde merezca irse mientras no descubramos nuestro cristianismo, el quijotesco. No tendremos vida exterior, poderosa y espléndida y gloriosa y fuerte mientras no encendamos en el corazón de nuestro pueblo el fuego de las eternas inquietudes. No se puede ser rico viviendo de mentira, y la mentira es el pan nuestro de cada día para nuestro espíritu» *(O.C.,* IV, 206).

---

[14] En 1903, Francisco Grandmontagne vino a España de Buenos Aires para protestar, entre otras cosas, los precios de fletar de la Compañía Transatlántica, los cuales eran más altos de Barcelona a un puerto latinoamericano que de Génova. La compañía fue propiedad del marqués de Comillas y subvencionada por el Gobierno. Maeztu escribía sin tregua contra esta injusticia, y por fin, debido en gran parte a su campaña en la prensa, los precios se ajustaron.

Anteriormente tocamos algunas de las semejanzas entre las ideas de Maeztu y Unamuno durante 1897-1899 en cuanto al futuro de España —la importancia de la meseta, la atención que hay que prestar a la economía política, la necesidad de una descentralización— y aquí, para completar el panorama debemos añadir otra: la esperanza de una unión entre todas las regiones.

En el discurso que pronunció Unamuno en los Juegos Florales de Bilbao en agosto de 1901 (*O.C.*, VI, 326-343) aboga por el fin del movimiento regionalista o antimaquetista del País Vasco y les pide que contribuyan al engrandecimiento de España dentro de la comunidad europea. Recomienda que abandonen el vascuence como lengua oficial, porque podrán tener más impacto en Castilla si expresan sus ideas en castellano.

Maeztu comenta el discurso en *El Imparcial* (30-VIII-1901), y no es necesario decir que apoya con entusiasmo el ataque hecho por Unamuno al regionalismo. Sitúa este ataque y el montaje de *Electra,* el drama de Galdós, como los dos acontecimientos más importantes en la historia intelectual de la España moderna. Ahora sabemos, claro está, que su acuerdo se fundó en la actitud anticlerical compartida por ambos [15].

En resumen, se puede decir que, aunque Unamuno y Maeztu están de acuerdo de vez en cuando en cuanto a los medios para resolver los problemas de España, es evidente que su criterio y su condicionamiento intelectuales son muy distintos y que cada uno considera que la posición adoptada por el otro es peligrosa para el futuro de España.

Unamuno, el romántico, no ve orden a su alrededor (la España de la Restauración), ningún camino para el progreso del hombre a través de la ciencia y de la tecnología sin perder lo que es indispensable a su existencia: fe, esperanza, inmortalidad. Para poder alcanzar estos fines, el individuo no debe dejarse oprimir por las presiones impuestas por

---

[15] Véase el estudio sobre *Electra* de Galdós, incluido en este tomo, y, sobre todo, el artículo de Juan Marichal, «Unamuno y la recuperación liberal (1900-1914)», *Pensamiento y letras en la España del siglo XX.*

un ideal colectivo. El grito de guerra es: *¡adentro!* y el hombre es el centro del problema. Tiene que identificarse con lo que es humano en la historia —no con los acontecimientos políticos externos, sino con las más profundas corrientes internas de la expresión humana que se encuentran en el arte y la literatura.

Por otra parte, Maeztu prefiere dirigir su destreza intelectual hacia los problemas cotidianos. España debe primero resolver las cuestiones planteadas por su estructura social, económica y política antes de preocuparse por el problema del individuo. Puesto que el individualismo es la característica que ha impedido a España asimilar las corrientes europeas de una nueva sociedad industrial, y puesto que, según Maeztu, el ideal colectivo es el medio a través del cual se realizará la regeneración, España tiene que olvidar su pasado, que únicamente la aparta de su integración en la comunidad occidental [16].

En una crítica sobre *En torno al casticismo,* Maeztu también expresa su desacuerdo con Unamuno en lo que se refiere a los aspectos eternos de la condición humana. El arte, la ciencia y el trabajo, por ejemplo, no forman una base importante de la historia humana sino que son únicamente unas manifestaciones superficiales de la civilización. La condición eterna es biológica: nutrición, reproducción, autodefensa, etc. [17]. Maeztu sí cree que un nivel más alto de creación artística indica el progreso de una civilización, pero que los intelectuales deben preocuparse por el arte sólo cuando la civilización ha llegado a ser económicamente sana.

Estas discrepancias llevaron a Unamuno y Maeztu a otra polémica que surgió al interesarse los dos por la guerra ruso-japonesa (1904). Al defender Maeztu desde un principio a los japoneses porque usaban técnicas modernas de organiza-

---

16 Esta actitud anti-histórica es esencial a todos los escritos del joven Maeztu. Para entenderla claramente, el lector interesado puede acudir a dos artículos suyos, «Historia y comercio», *Diario Universal,* 3-III-1903; y «Historia que desune», *Diario Universal,* 5-III-1903.

17 «El libro del mes». *En torno al casticismo* de Miguel de Unamuno», *La Lectura,* II-1903, págs. 282-286.

ción y materiales modernos sin pensar en su pasado, Unamuno se vio obligado a defender a los rusos a causa de su tradición cultural que cultivaba la expresión individual. La polémica culminó en 1907 con una serie de artículos que ambos publicaron en *La Correspondencia de España*. Los principales puntos de discusión fueron la europeización frente a la africanización y la introspección opuesta a la colectivización como medios importantes para la regeneración de España [18].

Aquí sólo he podido dar un esquema del contacto intelectual entre Unamuno y Maeztu; y a pesar de los cambios en sus filosofías personales en los años posteriores, sirve de ejemplo sobresaliente del intento hecho por el talento intelectual español para resolver los problemas cruciales a comienzos de siglo. La cuestión de si la cultura o la civilización deben formar la base de una mejora nacional es de gran importancia en el siglo xx, y una discusión de las ideas de Unamuno y Maeztu no es necesaria sólo para entender la actitud intelectual de la España de 1898, sino obligatoria para los que deseen entender la España contemporánea.

---

[18] Los primeros artículos de Maeztu sobre el Japón aparecieron en *España* en febrero y marzo de 1904. Para un comentario detallado sobre los que se publicaron en *La Correspondencia de España,* véase Vicente Marrero, *Maeztu* (Madrid, Rialp, 1955), págs. 244-261.

LECTURA Y LITERATURA (EN TORNO A LA INSPIRACION LIBRESCA DE AZORIN)

> *La matière première de l'artiste n'est pas la vie, ce n'est pas la realité; c'est toujours autre oeuvre d'art.*
>
> (André Malraux, *Psychologie de l'art*)

La actividad de Azorín como lector de la literatura española es tan bien conocida que podemos constatar que gran parte de su fama se debe a su comentario «al margen» de los clásicos. Desde su primer folleto, *La crítica literaria en España* (1893), no ha dejado de expresar su entusiasmo por la literatura, elogiada y olvidada, de su país y por problemas de crítica literaria. Ha buscado en las letras medievales y de la Edad de Oro «el alma castellana»; ha estudiado a fondo el siglo XVIII, en el que encuentra los principios de la europeización de la cultura hispánica; ha percibido los gérmenes del nuevo arte a través de la lectura de los escritores de la generación inmediatamente anterior a la suya, y ha leído y comentado generosamente sus contemporáneos.

Pero el campo de la lectura de Azorín rebasa con mucho lo puramente literario, y le ha servido no sólo para revalorizar públicamente la literatura y el arte de España, sino también para desarrollar su arte por contacto con fórmulas estéticas compatibles con su propia sensibilidad y para exponer sus ideas sobre problemas sociales y cuestiones espirituales y metafísicas. Otros libros, pues, siempre ha sido el arranque de su inspiración artística, y hasta podemos decir que le han suministrado la casi totalidad de su experiencia. En fin, concluimos que la lectura, para Azorín, es su más importante modalidad vital y que un estudio de su relación con ella, de su reacción ante ella, es esencial para un conocimiento básico de su arte.

El propósito de este ensayo es señalar: 1) que Azorín no halla la inspiración en la observación de la realidad, sino en otros libros —hecho que puede explicar por qué la mayoría de su obra no es, en definitiva, más que comentario al margen de los clásicos españoles—; 2) cómo, con un sentido completamente suyo, pondera la vigencia de un texto medieval o renacentista desde la vertiente estética de nuestro tiempo, y 3) cómo su peculiar sensibilidad libresca le lleva a la necesidad de «re-escribir» obras maestras de la literatura española.

I

Después de los estudios tan profundos sobre estética y el estilo azorinianos por Ortega, Manuel Granell, Carlos Clavería, Heinrich Denner, Marguerite Rand, Leon Livingstone y Robert Lott [1], hablar de la inspiración libresca de Azorín nos podría parecer un paso atrás, si no fuese por su natura-

---

[1] José Ortega y Gasset, «Azorín o primores de lo vulgar», *Obras Completas* (Madrid, Revista de Occidente, 1957), II, 157-191; Manuel Granell, *Estética de Azorín* (Madrid, Biblioteca Nueva, 1949); Carlos Clavería, «Sobre el tema del tiempo en Azorín», *Cinco estudios de literatura española moderna* (Salamanca, C.S.I.C., 1945), páginas 49-67; Heinrich Denner, *Das Stilproblem bei Azorín* (Zurich, Rasche & Cie., 1931); Marguerite Rand, *Castilla en Azorín* (Madrid, Revista de Occidente, 1956); Leon Livingstone, «The Pursuit of Form in the Novels of Azorín», *PMLA*, LXXVII (marzo 1962), 116-133; Robert E. Lott, *The Structure and Style of Azorín's El caballero inactual* (Athens, University of Georgia Press, 1963). Entre estos estudios no hay ninguno que trate de Azorín y la lectura.

leza elemental y necesaria. Una dosis algo fuerte del costumbrismo y de la novela del siglo XIX, la fama, en mi opinión exagerada, de los escritores del 98 como peripatéticos y cuidadosos observadores de la realidad española[2], y algunas citas de *La voluntad* han dejado la impresión general de que Azorín ha encontrado su inspiración en la realidad —a pesar del hecho de que la ha estilizado—. Por lo tanto, para llegar a entender el proceso creador del maestro, tenemos que revisar —y no poco— esta hipótesis, porque Azorín se sintió más inspirado por los libros que leía que por la realidad que le rodeaba.

Cualquier interesado en las obras de Azorín habrá notado la forma erudita (notas y fuentes bibliográficas) de sus primeros folletos de sociología y crítica literaria, y se habrá extrañado por las listas de fuentes que figuran después de cada capítulo de sus primeras «obras de ficción», *Los hidalgos* (1899) y *El alma castellana* (1900), y después de cada acto de su drama *La fuerza del amor* (1901)[3]. Todos hemos visto las innumerables alusiones a obras literarias, libros históricos y geográficos, diccionarios y guías turísticas; y sin contar los miles de ensayos sobre la literatura, nos habremos dado cuenta de que, en su mayoría, las estampas incluidas en sus obras mejor consideradas como *Los pueblos* (1905), *España* (1909) y *Castilla* (1912) arrancan de un clásico español. Sabemos también cómo contribuye un tema de literatura española a la estructura de *Don Juan* (1922), *Doña Inés* (1925) y *Félix Vargas* (1928), sus novelas más logradas; y se ha señalado muchas veces su afán de re-escribir los clásicos. Sin embargo, a pesar de todo esto, ningún crítico, que sepamos, ha estudiado la inspiración libresca en su obra.

Que Azorín ha sido un lector asiduo, hasta investigador, y que los libros le han proporcionado la materia artística,

---

[2] Recuérdese el capítulo de Pedro Laín Entralgo, «España soñada» en *La Generación del Noventa y Ocho* (Madrid, 1945).

[3] Está claro que estas obras son reconstrucciones de épocas históricas en forma de ficción; y esta escapada hacia lo histórico también es patente en toda la prosa de Azorín.

son hechos innegables[4]. Además, ha escrito mucho sobre los libros, la lectura y el papel influyente que han tenido en su vida. Hojeando sus obras completas tropezamos tantas veces con ensayos (desgraciadamente, suelen estar olvidados) que tratan del tema que nos interesa en este estudio que parece ocioso citarlos aquí.

Nos aprovecharemos de uno, no obstante, por ser de índole teórica, como punto de partida en la discusión del problema que consideramos. Se titula «Los libros», y cito un párrafo: «Los libros sustituyen a la vida; lo hacen de dos maneras: por *interposición* y por *suplantación*. Examinemos la interposición: el libro se interpone entre la realidad y nuestra sensibilidad, entre el hecho y la comprensión. En un lugar placentero, histórico, dramático, notable, en fin, por algo —paisaje, monumento, museo, catedral—, apenas entramos en contacto con la realidad, surge el recuerdo del libro, el libro famoso, que ha fijado un aspecto de esa realidad y que, *velis nolis*, nos la impone. Pasemos a la suplantación: el libro suplanta nuestra personalidad: nos creemos, con la absorción del libro, el libro famoso, una persona distinta de la que somos. Nuestras ideas se desvían; nuestra voluntad se tuerce; surgen el romanticismo, el clasicismo, el modernismo, el intelectualismo, resumen y compendio de todos los *ismos*» (*o.c.*, IX, 403).

---

[4] Las palabras de Azorín que comprueban esta postura son inagotables, y para no cansar la paciencia del lector sólo citaré algunas frases como muestras: «Azorín pasa toda la mañana leyendo, tomando notas» (*Antonio Azorín, O.C.*, I, 1012); «No es mucho lo que ando yo por estos paseos; inmediatamente regreso y me cuelo en el Ateneo o en la Biblioteca» (*Antonio Azorín*, O.C., I, 1107); «¿Dónde he conocido yo a Canduela? ¿En alguna novela de Galdós? ¿En *El amigo Manso*, en *Lo prohibido*, en *El doctor Centeno*, en *Angel Guerra?*» (*Los pueblos*, O.C., II, 189); «¿Habéis ojeado los *Caprichos*, del maestro Goya? ¿Recordáis aquellas figuras femeninas esbeltas, flexibles, ondulantes, serpeantes? Yo tengo ante los ojos uno de estos *Caprichos:* es una maja de pie, al desgaire, con el peinado bajo, con la mantilla que llega hasta los ojos, con el abanico apoyado en la boca» (*Los pueblos*, O.C., II, 197-198). La última cita es un ejemplo de cómo se inspira Azorín en cuadros o fotografías, lo cual es también corriente en su obra y de la misma índole de la inspiración libresca.

A lo largo de sus libros, Azorín nos dice repetidamente que busca el espíritu español en su literatura (y no se debe olvidar que ésta también es para Unamuno el subsuelo del casticismo), la mejor fuente para un estudio de los sentimientos humanos, y que la reacción de una raza ante los acontecimientos políticos condiciona la dirección de la Historia, o, por lo menos, constituye su aspecto más trascendental. Pero Azorín siempre ha interpretado la realidad por la óptica de su lectura —sea su preocupación un problema social, la política o la descripción de un paisaje castellano o levantino—; y cuando Yuste le dice a Antonio Azorín en *La voluntad* que no hay más realidad que la imagen, pudiéramos añadir sin equivocarnos, como se verá luego, que Martínez Ruiz se refiere a la impresión sacada de una lectura. Por las ediciones raras y curiosas que describe y cita con deleite, es evidente que nuestro escritor es un bibliófilo de primera fila; y como yo he señalado en otro estudio [5], una de las razones de su fracaso como anarquista ha sido la de no participar activamente en el movimiento: se ha limitado a formular una posición intelectual y teórica con respecto a los problemas sociales. Nunca experimentó u observó los dolores de los obreros; era un convencido de su opresión por la lectura, es decir, intelectualmente convencido. Y puesto que su aparente personalidad de aquella época juvenil parece tan distinta de la que conocemos hoy, tanto su anarquismo como sus otras actitudes variadas pueden explicarse como ejemplos de la suplantación mencionada en el artículo citado arriba.

Su teoría de la interposición de los libros es aún más clave porque supone una confesión del propio Azorín de que la lectura ha influido en su visión de la «realidad». Sin rechazar nunca —y esta declaración me es importante por el aprecio que me inspira la obra de Azorín— el hecho de que el autor ha fundido maravillosamente lectura, observación y estilo, lo interesante es saber si, dentro del proceso creador, el recuerdo del libro «surge del contacto

---

[5] «José Martínez Ruiz (Sobre el anarquismo del futuro Azorín)», ensayo incluido en este tomo.

con la realidad» o si la lectura en sí es el primer resorte de la inspiración. Si la extraña estructura de *La voluntad* —novela para la cual se preparaba Azorín con seis meses de investigación [6]— gira alrededor de elementos librescos: las alusiones numerosas a la literatura y a la pintura españolas, un pastiche de artículos periodísticos [7], y el comentario del personaje (libro) Yuste con su cadena de oro (Montaigne) [8]; y si nos enteramos al final de *Antonio Azorín* de que la lista verdaderamente asombrosa de artefactos caseros y de cocina, al principio de la novela, ha sido sacada del *Diccionario general de cocina,* por ahora enfocaremos nuestra atención sobre *La ruta de don Quijote* (1905), para no abrumar al lector con demasiada documentación.

Como se sabe, *La ruta de don Quijote* es una recopilación de artículos escritos en honor del tricentenario de la publicación de la primera parte del *Quijote,* durante un viaje por la Mancha, y mandados por Azorín periódicamente al diario *El Imparcial.* En estos artículos describe lugares que formaron el espíritu de Cervantes y que luego visitó don Quijote: Argamasilla, Alcázar de San Juan, El Toboso, las lagunas de Ruidera, etc. Contribuyen muy poco a una comprensión del *Quijote,* pero se le ofrece a Azorín la oportunidad de pintar a los manchegos y sus pueblos como le parecen en 1905, y de imaginar cómo habrían sido en el siglo XVI. Algunas veces traduce —citándola, claro está— párrafos de la célebre guía turística in-

---

[6] Cfr. *Madrid, O.C.,* VI, 283-284.

[7] Además de fragmentos de la novela publicados antes como cuadros y de resúmenes de anteriores colaboraciones periodísticas suyas, mencionaremos dos artículos de prensa, escritos por otros motivos, que se hallan intercalados en la novela: *O.C.,* I, 827-831, publicado antes en *El Correo Español* (7-II-1902); págs. 823-927, publicado en *Mercurio* (III-1901). En las notas a nuestra edición de *La voluntad* (Madrid, Castalia, 1969) documentamos esta práctica del novelista con gran detalle.

[8] Véase el interesante trabajo de Anna Krause, *Azorín, The Little Philosopher* (Berkeley, University of California Publications in Modern Philology, 1948) o la traducción al español de Luis Rico Navarro, *Azorín, el pequeño filósofo: Indagaciones en el origen de una personalidad literaria* (Madrid, Espasa-Calpe, 1955) para la influencia de la lectura de Nietzsche y Montaigne sobre el pensamiento de Azorín.

glesa *Handbook for Travellers in Spain,* de Richard Ford; y no es la primera ni última vez que emplea este libro para poner de relieve su descripciones del paisaje español. Igualmente, cuando evoca cómo era un pueblo en el siglo XVI, entre otras, su fuente son las *Relaciones topográficas* de los pueblos españoles, estudio encargado por Felipe II en 1575. Por lo visto, Azorín manejaba mucho estos ocho tomos, ya que vienen citados muy a menudo desde *El alma castellana* (1900) hasta *Un pueblecito* (1916). Ahora bien, en el año 1905, las *Relaciones topográficas* estaban todavía inéditas y sólo se hallaban disponibles (en el manuscrito original) en la Biblioteca de El Escorial y en una copia del manuscrito en la Biblioteca de la Academia de la Historia [9]. Es de suponer, por tanto, que en el caso de *La ruta de don Quijote* las leía Azorín antes de marcharse y que llevaba con él apuntes sobre los lugares visitados.

Nos acordaremos de una de las escenas autobiográficas que repite Azorín en muchas ocasiones: la de sentarse delante de las cuartillas blancas entre las cuatro paredes y de contar la dificultad que experimenta en encontrar la inspiración necesaria. Se desarrolla esta «vivencia» en *Félix Vargas,* la novela de Azorín que trata precisamente del problema psicológico de crear; el protagonista-autor no pue-

---

[9] *Relaciones topográficas de los pueblos de España hecha por iniciativa de Felipe II* (1575, 1578), ocho tomos pertenecientes a las provincias de Madrid, Toledo, Guadalajara, Cuenca, Ciudad Real, Cáceres y Badajoz. Según lo que he podido averiguar, sólo existen las siguientes publicaciones de las *Relaciones: Relaciones topográficas de la provincia de Guadalajara* (Madrid, Tip. de Fortsnét, 1912-1914), dos tomos; un resumen de pueblos escogidos por Juan Ortega Rubio, *Relaciones topográficas de los pueblos de España hechas por iniciativa de Felipe II (lo más interesante de ellos)* (Madrid, 1918); *Relaciones topográficas de los pueblos de la diócesis de Cuenca* (Cuenca, Biblioteca Diocesana Conquense, 1927); y *Relaciones histórico-geográfico-estadísticas de los pueblos de España hechas por iniciativa de Felipe II* (Madrid, C.S.I.C., 1949-1963), 4 tomos: I. Madrid; II-IV. Toledo. Otros diccionarios histórico-geográficos citados por Azorín con frecuencia son los de Madoz y Miñano, *Nomenclátor de España* y *Atlante español.*

de gozar de la tranquilidad necesaria para *leer* a Santa Teresa.

En *Mi vida,* de Federico Urales (Juan Montseny), hay un capítulo sobre Azorín y sus experiencias por La Mancha en 1905 [10]. Urales, uno de los anarquistas más importantes del día, estaba molesto por el cambio tan radical del joven Azorín, y si es cierto que estas páginas son maliciosas y que no pasan de ser anecdóticas, tampoco dejan de ser curiosas en el contexto de mi argumento. Cuenta Urales que Azorín se había enemistado con tantos periodistas que uno, animado por otros, le seguía en su viaje por la ruta de don Quijote para ver cómo trabajaba. Según el reportaje (probablemente falso) de Urales, Azorín bajaba del tren en cada pueblo y se dirigía en seguida a su alojamiento para leer. Viendo que no había biblioteca pública ni particular en Argamasilla, Azorín, desesperado, convoca al pueblo para pedirles ayuda; y se sostiene el siguiente diálogo, inventado por Urales:

—¡Oye, tú! ¿Qué pretendes de nosotros?

—Que me inspiréis, contándome vuestras cuitas —contestó Azorín, viendo el cielo abierto.

—¿Que te inspiremos?

—Que me inspiréis, ya que no dispongo de libros que me inspiren.

—¿Sabes tú quién inspiró a Cervantes al escribir su inmortal libro?

—Los libros de caballería.

Y sigue Urales con su sátira, que nos demuestra que sus contemporáneos también creían que Azorín escribía rodeado de libros. A pesar del encanto del estilo y del retorno al pasado literario e histórico expresado en estas páginas de Azorín, podemos deducir que la materia inspiradora brota de otros tomos cuidadosamente identificados por el autor.

En *El artista y el estilo* hallamos otras palabras de Azorín que nos hacen creer que, algunas veces, no sólo se in-

---

[10] «Martínez Ruiz (Azorín) topa conmigo», *Mi vida* (Barcelona, s. a.), III, 107-120.

terpone el libro entre la realidad —paisaje o pueblo— y la sensibilidad, sino que el proceso se reduce a leer-sentir-escribir, eliminando así la realidad exterior. Aquí se trata del relato de un imaginario bibliófilo (Azorín) y la contestación de ese bibliófilo en defensa de su procedimiento: «La lectura de esos volúmenes era para el bibliófilo algo más que una simple lectura; había *sentido* el libro; había vivido con él; había gozado de ese volumen roto, incompleto, y de todo el ambiente espiritual en que el libro se había formado. El esfuerzo, los sacrificios, la perseverancia, los fervores que le habían costado los libros, habían hecho que la vida del bibliófilo estuviera ligada —íntima y cordialmente— a todos estos libros deteriorados y faltos.» Y la respuesta del bibliófilo: «Los libros viejos han sido el placer de toda mi vida. Otros han construido una obra literaria valiéndose cómodamente de ediciones completas, bellas, colegiadas cuidadosamente por expertos eruditos. Yo he seguido una vía distinta: mi modesta obra se debe toda a un puro azar. Los otros, los maestros, sabían a dónde iban; disponían de los materiales del trabajo a la hora deseada; no les faltaba nada; podían trazar por adelantado el plan que habían de realizar. Yo, en cambio, no sabía nunca lo que había de depararme el azar. Mi erudición era precaria y adventicia. Los más afortunados efectos de mis libros se deben a la casualidad de haber encontrado en un puestecillo un determinado libro. Puedo decir que este o el otro capítulo de un libro mío —capítulos celebrados por la crítica— no existirían si tal día, en vez de hacer sol, hubiera llovido, y no hubiera yo podido dar el paseo que me permitió encontrar un libro en que basé la urdimbre de los tales capítulos. *Y no fragmentos, sino libros enteros que yo he escrito, se deben al azar*» [11].

Dentro de la vasta obra de Azorín nos tropezamos con muchos ejemplos donde un volumen o una estampa se debe, por lo visto, «a la casualidad de haber encontrado en un puestecillo un determinado libro». Para ilustrar esto, nos

---

[11] «La feria de los libros», *El artista y el estilo, O.C.*, VIII, 806-816, artículo escrito en el año 1924. Lo subrayado es mío.

detendremos en un análisis de *Un pueblecito* (1916), un ejemplo cabal. Nuestro escritor-lector empieza hablando del otoño, época de la feria de libros, y de cómo las palabras de un «libro clásico hacen surgir en nuestros espíritus visiones dilectas de Castilla». Y, efectivamente, por casualidad, en la feria, cae en sus manos la obra de un autor olvidado del siglo XVIII, el sacerdote Jacinto Bejarano Galavis y Nidos, que impulsa a Azorín a escribir. Se titula *Sentimientos patrióticos o conversaciones cristianas que un cura de aldea, verdadero amigo del país, inspira a sus feligreses. Se tienen los coloquios al fuego de la chimenea, en las noches de invierno. Los interlocutores son el cura, cirujano, sacristán, procurador y el tío Cacharro* (Madrid, 1791), dos tomos. Como bibliófilo entusiasta, Azorín nos describe la portada. El autor de *Un pueblecito* nos comunica dos detalles que conviene destacar: 1) que su propósito al escribir es, sencillamente, glosar las memorias del cura, y 2) que nunca ha estado en Riofrío de Avila (el pueblo tratado), ni piensa ir, por miedo de estropear la imagen tan bella conseguida de su lectura. Ahora nos interesa ver cómo Azorín empleaba las páginas de Bejarano, que se pueden examinar en la Biblioteca Nacional o en la Biblioteca del Congreso de los Estados Unidos.

Sentimientos patrióticos consiste en quince conversaciones sobre agricultura, política, teología, medicina, astrología, literatura y nobleza en dos tomos, con un total de poco más de mil páginas. Bejarano es, evidentemente, un erudito ilustrado: habla bien de Carlos III, ha leído muy detenidamente a Feijoo y, en sus charlas con el tío Cacharro, defiende la actitud de un pensador entregado a la lectura. Después de haber pasado toda su vida en Madrid y en Salamanca, le destinaron al pueblo de Riofrío de Avila. Azorín cita y copia los tomos de Bejarano hasta tal punto que el resultado final de *Un pueblecito* es que el libro de Azorín consta de dos terceras partes del cura y de un tercio de Azorín, en párrafos que, expresando simpatía por el escritor del siglo XVIII, sirven para empalmar las citas. Sin embargo, lo escrito por Azorín no resume el pensamiento o las ideas de Bejarano, y a través de la lectura de

Un pueblecito no puede uno indagar el propósito de *Sentimientos patrióticos*. Azorín sólo cita y comenta detalles que están de acuerdo con su sensibilidad artística. Aunque a Ortega, en su brillante estudio sobre *Un pueblecito, Azorín o los primores de lo vulgar,* no se le ocurra hablar de la inspiración libresca, contribuye a una comprensión del acto creador de Azorín al calificar el proceso de *sinfronismo,* un concepto de la filosofía de la historia de Oswald Spengler que significa una coincidencia de sensibilidad, pensamiento y estilo entre escritores separados por el tiempo.

Pues bien, Azorín se aprovecha de las páginas XIII, XIV y XX (sobre el estilo) [12] del prólogo; las páginas 1-3 (las estaciones del año), 7, 9, 30-31 (la lectura), 87-90 (pastores y labradores), 154-194 (relación histórico-geográfica de Riofrío), 314, 333-337 (la lectura) del primer tomo, y las páginas 143 y 180 del segundo tomo. Como se notará, son temas favoritos de Azorín y representan las palabras e ideas que más *siente.* Sin embargo, si se lee a Bejarano, saltan a la vista otros detalles que podrían tocar la cuerda de la sensibilidad azoriniana; y fijándonos en la escasez del empleo del segundo tomo, nos parece que la misma lectura de Azorín ha sido casual. Pero, después de todo, al leer *Sentimientos patrióticos,* Azorín buscaba la inspiración y la encuentra, más que en ninguna parte, en la relación que le piden a Bejarano para incluir en el *Atlante español o descripción general, geográfica, cronológica e histórica de España* (Madrid, Imprenta Pantaleón Aznar, 1778). Bejarano la publica íntegra en *Sentimientos patrióticos* (I, 154-194), y Azorín la reproduce en *Un pueblecito,* en que ocupa casi la mitad de un tomito de unas 70 páginas.

Como hemos visto antes con respecto a las *Relaciones topográficas,* Azorín ha debido de interesarse mucho por los diccionarios de geografía. Es en *Un pueblecito* donde aclara que la geografía es la base del patriotismo; habla

---

[12] Es aquí donde encontramos los únicos cambios por Azorín de la prosa del cura. En su prólogo, Bejarano habla del estilo de los discursos, y, de cuando en cuando, Azorín sustituye la palabra *estilo* por *discurso.*

de los diccionarios de Miñano y de Madoz, citando del último algunos datos sobre Riofrío de Avila. Antes de introducir en su texto la relación de Bejarano, Azorín nos da una historia de la publicación y las críticas del *Atlante español*, y, en medio de esta erudición, advertimos su predilección por una edición curiosa que tiene de las *Cartas persas* (Amsterdam-Leipzig, chez Arkstée et Merkus, 1769), en que hay dos capítulos sobre la geografía de España.

Al despedirse de su verdadero compañero en la creación, en el epílogo de *Un pueblecito*, Azorín le dirige a Bejarano las siguientes palabras: «¿Qué vamos a hacer —tú, yo y tantos otros— si no leemos a filósofos, poetas, literatos, autores de todo género y catadura? Leer: ése es nuestro sino. Tú crees que las montañas, esas montañas de Avila que te cierran el paso, son las que te tienen aprisionado. ¡Ah no, querido Galavis! La prisión es mucho más terrible. La prisión es nuestra modalidad intelectual; es nuestra inteligencia; son los libros. Cuando salgas de ahí, te encontrarás igualmente prisionero en Madrid o en Salamanca. Serás prisionero de los libros que tú amas tanto. De los libros somos prisioneros todos nosotros. Vivimos con ellos en comunión íntima y constante; a ellos amoldamos nuestro espíritu; sobre ellos fabricamos nuestros amores, nuestros odios, nuestras fantasías, nuestras esperanzas; un ambiente especial nos envuelve con nuestros libros... Y un día, cuando queremos romper este ambiente y esta marcha de nuestra vida; cuando queremos lanzarnos a gozar de otros aspectos del mundo, de otros distintos sabores de las cosas, vemos que no podemos» (*o.c.*, III, 593).

Lo que he hecho en los análisis de *La ruta de don Quijote* y de *Un pueblecito* se podría hacer —quizá en un grado menor— con casi todas las obras de ficción de Azorín antes de 1930; pero no sigo con la tarea, esperando haber dejado al lector convencido de que, en general, la inspiración ha sido principalmente libresca, y que, en definitiva, la realidad —una escena o un provinciano observados— sólo ha tenido un papel ancilar en su creación. Y creo conveniente decir que, en el mundo actual del arte en que las precisiones de la historia exigen una fuerte humanización y uno se identifica más con la literatura neorrealista y existencialista, la «vivencia» libresca de Azorín explica hasta cierto punto por qué hay menos interés vital en su obra que en la de otros escritores. No obstante, como un lector sensible y precisamente porque ha sido un «prisionero» de los libros, la contribución más duradera de Azorín a las letras españolas se encuentra en sus artículos de crítica literaria y en sus obras donde demuestra su tendencia a «re-crear» los clásicos españoles.

II

Queda señalado que Azorín fija su atención en detalles insignificantes del libro que tiene entre manos, y que ordena por medio de su sensibilidad las sensaciones recibidas de la lectura. Su crítica literaria, como es de suponer, sigue el mismo procedimiento: su imaginación le aleja a veces de una consideración estrictamente relacionada con el autor u obra tratados. Sus interpretaciones no son, en general, las de la erudición académica, ni son de la escuela formalista. Se detiene en un párrafo o frase —en fin, un pormenor— y su imaginación florece: sueña con los paisajes, pueblos o habitantes de la España medieval o del siglo XVII, o recuerda otra lectura o sus propias observaciones. Pero, a pesar de la aparente frivolidad de un enfoque ecléctico, su sensibilidad artística es aguda, y Azorín nos lleva lejos en el arte de leer. Nos preguntamos si el despertar de nuestras sensaciones o el identificar nuestro estado de ánimo con el del autor leído no es una experiencia tan valiosa como la de leer por conocimiento. No cabe duda de que la erudición ayuda, pero sólo si se filtra por las lentes de la sensibilidad. Azorín fue el primer español en reconocer este aspecto de la apreciación literaria, y con esta teoría a cuestas se acercó, con una intensidad que sólo había alcanzado antes Menéndez y Pelayo, a toda la literatura española.

No podemos subvalorar, como tantos lo han hecho, la influencia de la crítica impresionista de Azorín sobre las opiniones literarias más formales. Su asiduidad en traer ante el público el valor de los clásicos olvidados (y si suena paradójico el uso de este epíteto, describe adecuadamente el estado de los estudios literarios españoles durante las primeras décadas de este siglo) ha revolucionado más de una vez los juicios sancionados en los círculos académicos.

De la importancia de Azorín como historiador de la literatura española, dice lo siguiente Carlos Clavería: «Y de este modo ha colaborado con los profesionales de la erudición y de la historia en las interpretaciones de nuestros clásicos, no sólo destacando la belleza de un paisaje de un primitivo o de un verso de Manrique o Garcilaso, o la función de un episodio de Cervantes o Alemán, o de una escena de una comedia del Siglo de Oro, sino adelantándose, en muchas ocasiones, en destacar el interés y sugerir la revalorización de ciertas obras del pasado español, a universitarios y académicos: ¿Quién como él supo ver la concreción de Berceo y la importancia del *Lazarillo de Tormes* en la historia del realismo español, y quién valoró ciertas desdeñadas *Novelas ejemplares,* y quién descubrió los secretos encantos del olvidado *Persiles,* y quién comprendió la significación trascendente de Larra, o el amor a las cosas de Galdós...? Y así podríamos, en páginas y más páginas, revisar al menudo todos sus escritos y señalar, uno a uno, todos los aciertos en la interpretación de los clásicos que son conquistas definitivas en el conocimiento y comprensión de nuestra literatura. Se impone dar a Azorín, crítico, la importancia que tiene como juez de 'valores literarios', como historiador de la literatura española» [13].

Aquí no vamos a comprobar en detalle lo que dice el profesor Clavería, pero añadiremos que un estudio, por ejemplo, de las historias de la literatura española, escritas antes y después de la labor crítica de Azorín, proporciona la evidencia de una influencia decisiva. En muchas ocasiones ha servido para combatir las opiniones de Menéndez y Pelayo, y no hay duda de que ha contribuido enormemente a la restitución del valor de Fernando de Rojas, Gracián,

---

[13] «Azorín, intérprete de los clásicos», *ínsula* (15 octubre 1953).

Góngora, los llamados prerrománticos y muchos otros. Y si la crítica de Azorín ha sido en tan poco tiempo superada por la erudición, es innegable que ha hecho más por la revalorización de la literatura española que ningún otro contemporáneo [14].

Entre 1912 y 1915, Azorín publicó cuatro volúmenes de ensayos que pudiéramos llamar su manual de literatura española: *Lecturas españolas* (1912), *Clásicos y modernos* (1913), *Valores literarios* (1914) y *Al margen de los clásicos* (1915). Constan de artículos previamente publicados en periódicos; y en esta conexión vale recordar que Azorín *siempre* escribía su crítica literaria para los diarios más leídos del momento —hecho que explica la naturaleza elíptica y, hasta cierto punto, la casualidad de erudición que apoya sus valoraciones—. El primer tomo mencionado está dedicado a la literatura de los siglos xix y xx, y el último, a obras de la Edad Media y del Siglo de Oro.

Su propósito es examinar nuevamente con un nuevo criterio los juicios aceptados sobre las letras españolas (*o.c.*, II, 533). Su entusiasmo por la tarea radica en la idea de que las obras maestras han sido sometidas a apreciaciones estáticas, y por eso equívocas, porque un clásico es un *clásico* debido precisamente a sus calidades dinámicas. He aquí una honda influencia de Nietzsche, un escritor a quien menciona muy a menudo Azorín, pero cuyo impacto en el artista Azorín no se ha estudiado a fondo. Lo que Azorín se propone en estos ensayos es, sencillamente, una revisión de la tabla de valores literarios, y uno de los preceptos estéticos que aplica es la teoría nietzscheana de la vuelta eterna. El lector contemporáneo (Azorín) tropieza en el clásico con una descripción, un verso, un pensamiento o un personaje que toca su sensibilidad, una sensibilidad que por un instante les es común a ambos, lector y escritor, aunque estén formados en diferentes épocas históricas.

---

[14] Para un estudio ampliado de la crítica literaria de Azorín y su influencia se puede acudir a mi libro *Azorín as a Literary Critic* (New York, hispanic Institute in the United States, 1962), de cuyas páginas me he aprovechado en esta sección por la necesidad de completar el ensayo sobre Azorín, lector.

Citamos del prefacio de la segunda edición de *Lecturas españolas:* «¿Qué es un autor clásico? Un autor clásico es un reflejo de nuestra sensibilidad moderna. La paradoja tiene su explicación: un autor clásico no será nada, es decir, no será clásico si no refleja nuestra sensibilidad. Nos vemos en los clásicos a nosotros mismos. Por eso, los clásicos evolucionan; evolucionan según cambia y evoluciona la sensibilidad de las generaciones. Complemento de la anterior definición: un autor clásico es un autor que siempre se está formando» *(o.c., II, 534).*

Y de ahí sigue, dice Azorín igual que Unamuno, que la posteridad, y no el autor, crea la obra. Esta declaración, claro está, se reduce a que el aprecio de una obra literaria cambia y evoluciona necesariamente según las circunstancias histórico-vitales del lector. Así es que una obra será interpretada, o, mejor dicho, *sentida,* diferentemente en distintos momentos de la historia y por lectores condicionados momentáneamente por su particular estado psicológico (véase *Félix Vargas* para la influencia, ya comentada, que puede tener la psicología del lector-escritor sobre lo que escribe).

Desde luego, se entiende que si un solo crítico con una orientación psicológica tan constante como la de Azorín asume esta postura al comentar todo el espectro de la literatura de un país tan complejo como España, esa filosofía de la crítica literaria corre el riesgo de hacer a las obras estudiadas vestirse de una uniformidad que en realidad no tienen —y tal es el caso de Azorín crítico—. Muchas veces nos encontramos delante un artista y no un crítico, pero un crítico agudo siempre nos presenta este problema de duplicidad; y el resultado positivo es la eliminación de un prejuicio histórico unida a una vitalidad que tienen un importante significado para el lector actual. Nos conviene, pues, considerar ahora las interpretaciones azorinianas de algunas obras de la literatura española, adelantándonos así hacia una comprensión más exacta de Azorín, lector-escritor.

En 1912, cuando Azorín lanzó sus publicaciones concentradas sobre los clásicos españoles, el público no tenía acceso a ediciones no eruditas. Todavía no existían los

Clásicos castellanos, la colección Austral o las múltiples ediciones populares de Aguilar y Espasa-Calpe. Se leían las obras maestras o en la inmanejable edición decimonónica de la Biblioteca de Autores Españoles, o en ediciones extremadamente eruditas y caras —y la verdad del asunto es que apenas se leían—. Los primeros tomos de los *Clásicos castellanos,* dirigidos por Francisco Acebal y con la colaboración de los más eminentes miembros del Centro de Estudios Históricos —Menéndez Pidal, Américo Castro, Federico de Onís, José F. Montesinos, etc.—, acababan de aparecer a precios populares [15]. La crítica de Azorín se ocupa de estas nuevas ediciones, y en varios casos logró, a través de sus artículos sumamente difundidos, que se incluyese en la serie a un autor o a una obra olvidada. En fin, hay que reconocer la importancia del papel de Azorín como popularizador de los clásicos, tanto para el público en general como para los investigadores.

La obra preferida por Azorín en la literatura medieval es *El libro de Buen Amor,* de Juan Ruiz, y no se conforma con la edición Cejador (una edición que, desgraciadamente, todavía tenemos que manejar): primero, por su enfoque enumerativo, es decir, la lista de datos y fechas como el principal material interpretativo; y más importante, porque Cejador insiste en que el Arcipreste escribía para la edificación moral del lector: un ejemplo perfecto de las opiniones *estáticas* que lamenta tanto Azorín. Para nuestro crítico, *El libro de Buen Amor* se destaca entre las obras de su época por su descripción fiel de la vida del siglo xiv y por ser el protagonista un enamorado de la vida y de la acción. Sin embargo, Azorín se concentra en un detalle de la obra, los versos a la Virgen, para revelar el secreto del arte de Juan Ruiz. La inserción de las cantigas es representativa de la expresión del «genio castellano», el verdadero valor de la literatura española: la capacidad de oscilar entre el realismo y el idealismo, hasta fundirlos

---

[15] El primer tomo de los *Clásicos castellanos, Las moradas* de Santa Teresa (con prólogo y notas de T. Navarro Tomás), salió en 1910 y en el año 1912 sólo se habían publicado cinco o seis más.

El Arciprestet, después de gozar de una existencia desaliñada, se da cuenta de que el tiempo borrará los placeres mundanos, y se aparta para meditar en silencio: «Juan Ruiz, jovial, es el primer poeta —creo que es el primero— que pone mano en mejilla; además de meditación, de tristeza. Este aparente gozador debió de sufrir mucho en silencio. En toda nuestra literatura mariana no había muchas obras superiores en fervor, en patético fervor, a las cantigas que Juan Ruiz dedica a la Reina de los Cielos. Después de tanto enamoricar, golosinar, beborrotear, venimos a parar a esto: un poeta, en su prisión, medita con la mejilla puesta en la mano, y después escribe un canto magnífico a la Virgen María» [16].

Según el juicio de Azorín, la grandeza del siglo XVI español se debe tanto a la expresión de sus místicos como a las hazañas políticas e históricas; y opina que se puede aprender más sobre el carácter de España con la lectura de Santa Teresa, Fray Luis de León y Fray Luis de Granada que con el estudio de la historia. Se ha dicho que los místicos eran escapistas. Para Azorín, la verdad es otra: comprendían y cambatían la realidad cotidiana, pero porque se daban cuenta de la naturaleza pasajera de este mundo, buscaban un ideal eterno. Azorín escribe mucho sobre los místicos, y es curioso notar que se ocupa casi exclusivamente de su prosa: la *Vida*, de Santa Teresa; *Los nombres de Cristo*, de fray Luis de León, y *El libro de la oración y meditación*, de fray Luis de Granada; compara el último con el *Quijote* por su universalidad. La emoción de fray Luis de Granada ante la naturaleza se revela en sus repetidas descripciones de paisaje y en su observación detenida de los detalles de la existencia diaria. Aunque fray Luis se demuestra íntimamente preocupado por el mal del hombre y del dinero, y aunque menosprecia los conceptos establecidos en su día del honor y justicia, Azorín está más impresionado por su tolerancia, sinceridad y serenidad. El sentimiento de la fuerza destructiva del tiempo, fundi-

---

[16] *El pasado* (Madrid, 1955), págs. 14-15.

do con su desencanto hacia el mundo exterior, y su subsiguiente retiro de la vida social, le llevaron a fray Luis a un sufrimiento interior, «el dolorido sentir», que afligió a Gascilaso, a los místicos en general y, podemos agregar, al mismo Azorín. Para Azorín, como hemos visto con respecto a Juan Ruiz, esta idoneidad para distanciarse benévolamente de un ambiente decadente y gozar de la naturaleza y de la soledad, es la gran lección que da la literatura española: «Y esta distanciación, callada, discreta, sin agresividades, que un artista o un político pueden poner entre su persona y un mundo frívolo y corrompido; este desdén silencioso, afable, hacia las vanidades y ostentaciones de un poder caduco y frágil, es la alta e imperecedera lección que nos ofrecen los grandes místicos» (o.c., IV, 387-388). Pues bien, poseído en su juventud por ideas político-sociales agresivas, Azorín, influido por la lectura de Montaigne, personalizó su visión de los místicos y llegó a creer que la alianza del idealismo y del practicismo abogada por el krausismo, en su concepción pura, expresaba una síntesis admirable del espíritu español (o.c., II, 543-544).

Se sabe que Azorín está obsesionado por la vida y obra de Cervantes, y, como es natural, más específicamente por el *Quijote*. A cada paso, en sus obras nos encontramos con artículos sobre el inmortal libro —comentario que culminará en la publicación de dos tomos extensos, *Con Cervantes* (1947) y *Con permiso de los cervantistas* (1948). La erudición de Azorín es realmente impresionante; ha manejado todas las biografías importantes de Cervantes desde la de Mayans (1737) hasta el estudio de Astrana Marín, *Vida ejemplar y heroica de Miguel de Cervantes* (1948-1954), y parece que ha leído la crítica más conocida de las obras de Cervantes. Azorín ha estudiado la historia de las interpretaciones de los libros cervantinos para vislumbrar la línea de evolución de la sensibilidad, y en su síntesis histórica de la crítica *seria* (para Azorín, el adjetivo *seria,* cuando califica la crítica ilteraria, siempre tiene un sentido peyorativo) del siglo XVII dice que sólo se veía el *Quijote* como una parodia burlesca sin trascendencia de los libros de caballería; y que en el siglo XIX los eruditos estudiaban a Cervantes igual que otros habían hecho con Rabelais y Dante, como jurista, geógrafo o historiador. Pero, según Azorín, la erudición sólo puede servir de un punto de arranque en la interpretación literaria: es lectura que estimula la imaginación, y que luego está transformada ante la reacción de la sensibilidad. Nuestro crítico se dirige por el deseo de una comprensión «psicológica» del *Quijote;* aspira a *sentir* la obra de Cervantes, a hacerla contemporánea: «... Poner en relación la realidad de hoy con la realidad pintada por Cervantes» *(o.c.,* II, 938) [17].

Harían falta los románticos alemanes, y sobre todo Heine en el prólogo a una traducción del *Quijote* en 1837, para contrarrestar a los cervantistas y ver en el libro de Cervantes un reflejo de la sensibilidad moderna. Azorín insiste en que la filosofía de don Quijote es la de un pueblo: viene del pueblo y aspira a la aristocracia a través de una defensa de la ley natural, una aristocracia incomprensible para la mentalidad del siglo XVII, pero que constituye un elemento fundamental y vital de la sociedad contemporánea. No obstante, esta idea le sirve a Azorín sólo de pretexto para volver a su interpretación algo monolítica de la literatura española. Mientras Américo Castro, en *El pensamiento de Cervantes* (obra en general muy admirada por Azorín), destaca la prudencia de Cervantes con respecto a la Inquisición, Azorín, al interpretar la actitud como un reflejo del afecto y respeto que sentía Cervantes por su amigo y protector, el cardenal-arzobispo de Toledo, da énfasis a las características humanas, más bien que políticas,

---

[17] Para comparar la actitud de Unamuno, por cierto muy parecida, citamos del final del *Sentimiento trágico de la vida:* «Escribí aquel libro *(Vida de Don Quijote y Sancho)* para repensar el *Quijote* contra cervantistas y eruditos, para hacer obra de vida de lo que era y sigue para los más letra muerta. ¿Qué me importa lo que Cercantes quiso o no quiso poner allí y lo que realmente puso? Lo vivo es lo que yo allí descubro, pusiéralo o no Cervantes, lo que yo allí pongo y sobrepongo y sotopongo, y lo que ponemos allí todos.» *(Ensayos,* Madrid, Aguilar, 1951, II, 1004.)

del escritor. Y así entiende Azorín todo el *Quijote:* Cervantes, aunque inspirado por la influencia de la realidad, la observa —como los místicos— con una indiferencia serena que le permite trascender el conflicto temporal. Azorín ha escrito crítica sobre casi todos los episodios, personajes y aspectos del *Quijote,* pero vuelve con mucha frecuencia sobre la serie de capítulos que sitúan a don Quijote en el palacio de los duques, porque describen mejor la manera de ser del hidalgo que más ha sentido Azorín. Nuestro crítico alude a menudo a la necesidad de don Quijote de apartarse para meditar después de los excesos de sus confrontaciones con la realidad; y su estancia con los duques ejemplifica esta disposición de ánimo tan típica para Azorín. Acaba de sufrir la experiencia más humillante de su carrera, el gateamiento, pero la vida ordenada y cultural del palacio le ofrece un ambiente de descanso y de reflexión, y logra superar la crueldad de sus huéspedes. Su indiferencia y su idealismo, pues, se sobreponen a las desilusiones de la dura realidad.

No hay por qué detallar aquí el «re-descubrimiento» por Azorín del *Persiles,* ni de las *Rimas sacras* de Lope, ni de la obra de José Somoza o de Mor de Fuentes; ni vamos a comentar su crítica sobre Larra, Galdós y sus propios contemporáneos; ni su conocidísima definición de la Generación de 1898. Me he limitado a un esbozo de sus ideas sobre Juan Ruiz, los místicos y Cervantes, porque figuran entre los autores favoritos de Azorín y porque nos indican claramente cómo es su crítica literaria en la práctica. En resumidas cuentas, basta decir que los elementos de la literatura española que destaca Azorín son los siguientes: un estilo espontáneo dictado por la sencillez y la precisión más bien que por la retórica; un interés en detalles vulgares o insignificantes que despiertan una emoción estética; descripciones de paisaje, y una melancolía profunda causada por la fugacidad de la realidad con que vivimos en íntima comunión.

Uno se da cuenta inmediatamente del hecho de que éstos también son los elementos principales de la prosa del propio Azorín. Es, sin duda, como indicó Ortega en su ensayo ya mencionado, un caso de *sinfronismo;* pero no un sinfronismo filosófico en que la prosa de Azorín nos sugiere, por casualidad, una tradición de sentimientos humanos ya conocidos por nosotros: Azorín va directamente a otros libros en busca de los posibles orígenes de su sensibilidad artística. Así es que un estudio de la visión azoriana de la literatura nos ayuda a comprender, a través de Azorín crítico-artista, la importancia del concepto de Azorín lector.

III

Aún queda por discutir otra vertiente de la inspiración libresca del arte azoriano: la de «re-crear» los clásicos de la literatura española. Además, como hemos demostrado ya con respecto a su crítica, en muchas obras de Azorín es difícil saber cuándo el crítico ha dejado de funcionar y el creador emprende la tarea. En fin, ya que los libros sirven de materia prima en ambos casos, muy pocas veces existe una clara línea de demarcación entre crítico y artista. Para mejor definir esta postura y enmarcarla en los años formativos de nuestro escritor recurriré a un ensayo de Oscar Wilde, un autor leído y citado por Azorín. En el diálogo *The Critic as an Artist* (1890), Wilde propone dos niveles de crítica literaria. En un nivel permite el análisis de una obra: «... the critic will be an interpreter, if he chooses. He can pass from the sympathetic impression of the work of art as a whole to an analysis or exposition of the work itself, and in this lower sphere, as I hold it to be, there are many delightful things to be said and done.» Pero Wilde continúa diciendo que el artista verdaderamente sensible no concibe la vida o la belleza hechas de otras condiciones de las que él mismo ha seleccionado [18]. Gran parte de la crítica literaria de Azorín, como hemos señalado, pertenece a esta categoría: evaluaciones, en efecto, dictadas por su propia sensibilidad estética.

[18] *The Complete Works of Oscar Wilde* (Boston, 1910), IX, 170.

En el nivel más alto, según Wilde, el crítico empleará la obra de arte como inspiración creadora, tal como el novelista o el pintor parte de la realidad visible o la emoción sentida: «The critic occupies the same position to the work of art that he criticizes as the artist does to the visible world of form and colour, or the unseen world of passion and of thought. He does not even require for the perfection of his art the finest materials... To an artist so creative as the critic, what does subject matter signify? No more and no less than it does to the novelist and the painter. Treatment is the test. There is nothing that has not in it suggestion or challenge» (o.c., págs. 152-153).

Así es que el crítico-artista puede inspirarse en una obra para crear otra suya que no se parece necesariamente a la original. Efectivamente, la producción azoriniana que no llamaríamos puramente crítica incluye muchos escritos en que un autor o una obra de literatura española sugiere la visión de un paisaje, la descripción de un provinciano, la constitución psicológica de un protagonista o la trama de una novela. Al escribir *Los pueblos* (1905), *España* (1909), *Castilla* (1912), *El licenciado Vidriera* o *Tomás Rueda* (1915), *Don Juan* (1922), *Doña Inés* (1925), *El caballero inactual* o *Félix Vargas* (1928), Azorín se inspiró en Berceo, Juan Ruiz, el *Lazarillo de Tormes, La Celestina,* Garcilaso, Santa Teresa, episodios de la vida de Cervantes, todas las *Novelas ejemplares,* el *Quijote* —en fin, casi todos los clásicos de la literatura española y muchos que no lo son.

En «Las nubes», una refundición de *La Celestina* incluida en *Castilla,* Azorín empieza: «Calixto y Melibea se casaron —como sabrá el lector si ha leído *La Celestina*— a pocos días de ser descubiertas las rebozadas entrevistas qué tenían en el jardín.» En la nueva versión, la existencia de los amantes es ordenada, silenciosa, y están rodeados por la tranquilidad y la belleza de la huerta. Dentro de este ambiente idílico, Calixto está sentado en el balcón, «mano en mejilla» (como Juan Ruiz y el desconocido en «Una ciudad y un balcón», y tantos otros personajes de Azorín), contemplando las nubes, símbolo de la vida. «Vivir es ver volver», escribe Azorín, dando eco a la filosofía de Nietzsche. Calixto mira abajo a Alisa, su hija. De repente, aparece un balcón y tras él surge un mancebo. Se detiene un momento para hablar con Alisa. Y Azorín cierra el relato: «Calixto le ve desde el carasol y adivina sus palabras.»

Manifestando su anhelo por la eternidad, el artista ha sacado la obra de Rojas de la violencia y la temporalidad de la situación de la España del siglo xv; y en seguida recordamos que Azorín, lector, ha procedido de una manera parecida en su adaptación de las memorias de Bejarano Galavis y que Azorín, crítico, ha visto el mismo elemento «eterno» en la obra de Juan Ruiz y Cervantes. Calixto observa el principio de *La Celestina* —un principio que Azorín convierte en final— desde su perspectiva fuera del tiempo; y Azorín sólo sugiere en las últimas líneas la posible tragedia del encuentro entre Alisa-Melibea y el joven mancebo. El nuevo Calixto es más sabio, es el «pequeño filósofo» que acepta con resignación la teoría de la vuelta eterna, la teoría cuyo descubrimiento enloqueció con desesperación a Nietzsche aquella noche de enero de 1889. Mano en mejilla, melancólico, Calixto-Azorín está perdido en la contemplación de las nubes, como si estuviera pensando en el verso de Garcilaso: «No me podrán quitar el dolorido sentir.»

Esta viñeta es de las más características de Azorín, no sólo por la actitud filosófica expresada, sino también porque su inspiración, su materia artística, se basa en otro libro, un clásico de la literatura española; y fijándose en una serie de detalles, Azorín transforma la realidad *literaria* en una nueva creación. Fue la lectura de Nietzsche la que le animó a revisar las opiniones literarias vigentes, y ahora el problema del tiempo y su control sobre las emociones humanas, en forma de una suave tristeza producida por la vuelta eterna, llegan a ser clave en la estética de sus obras de ficción [19].

---

[19] Según confesión de muchos autores de la Generación de 1898, su conocimiento básico de Nietzsche fue conseguido a través de la lectura del libro *La philosophie de Nietzsche,* por Henri Lichtenberger (París, 1892, traducido al castellano por primera vez en 1898); y

El licenciado Vidriera, una novela corta publicada por Azorín en 1915 y una re-creación de la obra de Cervantes, es un ejemplo más revelador porque Azorín sigue muy de cerca el argumento de la novela ejemplar sin omitir ningún detalle importante. Los cambios en su adaptación vienen en forma de adiciones y de una diferencia de psicología. Los cinco primeros capítulos describen la infancia y adolescencia de Tomás Rueda, el protagonista de Azorín. Todavía niño, el muchacho pierde a los padres, y se dedica a una observación melancólica de la realidad. El tono de esta primera parte es muy parecido al de *Las confesiones de un pequeño filósofo,* la representación autobiográfica de las emociones del niño Azorín. El joven Rueda siente predilección por cosas insignificantes: techos, ventanas, arañas, etc.; y lee con avidez, creando su mundo personal por medio de una lectura azarosa, hasta que es bastante mayor para tener un profesor. Su único maestro es un viejo soldado que ha estado en Italia y Flandes —es decir, Cervantes—, y con esto Azorín nos sugiere que sigue aprendiendo de libros. Es aquí donde recoge Azorín la narrativa de Cervantes, citando las primeras líneas, y en adelante las tramas de las dos obras son parecidas.

Pero la semejanza no pasa de ser estructural; la caracterización psicológica de Azorín es totalmente distinta de la de Cervantes. Aunque el Tomás Rueda azoriniano toma el vino hechizador (en Cervantes, membrillo toledano), Azorín insinúa que ya se había enamorado de la dama desconocida. Y en vez de enloquecer, se le agudiza la sensibilidad melancólica y anhela la soledad y la meditación, no la fama de la Corte de Valladolid. Al final se marcha a Flandes, y no en búsqueda de la gloria militar, sino —y aquí vislumbramos huellas de 1898— para escapar de la brutalidad de España: «Me marcho..., y mi espíritu queda aquí. Me marcho porque hay aquí, en el ambiente, una violencia, una frivolidad, una agresividad, que me hacen

no deja de ser interesante que el comentario más importante de este estudio parcial sobre las ideas de Nietzsche está dedicado a la revisión de los valores y a la Vuelta Eterna.

daño enorme. Cada día vivo más replegado sobre mí mismo. Veo lo que pudiera ser la realidad... y veo lo que es.»

En la obra de Azorín no hay el juego, tan logrado, de Cervantes entre la locura y la cordura, entre la ilusión y la realidad; y, a diferencia del novelista del Siglo de Oro, Azorín no cambia el nombre del personaje de Rodaja en *El licenciado Vidriera* y, al final, en Tomás Rueda. Es siempre Tomás Rueda, constante en su médula psicológica desde la juventud a la madurez. De ahí viene, sin duda, el porqué Azorín cambió definitivamente el título de su obra a *Tomás Rueda* en la edición de 1941. Después de leer *Tomás Rueda,* no podemos dejar de ver la unidad de Azorín lector-crítico-artista. A pesar de sus excesos de «locura», Azorín entrevé una subcorriente de sabiduría, indiferencia, soledad y melancolía que sale de vez en cuando a la superficie de los caracteres de don Quijote y el licenciado Vidriera. Es la última etapa del desarrollo del protagonista cervantino —cuando su nombre se convierte en Tomás Rueda— la que más siente Azorín; y lo que ha hecho es reconstruir desde este punto final su juventud formativa, vistiéndole así de una nueva personalidad. El regreso a la infancia, en procedimiento inverso, es similar al desarrollo de la autobiografía del propio Azorín. Recordamos que, en la trilogía de Antonio Azorín, la primera novela trata de una personalidad ya madura e instruida con una visión de la realidad que es artísticamente objetiva; y, en tal mundo, la realidad predomina sobre el hombre. Mientras que la última novela, que vuelve a su niñez en busca de la clave de su fantasía e imaginación, es simbólica del triunfo del artista sobre su material. Pero si hay un retroceso temporal, el tono espiritual asciende hacia un estado de serenidad, dominio y mesura [20]. Este concepto poético es fundamental en todo el arte de Azorín.

---

[20] Cfr. el excelente artículo del profesor Livingstone ya citado. El esfuerzo artístico para recobrar la espontaneidad imaginativa de la niñez también es patente en la obra de Unamuno y Machado.

En conclusión, si comprendemos bien el problema de Azorín y la lectura, llegamos a la unidad de su arte —un arte que es esencialmente antirrealista y antirrealidad—. La crisis del mundo contemporáneo no permite que la visión de la realidad sea monista, porque la presión de la historia pide un subjetivismo fluctuante; y es más, el motivo creador de cualquier artista es el deseo de imponer orden en un universo que entiende como caótico. Azorín, pues, intenta un equilibrio entre las dos soluciones: la firmemente realista y la auténticamente mística, una insistencia en la solidez de la existencia externa y una aspiración metafísica de escapar más allá de los límites del tiempo y del espacio. El resultado es una visión eterna, o siempre presente, de la temporalidad a través de la percepción de ciertas sensaciones comunes, que son casi siempre sensaciones de sensaciones. Existen, por ejemplo, alusiones a los sentidos en la obra de Azorín, pero ya que su inspiración es libresca, raras veces vibra su arte con el tacto, olor, oído o el movimiento. Sus sensaciones no son directas, sino filtradas por una sensibilidad (el órgano principal de su interpretación artística) que es hijo y padre de su «vivencia» libresca.

En el sentido lógico de las ideas del tiempo y del espacio, podemos reducir la fórmula estética de Azorín a la *desorientación*. Destruye la forma de la «realidad» cuando se fija en un detalle insignificante o en algo normalmente ordinario y prosaico; y al yuxtaponer estas realidades sin importancia, forja un nuevo mundo. Si lo dicho se aproxima en términos generales a una descripción de la técnica azoriniana, le pudiéramos calificar de impresionista [21].

El tiempo es el elemento del mundo exterior que suele producirnos angustia, pero Azorín, lector apasionado de Berkeley *(Doña Inés)*, se da cuenta de que el tiempo es un producto de la conciencia humana y, por eso, inexorablemente dependiente de nuestra voluntad. Nada es pasado

---

[21] Cfr. el ya mencionado libro de Granell, sobre todo págs. 190-195.

si lo evocamos, porque, al recordarlo, lo hacemos presente. El tiempo, entonces, no es ni más ni menos que *la idea del tiempo,* y podemos convertir el pasado en presente y, por proyección, el presente en futuro. No es en vano que Azorín deja volar el tiempo sobre un acontecimiento humano, como hace en «Una ciudad y un balcón», ni que el tiempo presente predomina en su uso verbal: funde el presente y el pasado con la intención de deshacer la fuerza destructiva del tiempo sideral y de crear una nueva realidad donde reinan una sensibilidad y un ritmo comunes[22].

Y ¿dónde encuentra un artista soñador, tal como Azorín, el material para tejer la tela de las reacciones eternas del hombre ante el mundo físico que le cierra el paso? Los libros, desde luego, son los únicos documentos adecuados que tenemos para reconstruir la evolución de los sentimientos humanos; y quizá su modalidad vital de lector hace que la estética de Azorín sea la única factible para él. Además, Azorín es un determinista —un creyente (por lo menos, artísticamente hablando) en el hombre condicionado por sus circunstancias—, y puesto que su propia experiencia está determinada por su pasado y su ambiente, las únicas fuentes que satisfacen su añoranza por lo eterno son libros sobre España y los españoles. Así se explica su interés no sólo por la literatura española, sino también por las memorias, los libros de viaje, las guías turísticas y los diccionarios de geografía. El lector-escritor llega a lograr

---

[22] Aunque tal vez con el estudio de la inspiración libresca de Azorín asuma un significado más claro, el tema del Tiempo en la obra de Azorín es mucho más complejo de lo que se ha presentado aquí. Véase sobre todo el estudio de Clavería; y Ortega y Gasset, *ob. cit.,* págs. 172-177; Granell, «El espacio y el tiempo», *ob. cit.,* págs. 149-171; Krause, «Tiempo y Eternidad», en la trad. de la *ob. cit.,* páginas 171-214; Rand, *ob. cit.,* págs. 707-714 y 720-728 y el artículo «Más notas sobre el Tiempo en Azorín», *Hispania,* vol. XLIX, número 1 (marzo 1966), 23-30; Miguel Enguídanos, «Azorín en busca del tiempo divinal», *Papeles de Son Armadans,* XV (octubre 1959), 13-32; F. Marco Merenciano, «La herida del tiempo en Azorín», *Tres ensayos psicológicos* (Valencia, Editorial Metis, 1949), págs. 117-132; Lott, *ob. cit.,* págs. 35-39; Pilar de Madariaga, *Las novelas de Azorín* (tesis doctoral inédita, Middlebury College, Estados Unidos), páginas 250-274.

una perspectiva espacial, es decir, una visión atemporal en la cual todo está reducido a un presente perpetuo. Lo original de Azorín, entonces, es un arte concebido por una sola sensibilidad y que tiene un solo tema esencial, que está hondamente arraigado en su «vivencia» libresca [23].

[23] No conviene dejar el tema de la inspiración libresca de Azorín sin sugerir su extensión a otros escritores de su generación. En una ponencia dada ante el primer Congreso Internacional de Hispanistas en Oxford, 1962, el profesor Germán Bleiberg señaló la lectura como un imperativo común de Azorín, Machado y Unamuno y desarrolló la semejanza de su actitud estética ante las letras y la historia de España. Si también pensamos en los episodios librescos en las novelas de Baroja y Valle-Inclán, y en la enorme erudición de Unamuno que se manifiesta en su arte, en los postreros años, en el *Cancionero*, poesía inspirada casi totalmente en la lectura (últimamente se ha descubierto en Salamanca una quincena de poemas escritos cada uno en la solapa del libro que le inspiró a Unamuno), se nos abre un nuevo camino, todavía no estudiado, en las letras españolas contemporáneas.

AZORIN Y LA EVOLUCION LITERARIA

En el ensayo anterior aludimos a la importancia de Azorín como crítico literario, a sus opiniones, revolucionarias para la época en que fueron escritas, que son hoy valoraciones aceptadas. Hablamos también de su función especial como lector de los clásicos españoles. El método del Azorín crítico parece, a primera vista, ser puro subjetivismo con poca preparación erudita. Sin embargo, esta objeción sería inaceptable tratándose de un hombre del bagaje cultural de Azorín, que se inspira, con voracidad, en el pensamiento del siglo XIX y que estaba completamente familiarizado con críticos franceses como Sainte-Beuve, Taine, Guyau, Lemaître y Brunetière [1]. Muchas de las primeras obras del futuro Azorín —*La crítica literaria en España* (1893), *Literatura* (1896) y *La evolución de la crítica* (1899)— tratan de las diversas teorías de la crítica literaria. En fin, fue Azorín, sin duda alguna, un crítico literario consciente. A continuación, pues, queremos estudiar

[1] Para un estudio detallado sobre el conocimiento que Azorín tenía de la cultura francesa, véase James Hamilton Abbott, «Azorín and France: Some Early Contacts of the Artist and Critic», tesis doctoral inédita, Universidad de California en Los Angeles (1958); y Edi Benassi Bastianelli, *La Francia in Azorín* (Florencia, 1970).

una de las mayores influencias sobre su pensamiento crítico: la teoría de la evolución. Hemos escogido esta faceta de la filosofía crítica de Azorín no sólo para definir su papel como historiador de la literatura española, sino también para destacar un aspecto de la concepción de la historia de los jóvenes de 1898 [2].

La teoría de la evolución fue la más apasionante y novedosa idea en el pensamiento del siglo XIX. Los paleontólogos y los naturalistas habían estado estudiando desde hacía mucho tiempo las relaciones de plantas y animales con su medio ambiente. Ya antes, Buffon y los transmutacionistas creían en la acción directa de este medio ambiente; Lamarck sostenía que el animal se adapta al ambiente que le rodea; los creacionistas, en su intento de conciliar la religión con la ciencia, decían que Dios acomodó las especies a sus respectivos medios ambientes [3]. Pero Darwin, en su *Origin of Species by Means of Natural Selection* (1859), fue el primero en hablar de la derivación de todas las formas de vida por modificación gradual desde formas más primitivas y simples.

La influencia de esta teoría científica en la filosofía crítica de Azorín es considerable. Se sabe que siendo aún muy joven leyó extensamente el pensamiento evolucionista [4], y ya en 1895, en *Anarquistas literarios,* habla del desarrollo paralelo del pensamiento científico y de las nuevas ideas literarias como resultado de las leyes de la evolución [5]. Comentando el libro de H. G. Wells, *Discovery of*

---

[2] Remitimos a los interesados en el tema al artículo de Peter G. Earle, «El evolucionismo en el pensamiento de Unamuno», *Cuadernos de la Cátedra de Unamuno,* XIV-XV (1964-1965), 19-28.

[3] Maurice Mandelbaum, «The Scientific Background of Evolutionary Theory in Biology», *Journal of the History of Ideas,* 18 (1957), 359.

[4] Azorín cita frecuentemente a Darwin, Haeckel, Wells, Spencer y Brunetière, y durante una visita a una parte de su biblioteca personal que se conserva todavía en Monóvar, vimos *El origen del hombre* de Darwin, una edición en dos volúmenes de su *La expresión de las emociones* y *Los enigmas del Universo* de Ernest Haeckel, todas ellas traducciones españolas.

[5] *O.C.,* I, 168.

the Future, Azorín escribe en 1904: «¿Se ve cómo, apoyado en la evolución, nutrido de las enseñanzas de Darwin y de los modernos fisiologistas y biólogos, aspira a completar la trayectoria que comenzó a recorrer el ser humano desde los primitivos estados del planeta? Si hemos llegado a conocer esta primera parte del camino recorrido..., ¿por qué los investigadores científicos, dentro de un siglo, de dos, no han de poder marcar la ruta futura de los hombres?»[6]. En una reseña de *Reglas y consejos sobre investigación biológica,* de Ramón y Cajal, Azorín aboga por la aplicación de las normas biológicas a la crítica literaria[7], y luego llega a escribir: «El tiempo pasa; todo cambia, por lo menos en apariencia. En literatura no se da como no se da en ninguna esfera, la discontinuidad; podemos llevar a la literatura el mismo rigor de un Luis Pasteur o un Ramón y Cajal en sus investigaciones»[8].

Si uno cree, como estamos obligados a creer hoy, que todas las cosas que existen en la naturaleza, incluyendo los sistemas siderales, las muchas especies de animales y plantas en los distintos planetas, e incluso el hombre mismo, son productos de un proceso evolutivo, parece lógico aplicar este proceso a las cosas que la humanidad —no este individuo o aquel otro, sino la personalidad colectiva de las distintas razas en conjunto— ha creado. La biología, una vez entrada en este proceso de evolución, implica el género humano. Así, pues, se justifica la esperanza de que la antropología tendiese más y más a convertirse en una ciencia evolucionista; y realmente así ha sido. Pero antropología incluye psicología, moral e historia en todas sus ramas —en una palabra, todos aquellos elementos incluidos en el concepto de humanidad (género humano)—. Todas estas áreas secundarias de estudio deben, pues, someterse al tratamiento que marcan los principios evolucionistas, a menos que uno se acoja a la vieja distinción entre materia e inte-

[6] *Palabras al viento,* O.C., VII, 396.
[7] *Los valores literarios,* O.C., II, 982-986.
[8] *El artista y el estilo.* O.C., VIII, 831.

lecto, en cuyo caso la evolución es útil sólo para explicar las leyes del desarrollo material [9].

El aceptar la posible evolución de la literatura invitaría a una explicación de la tesis básica de que un cierto tipo de literatura o arte se manifiesta, aparentemente por casual coyuntura, en una nación cualquiera y en una época determinada, y, en su desarrollo, cada etapa está conectada con las precedentes y posteriores de una manera que puede ser lógicamente definida.

Se ha objetado que no se gana nada en claridad de percepción tratando la crítica desde un punto de vista evolucionista, mientras que, por otra parte, se sugieren analogías peligrosas cuando caemos en el hábito de considerar la creación de la mente humana supeditándola a las mismas leyes de desarrollo que rigen los organismos vivientes. Debemos aclarar, no obstante, que la aplicación de principios evolucionistas a la literatura no nos da conceptos fijos con los que juzgar una obra de arte. Tan sólo fuerza al crítico a hacer hincapié sobre las inevitables condiciones de mutabilidad y transmutación, y fomenta la tolerancia y sumisión a la observación científica. La ventaja principal es que ofrece un entendimiento de lo que el todo significa. Nuestra tolerancia y aceptación del cambio inevitable no presupone necesariamente la pérdida de la percepción discriminativa. Podemos aplicar los cánones evolucionistas estrictamente sin negar que la virilidad sea preferible a la senilidad o que las obras de Fidias sean superiores a las de los escultores de Pérgamos [10]. No es, entonces, un sistema absoluto, sino uno que se ha de emplear junto con otros para completar la valoración de una obra de arte.

El principal exponente de las teorías evolucionistas aplicadas a la crítica literaria en la Europa del siglo XIX fue Ferdinand Brunetière, cuya obra *L'Evolution de la critique* (1892) fue evidentemente leída por el entonces en ciernes Azorín: testimonios de referencia los hallamos ya en 1895,

---

[9] John Addington Symonds, *Essays, Speculative and Suggestive* (London, 1890), I, 45.

[10] Symonds, *ob. cit.*, pág. 90.

en *Anarquistas literarios* [11], así como en el plagio del título en 1899, *La evolución de la crítica* [12]. En *L'Evolution de la poésie lyrique en France,* Brunetière distingue entre evolución literaria e historia literaria. La historia literaria no debe olvidar nada, ni detalles, ni matices; su objetivo es la resurrección del pasado. La evolución literaria, en cambio, trata más bien de comprender el pasado y explicar sus causas: «... Elle (l'évolution) ne se propose de ressuciter le passé, mais de le comprendre, ce qui est bien différent, et d'en déterminer la loi... Son ambition n'est pas de tout dire, mais seulement le nécessaire... Comment naissent les genres, à la faveur de quelles circonstantes de temps ou de milieu; comment ils se distinguent et comment ils se différencient, comment ils se développent... et comment ils s'organisent, éliminant, écartant tout ce qui peut leur nuire, et, au contraire, s'adaptant ou s'assimilant tout ce qui peut les servir, les nourrir... L'origine des espèces littéraires et la morphologie des oeuvres qui les manifestent, voilà vraiment l'unique matière de ses recherches...» [13].

Los géneros literarios, según Brunetière, cambian a lo largo del proceso histórico de igual forma que lo hacen las especies, sufriendo una transición de la unidad al múltiplo o de lo sencillo a lo complejo. Hay tres factores básicos que pueden causar la transformación de los géneros literarios: 1) raza o herencia; 2) condiciones geográficas, sociales e históricas, y 3) individualidad, que proporciona a la obra su carácter especial [14].

La ley de la selección natural también tiene importancia en la transformación de los géneros: la aparición de ciertos tipos llevaría a la desaparición de otros. Brunetière traza la evolución de la crítica desde el siglo XVI, cuando había

---

[11] *O.C.,I,* 185.
[12] Azorín conservaba su interés en la crítica literaria de Brunetière. Publicó un artículo detallado sobre la obra del crítico francés en *La Prensa* de Buenos Aires, abril de 1925.
[13] Ferdinand Brunetière, *L'Evolution de la poésie lyrique en France* (París, 1899), págs. 4-5.
[14] Ferdinand Brunetière, *L'Evolutions des genres* (París, 1899), I, 21-22.

la tendencia a transformar en reglas y leyes las observaciones hechas sobre la oda y la tragedia. De 1600 a 1650, las reglas extraídas de los autores clásicos se imponían cuando se trataba de forma, pero no cuando era cuestión de lengua, porque la retórica francesa había evolucionado. En la última parte del siglo XVII, Boileau abogaba por la imitación de la naturaleza, y luego la querella de los antiguos y los modernos trajo la relatividad como precepto. Sin embargo, no triunfó la relatividad hasta que Rousseau introdujo la expresión subjetiva y madame de Stäel estudió la influencia de la religión, costumbres y sociedad en la literatura, en *De la littérature considerée dans ses rapports avec l'évolution sociale*. Este libro, según Brunetière, representó una etapa evolucionaria importante: «... la critique change d'objet. Il ne va plus s'agir désormais de considérer les oeuvres en elles-mêmes, pour elles-mêmes, mais par rapport aux états de civilisation dont elles sont le produit naturel» [15]. Villemain consideró la biografía del escritor como factor determinante, y Sainte-Beuve profundizó más la psicología del autor e insistió en el hecho de que la crítica debiera basarse en deducciones científicas. Y, finalmente, en la última mitad del siglo XIX, Taine adelantó su célebre teoría sobre *race, milieu et moment* y propagó que no había separación posible entre valores literarios y estéticos y valores éticos.

En un artículo escrito en 1925, Azorín, postulando estudios evolucionistas en literatura, nos da su definición de la evolución literaria: «... Pero la evolución no es la historia; la historia debe recoger toda manifestación literaria; en la evolución entra sólo aquello que motiva y determina un cambio —hacia adelante o hacia atrás—, una modificación, una particularidad nueva. Falta en España algo como el clásico estudio de Brunetière...» [16]. Señalaremos la sorprendente similitud de la breve definición de Azorín con la de Brunetière citada arriba, y en adelante se verá que también ha intentado nuestro escritor, en varias ocasiones,

---

[15] *Ibid.*, pág. 189.
[16] «La innovación de Benavente», *Escena y sala, O.C.*, VIII, 889.

aplicar las teorías del crítico francés al estudio de la literatura española.

En *El alma castellana* (1900), Martínez Ruiz presenta un estudio de la evolución de la crítica española en el siglo XVIII. Reconoce que los críticos e historiadores españoles son de poco valor, pero lo interesante, dice, es observar la evolución de la crítica. Según él, López Pinciano defendió las unidades porque Aristóteles, el gran maestro, las propuso. Por otra parte, Luzán representa una evolución en la crítica cuando abogó por su uso, no porque Aristóteles las propusiera, sino porque parecían ajustarse mejor a la verosimilitud y la razón *(o.c.,* I, 680). Luzán también habla sobre el efecto en el arte de las diferencias de nacionalidad, clima, estudios y genio creativo. Andrés Piquer, en su *Lógica* (1771), descubre que sólo percibimos la parte externa de una obra de arte, no su esencia. Así, pues, como el sentido de percepción en sí mismo depende del medio ambiente y la raza, siempre habrá bellezas en la literatura extranjera que nosotros no podremos apreciar *(o.c.,* I, 681-682). De este modo, la crítica se relativiza progresivamente. En *Investigaciones sobre la belleza ideal,* de Arteaga, se propone una estética aún más liberal. Lo feo en la vida cotidiana puede ser bello en el arte, ya que todo lo que es naturaleza está comprendido en el arte *(o.c.,* I, 683). El cambio se ha efectuado, según Martínez Ruiz; los viejos preceptos se han convertido en tolerantes y artísticos conceptos de la crítica.

Azorín no sólo aplica los principios evolucionistas a escuelas de crítica literaria; los incorpora a su propio método de crítica como la base para la valoración de una obra aislada. Para él, los cambios evidentes que se producen en el desarrollo histórico de una literatura pueden ser parcialmente comprendidos como una evolución de la sensibilidad del escritor o del lector, o como una evolución del lenguaje, estilo y forma. Por ejemplo, las lenguas evolucionan porque un cierto número de palabras o se olvidan o son creadas respondiendo a las necesidades de expresión. Según Azorín, no tiene importancia si una palabra es extranjera o si se ajusta a las reglas de la sintaxis; todos estos requisitos son superados por las exigencias del período histórico o cultural. Don Víctor, expresando un relativismo radical, dice en *Antonio Azorín* (1903): «El sentido estético no es el mismo. La belleza cambia. Tenemos otra sintaxis, otra analogía, otra dialéctica, hasta otra ortología, ¿cómo hemos de encontrar el mismo placer en las obras viejas que en las nuevas?» (*o.c.*, I, 1075). Azorín creía que el estilo preciso y simple de fray Luis de Granada, edificado alrededor de un sustantivo bien elegido, representaba una nueva etapa en la evolución lingüística [17]. No había cambio tan significativo hasta el siglo XIX. Y precisamente los dos elementos que van a promover la evolución de la lengua en el siglo XIX son el periodismo y el parlamento. La lengua española alcanzó su máxima flexibilidad en las Cortes. Según Azorín, es necesario considerar esta nueva flexibilidad desde el punto de vista del movimiento, más bien que de la pureza lingüística o abundancia, porque movimiento es vitalidad, y ésta fue la contribución del siglo XIX a la evolución de la lengua española [18].

Un problema moderno de expresión que interesó a Azorín fue que la sensibilidad y su exteriorización no se habían desarrollado de una manera uniforme y paralela, y de este modo, en los tiempos modernos, el advenimiento de la ciencia ha sido la causa de que nuestras observaciones y sensaciones sean más numerosas y refinadas, mientras que la palabra, rezagándose en su proceso de perfeccionamiento, es ahora impotente en su misión de expresar lo que sentimos [19]. Esta es la razón por la que Góngora y los simbolistas franceses no fueron comprendidos. Ellos trataron de expresar una melancolía que no podía ser expresada en el estilo existente y se vieron forzados a encontrar un nuevo tipo de expresión [20]. En fin, según Azorín, gramática, sintaxis, vocabulario —todos los elementos que forman una lengua—, están constantemente en un estado de evolución,

[17] «Suposiciones», *El artista y el estilo, O.C.,* VIII, 665-666.
[18] *Ibid.*
[19] *Diario de un enfermo, O.C.,* I, 703-704.
[20] *Valencia, O.C.,* VI, 152.

cambiando bajo la influencia de factores políticos, sociales o científicos.

Azorín reúne sus observaciones sobre lengua y evolución en las siguientes palabras: «Todo se aprovecha en la marcha de la lengua; todo es provisional en el idioma; todo es provisional en la gramática... El idioma está siempre evolucionando; no podemos creer que en un momento determinado cese en su evolución... En la evolución del idioma nada se pierde; en esa evolución entran elementos naturales y elementos sociales; la importancia de unos y de otros depende del momento histórico [21].

En el prólogo a *El paisaje de España visto por los españoles,* Azorín comenta la evolución de las varias concepciones del paisaje en la literatura española. ¿Cuándo y cómo apareció la predilección por el paisaje en las letras españolas? Según Azorín, los poetas medievales fueron insensibles al paisaje, y las descripciones de los escritores del Siglo de Oro fueron meramente artificiales, irreales y episódicas. Para él, la relación de simpatía entre el hombre y la naturaleza nació con el romanticismo, y poco a poco, gracias a la ciencia, el progreso de la industrialización y la facilidad de comunicación y transporte, el hombre ha ido descubriéndose a sí mismo y a la naturaleza. Fue el romanticismo el que introdujo primero el arte de la descripción como elemento primario, en vez de ancilar. Sin embargo, menciona Azorín dos factores que eran de gran importancia en la evolución de la sensibilidad hacia el paisaje. Aunque vemos por primera vez en el siglo XIX descripciones de paisaje como tema literario, no debemos este nuevo énfasis a los románticos, sino más bien a los investigadores científicos del siglo XVIII —los botánicos, geógrafos, astrónomos, matemáticos y etnógrafos—, que, al estudiar la materia, llegaron a observar cuidadosamente los fenómenos naturales [22]. Junto a los científicos hay un solo poeta en el siglo XVIII, Gregorio de Salas, cuya obra *Observatorio rústico,* aunque mediocre, merece estudio por sus informaciones

---

[21] «Gramaticalia», *El artista y el estilo, O.C.,* VIII, 614.
[22] «La bandera verde», *Los Quintero y otras páginas, O.C.,* IV, 685.

sobre flora y fauna. El poder de percepción del paisaje en literatura, no obstante, llega a su pleno desarrollo en España con *El señor de Bembibre* (1844), de Enrique Gil y Carrasco. El único valor de la novela, según Azorín, descansa en sus descripciones de la naturaleza.

La evolución de la percepción de la naturaleza en la literatura le interesó a Azorín, claro está, por las implicaciones que podría tener para su propia estética y la de su generación. Al describir la evolución de las descripciones artísticas, en un ensayo de *Los Quinteros y otras páginas* (1925), Azorín reitera su adhesión a principios evolucionistas en una declaración que expresa la idea de que las innovaciones no son más que adaptaciones o renovaciones de lo ya existentes: «Un escritor moderno no puede hacer nada que no hayan hecho los escritores antiguos. En arte no hay nada nuevo... Pero si los autores antiguos han considerado el paisaje como accesorio —y muchos modernos lo consideran así también; los escritores de ahora dan al paisaje la misma importancia en la novela que al factor psicológico. Y esto es todo; la innovación —como todas las innovaciones en arte— se reduce a reforzar una nota existente ya en lo antiguo» *(o.c.,* IV, 685).

En *Clásicos y modernos* (1913), Azorín sugiere que un estudio de la evolución de la poesía lírica podría proporcionarnos una mejor comprensión de la lírica contemporánea española. Menciona a fray Luis de León, Garcilaso, Góngora y Meléndez Valdés como posibilidades para el estudio, mientras, al mismo tiempo, declara que la verdadera renovación de la poesía española fue consecuencia del romanticismo. El prerromántico Meléndez Valdés, que tenía una manera de observar la naturaleza, no impersonal como la de fray Luis de León o Garcilaso, sino como interpretada a través de sus propios sentimientos, a través de sus emociones del momento, de su estado de alma, alcanzó una tristeza y melancolía antes desconocidas en la literatura. Pero igual que el romanticismo emergió de la crítica y la observación del siglo XVIII, la nueva poesía ha salido de la época positivista y prosaica de 1870 a 1890. Durante esta época, la novela realista absorbió la mayor parte de la energía literaria, y la tendencia puramente crítica del positivismo preparó el terreno para la nueva literatura. El depender de la realidad social y política que presupone la novela de Galdós iba a ser indispensable para el florecimiento de la nueva y espléndida lírica, que no podía haber evolucionado sin la sólida base del realismo. Azorín cree que un estudio del realismo en la poesía moderna sería revelador; se detectaría una cantidad de observación realista y se podría demostrar cómo el realismo dio vida a un idealismo superior (o.c., II, 861-862).

La tendencia realista llevó a los poetas a un amor nuevo hacia el paisaje, y desde Darío y Rosalía de Castro, la poesía española seguirá un nuevo rumbo. Antes, las imágenes parecían a primera vista ser incoherentes, estar arbitrariamente conectadas; ahora descubrimos que debajo de esa aparente incoherencia existe un significado consecuente más profundo. Hay una relación llena de significado entre las características de las cosas y la imagen poética que tiene un valor estético y psicológico superior. Y, como resultado de este desarrollo en la evolución poética, ahora comprendemos a Góngora mejor que lo hicimos cuando simplemente le encontrábamos oscuro: al fin, la teoría poética logró alcanzarle [23].

En 1925, con motivo del ingreso de Joaquín Alvarez Quintero en la Academia Española, Azorín dedica buena parte de su discurso de réplica a un aspecto de la evolución del drama en España. Comienza por señalar que en Lope, como en los demás dramaturgos del Siglo de Oro, es el personaje (individuo) el que domina —Segismundo, Pedro Crespo, García del Castañar, Sancho Ortiz, Peribáñez—; la sociedad que le rodea no es importante. No podemos descubrir en ninguno de estos caracteres de los siglos XVI y XVII lo que hoy llamamos «el dolor universal».

Este concepto de solidaridad se ha formado muy lentamente, y es sólo en los tiempos modernos cuando la literatura refleja esta transformación social. En Moratín

---

[23] «Juan Ramón Jiménez», Los valores literarios, O.C., II, 1073-1075.

observamos ya una fase de la evolución cuando descubrimos en sus obras ideas generales tales como hipocresía, tiranía paterna, pedantería. El café, en *La comedia nueva,* y la venta de Alcalá, en *El sí de las niñas,* son verdaderos cuadros de costumbres. Con Bretón de los Herreros la comedia avanza un paso más. Bretón adapta audazmente las innovaciones del romanticismo —el colorido y el pintoresquismo del pasado— no sólo al mundo moderno, sino a una clase social que en los tiempos anteriores nunca había merecido ninguna atención. Si antes se veían solamente conflictos individuales aislados, ahora se percibe la interminable cadena de causas y causas concomitantes. Para que la unión entre individuo y sociedad fuese más firme, el único elemento que faltaba era el teatro psicológico de Tamayo y Baus. Y, por último, al elogiar a los Quintero, Azorín dice que su originalidad consistió en introducir en el arte dramático un perfecto equilibrio entre el individuo y el sentimiento colectivo —entre el hombre y la sociedad [24].

En otra parte, Azorín explica esta evolución desde el interés individual a uno colectivo como resultado de una creciente conciencia científica: «Si se asoma el concepto de Ciencia, con mayúscula, que es un concepto social, forzosamente tendremos un concepto social, incipiente o no, de lo literario. La literatura en el siglo XVII —y en los anteriores— es un hecho individual: en el siglo XVIII comienza a tener un carácter social: carácter que se ha de ir intensificando en el siglo XIX hasta constituir el literato un hombre encargado de una *misión*... pero del siglo XVIII procede, netamente, una concepción novelística como ésta, en que el héroe se lanza al campo a difundir, a esparcir, a propugnar no la justicia individual, con aplicación a determinados casos, sino como doctrina, la doctrina de un Voltaire, de un Rousseau...» *(O.C.,* VI, 1052- 1053).

Azorín explica que la aparente novedad de Baroja y Benavente no es más que un resultado del proceso evolucio-

---

[24] «La evolución dramática», *Los Quintero y otras páginas, O.C.,* IV, 624-625.

nista. En la comedia de Benavente *La comida de las fieras,* la innovación esencial, como en las novelas de Baroja, es que no pasa nada. El espectador o el lector, acostumbrado a la trama bien urdida, entonces tradicional en comedias y novelas, espera en vano que ocurra algo y, en efecto, nada ocurre. En Galdós, todo se resuelve de un modo convergente; en Baroja, en cambio, todo sigue una vía divergente, carente de conexión. No es sino una nueva fase de la estética— la evolución literaria ha llegado a una región desconocida. No hay acción exterior en *La gata de Angora* o en *Camino de perfección,* pero hay, en cambio, una profunda e intensa acción psicológica e intelectual. Y es precisamente de este modo, dice Azorín, como Baroja y Benavente llevan a cabo una nueva integración del arte [25].

Otro aspecto de la obra de Baroja y Benavente que Azorín explica utilizando la evolución como método es su persistente y tenaz melancolía. La melancolía no es nueva en la literatura pero en estos dos escritores parece adquirir un nuevo matiz un matiz diferente del que tenía en el romanticismo o en el naturalismo. Azorín lo explica como consecuencia de la atmósfera científica del momento en que Baroja y Benavente escribían —un ambiente más predominantemente científico que melancólico, una época en que la inteligencia dominaba a la sensibilidad—. Su melancolía emana del misterio, que, explicado, a su vez plantea otro. Esto, unido a la sensación de nuestra insignificancia en el aparentemente infinito universo, es sin duda algo que trasciende de la obra de hombres tan sensibles como Baroja y Benavente [26]. Reiterando su crítica favorable de sus dos contemporáneos, Azorín aboga de nuevo por la aplicación de los principios evolucionistas a la crítica literaria: «Pero podemos —y debemos— juzgar nosotros, con arreglo al concepto de evolución, a Benavente y a Baroja. Con sujeción a tal idea, el benaventismo y el barojismo son rigurosamente lógicos y necesarios.» [27]

---

[25] «Benavente y Baroja», *Ante Baroja, O.C.,* VIII, 299-301.
[26] «Benaventismo, Barojismo», *Ante Baroja, O.C.,* VIII, 304.
[27] *Ibid.,* pág. 303.

Del estudio que acabamos de hacer de la evolución en la literatura y de los ejemplos tomados del Azorín crítico, se puede concluir sobre su producción crítica y, claro está, sobre su total línea de pensamiento. La aceptación de la teoría de la evolución lleva consigo la idea de que el pasado es una parte integrante del presente. Existe un substrato de la cultura, claramente reflejado en la literatura, que se ha transformado, que ha evolucionado y que finalmente ha llegado a nosotros.

Ahora podemos explicar la razón por la cual puso Azorín tanta atención en aspectos aparentemente poco importantes de la literatura española. El no pretende estudiar las grandes obras que tienen una importancia histórica sino, más bien, los insignificantes detalles que revelan el proceso evolucionista de la raza española. Pretende, como también pretendió Unamuno, llegar a una descripción de la «intra-historia» de España a través de la aplicación de los principios de la evolución al estudio de la literatura española.

AZORIN Y LA COHERENCIA
(IDEOLOGIA POLITICA Y CRITICA LITERARIA)

«Una de las ideas fundamentales en Larra —acaso la más esencial de todas— es la de la confusión, desorden e incoherencia de la vida española. Larra en España, en el concepto *España,* nota falta de lógica, de claridad, de orden, de rapidez y de exactitud.» Su artículo «Los tres no son más que dos y el que no es nada vale por tres», de 1834, trata de una fantasía alegórica, en que los partidos políticos están simbolizados por unas figuras vestidas extrañamente que bailan una mascarada. Uno de los personajes —escribe Larra— «de medio cuerpo arriba venía vestido a la antigua española; de medio cuerpo abajo, a la francesa, y en él no era disfraz, sino su traje propio y natural». Se alude, naturalmente, a la incoherencia en la importancia y adopción de leyes y reformas forasteras, que se aplican, sin plan, sobre lo nativo de España. La muchedumbre, que ha estado toda la noche presenciando la mascarada, premia con un aplauso ruidoso el discurso de uno de los personajes. La tal alocución, según Larra, «traducida al lenguaje inteligible, quería decir a unos: *Ya es tarde;* y a otros: *Es temprano todavía».* Tarde, en la sociedad española, para insistir en ciertas modalidades políticas ya imposibles en todos los pueblos cultos; temprano, para implantar, en la sociedad española, otras reformas e instituciones en marcha ya en esos mismos pueblos progresivos. Esta es una idea fundamental en Larra: la idea de confusión; la idea de que España se halla en un momento crítico de su vivir. No acaba de morir la España vieja y apenas si despunta la nueva.

Sobre la decadencia de España hay teorías materialistas, tales como las adoptadas por Cadalso, Jovellanos y Cabarrús, en que se destacan como causas las guerras, la conquista de América (que dejó desamparadas la agricultura y la industria) y la expulsión de los moriscos. Pero Mariano José de Larra, por otro lado, ha adelantado la teoría intelectualista. Para él, según lo expuesto en el ensayo «Literatura: rápida ojeada sobre la historia e índole de la nuestra», el origen de la decadencia española estriba en no haberse incorporado España al movimiento intelectual que se produjo en Europa con ocasión de la Reforma.

Las palabras e ideas sobre Larra que acabamos de mencionar son de Azorín y figuran en un capítulo de *Un discurso de La Cierva (O.C.,* III, 80-85), del año 1914. Para nosotros tienen importancia en cuanto se refieren a una especial interpretación del escritor romántico. Azorín destaca la actitud crítica de Larra en casi todo su comentario sobre él, pero en el fondo no es el espíritu conflictivo, desgarrador y romántico de Fígaro que atrae al alicantino, sino la observación sobre la falta de coherencia en la sociedad española que Larra ve como característica decadente. Azorín ha sido uno de los primeros en vislumbrar el espíritu clásico, el desprecio hacia el desorden en el pensamiento larresco. Y en el libro citado hace las ideas de Larra sobre este punto, como dice, completamente suyas *(O.C.,* III, 87); porque «el problema de España es un problema de coherencia» *(O.C.,* III, 119).

Es nuestra tesis que de la total entrega de Azorín a la revaloración de la literatura española —es decir, su actividad como crítico literario— se desprenden motivos ulteriores. Si encuentra casi siempre en la historia de la literatura de su país elementos estéticos y morales que corresponden a su propia producción creadora, no es menos cierto que pone énfasis, avanzando una opinión negativa o positiva sobre la obra o el autor, en unos valores que él cree aconsejables para la política o la sociedad española de su época. Basándose en el artículo «Literatura», ya mencionado, de Larra, Azorín escribe lo siguiente en *Un discurso de La Cierva,* libro, como se sabe, que trata de la crisis del partido conservador alreeddor de los años del lema «Maura, no»: «Siendo los valores literarios un índice de la sensibilidad general —civilización—, por ellos se ha de ver el carácter y las particularidades de un puebl**g** a lo largo del tiempo» *(O.C.,* III, 81). Así es que, para Azorín, la literatura española nos enseña las modalidades del vivir de los españoles —su estado de civilización—, y de ahí se puede reconstruir la nueva patria, acorde con las posibilidades históricas. En la dedicatoria de *Clásicos y modernos* (1913) encontramos la clave: «Es este libro como la segunda parte de *Lecturas españolas.* Los mismos sentimientos dominan en él: preocupación por el problema de nuestra patria; deseo de buscar nuestro espíritu a través de los clásicos» *(O.C.,* II, 437).

Pero veremos que gran parte de la crítica literaria de Azorín se supedita por una visión personalísima de una moralidad social y política en que la calidad de coherencia o incoherencia es un factor dominante. Si esto le lleva a muchas valoraciones originales, también contribuye a una tergiversada interpretación de la literatura española. Entre 1905, año en que abondona el anarquismo, y 1923, año en que empieza a renacer en él la esperanza en el republicanismo, Azorín encontraba en la política del partido conservador, encarnada en las personalidades de Cánovas, Antonio Maura y Juan de La Cierva, los principios personales y doctrinales necesarios para la *reconstitución* de España. Estos años enmarcan casi la totalidad de la actividad política de Azorín: fue cinco veces diputado conservador a Cortes, en 1907, 1914, 1916, 1918 y 1919, y subsecretario de Instrucción Pública en los dos últimos años. Y su estudio sistemático de la literatura española en volúmenes tales como *Lecturas españolas* (1912), *Clásicos y modernos* (1913), *Los valores literarios* (1914), *Al margen de los clásicos* (1915), *Rivas y Larra* (1916), *Los dos Luises y otros ensayos* (1921) y *De Granada a Castelar* (1922) —algunos de los cuales dedica a Maura y a La Cierva— refleja un esfuerzo, a veces quizá subconsciente, de encontrar en las letras pasadas una justificación —o una explicación— de la política conservadora. Es decir, los libros mencionados y *El político* (1908), los ensayos recopilados en las *Obras Completas* bajo el título *Literatura en la política* (1910-1911), *La obra de un ministro* (1910), *Un discurso de La Cierva* (1914) y *Parlamentarismo español* (1916) se escribieron bajo la necesidad sentida por Azorín de orientar la actualidad y el futuro de España bajo la tutela de una ideología en que el orden, la continuidad y la coherencia tienen un papel decisivo.

Con esto no quiero dejar la impresión de que sólo por razones políticas o sociales volvió Azorín sobre las letras de su país, sino que sus ideas sobre el problema de España en aquellos años han coloreado sus interpretaciones literarias. Todo lector de los textos del escritor de Monóvar ha percibido las características que más favorece en la literatura. La primera es el contacto con la realidad objetiva que expresa el escritor. El poeta del *Cid,* Juan Ruiz, Rojas, Cervantes, Moratín, Galdós, Baroja y Miró representan, según Azorín, la tradición hispánica de reflejar intensamente la vida cotidiana de su época. Berceo, Santillana, Garcilaso, Pereda y Rosalía de Castro describen en términos realistas la naturaleza que les rodeaba. Otros poetas, como los místicos, o Meléndez Valdés y Bécquer, enfrentándose con el mundo concreto y la conciencia de la brevedad de su existencia, llenaron sus versos con melancolía —el «dolorido sentir» de Garcilaso—. Azorín también da importancia a la sencillez y el realismo en el estilo. El buen estilo, según él, no es ni fabricado ni elaborado; es la expresión espontánea y natural producida sin preocupación por la gramática o la sintaxis. Los mejores representantes de este aspecto de la prosa española se encontrarían en don Juan Manuel, Santa Teresa, Fray Luis de León, Cervantes, Ruiz de Alarcón y Moratín. Ni debemos olvidar los elogios que dedicó al espíritu crítico de Quevedo, Gracián, Jovellanos, Cadalso y Larra.

En esta conexión no pasemos por alto el hecho de que Azorín siempre mantenía su independencia, su postura crítica, ante la dirección y política de su país. En *Un discurso de La Cierva* escribe: «... todo en España está por hacer... Cuando se observa la vida nacional se ve la incoherencia, el abandono y el ilogismo, que lo infiltran todo y van desde el más pequeño detalle hasta los más importantes organismos» *(O.C., III, 120-121)*. Un año después, augurando los cambios que la primera guerra mundial impondrá en la vida europea y de los cuales no participará España por su aislamiento, dice: «España seguirá estando al margen de Europa. España seguirá siendo una aldea de Europa. No tendremos Instrucción Pública, ni Hacienda, ni Justicia, ni Ejército, ni Marina. El espíritu nuevo se estrellará contra el marasmo, la socarronería, la frivolidad, la inconsciencia. Para nuestros políticos (conservadores y liberales, pero con nobles excepciones) toda la ciencia de gobernar se reducirá, como hasta ahora, a la inercia». Gobierna la política española, añade Azorín, el miedo, y puntualiza: «Miedo a las responsabilidades, miedo a la acción, miedo a las reformas, miedo al cambio, miedo al porvenir; he aquí nuestra mentalidad política» *(O.C., IX, 506-507)*.

En fin, conviene tener presente siempre que Azorín, de acuerdo con su teoría crítica, intentó descubrir aspectos de las obras literarias que se harían más significativos en términos de la «vividura» cultural moderna —más específicamente, en términos de su propia sensibilidad—. Estas características, no siempre las más importantes históricamente hablando, son clave para una comprensión de aquella parte de la tradición literaria que debe formar la base, en opinión de Azorín, del desarrollo de la cultura española contemporánea. En lo que sigue, entonces, vamos a dirigir nuestra atención hacia el énfasis que daba Azorín a la coherencia y la continuidad en sus valoraciones de la literatura española.

Igual que Larra, Azorín cree que la Inquisición y la Contrarreforma habían servido para desviar a España de la verdadera continuidad europea y humana. Anterior al siglo XVII se había logrado establecer una coherencia cultural que uno puede ver reflejada en el *Poema del Cid, El libro* de *Buen Amor, La Celestina* y las obras de Fray Luis de Granada, Santa Teresa y Cervantes, pero la comedia y la novela picaresca son documentos en que Azorín encuentra evidencia de la decadencia de la civilización hispánica.

Antes de entrar en una discusión de las opiniones de Azorín sobre el siglo XVII español, aludiremos a una obra clásica —*La Celestina*— cuya interpretación le causa a Azorín algunos problemas —hasta el punto de sentir la obligación de re-escribirla— precisamente porque no la puede conciliar con su disgusto por la vida caótica.

Discrepando con las ideas de Menéndez Pelayo sobre el mal genio y la perversidad de la alcahueta, Azorín llega a escribir sobre Celestina en *Los valores literarios,* el texto que repetimos a renglón seguido: «¿Cuál es su enorme, formidable crimen en el asunto de Calixto y Melibea? Tengamos en cuenta que Melibea está ya realmente enamorada de Calixto; todos los detalles lo acusan: todos los detalles, incluso esa agria y destemplada respuesta que da a Calixto en la primera escena, y luego, más tarde, el préstamo del ceñidor. Está ya enamorada... sin que ella misma se dé cuenta; el caso es frecuentísimo. Celestina no hace más que alumbrar esa pasión de Melibea y poner en relación —secreta— a uno y otro enamorado. En esta concertación solapada, urdida por Celestina, estriba todo el crimen de la vieja. ¿Pueden cometer una falta Melibea y Calixto? Sí; deplorémoslo sinceramente. Pero añadamos que el hecho puede ser reparado. ¿Por qué no se han de casar Calixto y Melibea? A familias igualmente distinguidas pertenecen uno y otro; no hay desdoro para ninguna de las dos familias en este enlace. Seguramente que si Calixto no hubiera tenido la desgracia de caerse desde lo alto de una pared y de matarse, Melibea y Calixto se hubieran casado y vivido felices. No se puede imputar a Celestina la muerte de Calixto (mera casualidad), ni tampoco podemos hacerla responsable de la bárbara codicia de unos criados (causa del asesinato de la vieja, por cuyo asesinato luego son ajusticiados los matadores)» (*O.C.,* II, 1001-1002). Así es que Azorín niega la posibilidad de una interpretación o ética o existencialista de *La Celestina,* y llega a mixtificar la angustia, el caos y las contradicciones en el mundo pintado por Rojas. Todo se explica en términos de una «deplorable» falta de los jóvenes, y la «desgracia» de matarse Calixto como una fatalidad «misteriosa».

La interpretación azoriniana de *La Celestina* le lleva, como se sabe, a una refundición de la obra que vemos en la viñeta «Las nubes», incluida en *Castilla* (1912). Referimos al lector a nuestro ensayo «Lectura y Literatura», en que estudiamos cómo Azorín, al aplicar su interpretación de la teoría nietzscheana de la vuelta eterna a *La Celestina,* elimina los aspectos históricos y violentos de la obra de Fernando de Rojas. Es decir, en la versión azoriniana se destaca, como principio dirigente, su anhelo por la continuidad y la coherencia. El nuevo Calixto (Azorín), sentado en el balcón con «mano en mejilla» (como tantos personajes de Azorín), impone el orden y la tranquilidad de la «pequeña filosofía» a la existencia caótica descrita por Rojas.

Al mismo tiempo que se ocupa de *La Celestina,* Azorín arremete en otro sitio contra los políticos españoles de la época. Producen, según él, la impresión de figuras sin consistencia; en ellos ni la acción ni la palabra responden a nada. «La impresión de cuidado, de conciencia —y estoy citando de Azorín—; la impresión del *hombre con la mano en la mejilla,* sólo la ha dado Cánovas, y después, Maura y La Cierva» *(O.C.,* III, 155).

Puesto que la comedia se escribió para un público popular y se presenta con más relieve y plasticidad que los otros géneros, se han acumulado tantos prejuicios a su favor, según Azorín, que cuando se pone en escena una obra del Siglo de Oro, todo el mundo exagera la experiencia estética. Durante la segunda mitad del siglo XIX se creía que la comedia del siglo XVII reflejaba las virtudes del pueblo español. Azorín, al otro lado, rechazaba la idea de que había el elemento de verosimilitud en la comedia y hasta llega a relacionar la falta de observación de la realidad en la literatura del siglo XVII con el estado lamentable de las ciencias empíricas en España *(O.C.,* II, 1083-1084).

En *La farándula,* Azorín define dos tipos de teatro: 1) *teatro-casualidad* y 2) *teatro-fatalidad (O.C.,* VII, 1169). En el primero todo depende de un incidente casual: todo el argumento se desenvuelve según si ocurre o no ocurre un acontecimiento superfluo. En general, el teatro del Siglo de Oro pertenece a esta categoría y así produce una sensación de inestabilidad: todo se relaciona con el azar. Puesto que estas obras no ofrecen para Azorín ningún aspecto estético aprovechable —están vacías de vida y de poesía— debemos revisar nuestros valores, descartando las hipocresías sobre *lo clásico* o *lo castizo*. Sin embargo, el estudio del teatro sí tiene importancia en que nos instruye sobre la mentalidad del siglo XVII español. Azorín cree que el teatro es el género literario que mejor refleja la mentalidad del pueblo, y de ahí la falta de observación y de coherencia en la comedia sugiere concomitancias lógicas con la vida española de la época. Escuchemos las palabras del mismo crítico, que figuran en las páginas de *Clásicos y modernos:*

«El teatro clásico se presta —acaso más que ninguna otra manifestación literaria— a establecer relaciones entre ese género literario y la sociedad española del siglo XVII, y entre la sociedad española y el estado general del pensamiento —orientaciones, tendencias, sentido humano e innovador, etc.— en el período histórico indicado. Para llevar a cabo esta tarea, tendríamos que fijarnos, ante todo, en la estructura misma del teatro, en su construcción, en su técnica. Parécenos que cuando se habla del teatro clásico español no se presta atención a este hecho altamente significativo. Toda la antigua vida española está en esa manera de hacer teatro; no se trata ya de su contenido, sino de lo externo, de la forma...»

Aludiendo a la comparación hecha por el inglés George Meredith entre la comedia española y un baile agitado, Azorín continúa: «Vea el lector si esa vorágine o tolvanera, en ese tráfago ligero, precipitado y sin orden, de que es representación nuestra comedia, no se halla incluida toda la vida española durante algunas centurias; la vida española, con su ir y venir por el mundo, su política irreflexiva, sus exaltaciones y derrumbamientos de privados, sus conquistas sin plan ninguno, sus hiperbólicos lirismos y sus depresiones anonadoras. Todo, cuanto se vuelve la vista hacia el pasado, se nos aparece como un torbellino rápido y violento de gentes que gesticulan, manotean, gritan, corren, retornan al sitio de donde habían partido... y luego caen postradas, rendidas, enervadas. Una comedia clásica española es algo en que todo depende de un detalle, de la casualidad, en que todo se puede derrumbar si pasara o no pasara tal nimiedad. Aparte de la sensación citada, nos ofrece nuestro teatro otra, capital: la de la incoherencia e inmoralidad de los caracteres..., en nuestro teatro clásico todo es azar y nada lógica.» Y termina Azorín con una frase en que resume gran parte de su filosofía —sea política, social o literaria—: «Pues ahora consideremos que la obra del hombre a través del tiempo consiste precisamente en hacer lógica la vida, en poner lógica y coherencia en la vida, en procurar que la vida no sea cosa confusa y arbitraria, sino acorde y armónica con los grandes ideales de bien, de verdad y de justicia» (*O.C.,* II, 835-837).

Como se sugiere en la cita que acabamos de leer, Azorín encuentra mal fundada la reputación que tiene la comedia por exaltar el honor caballeresco —un idealismo opuesto al realismo de la novela picaresca—. Insiste más bien en lo parecido entre la moralidad reflejada en el teatro del Siglo de Oro y la propaganda en la novela picaresca. En *Los valores literarios* cita numerosas escenas de horror en la comedia y concluye que: «Ni el teatro *clásico* de Cueva, ni el *romántico* de Lope, pueden ser presentados como ejemplos de humanidad» (*O.C.,* II, 1096).

Como es de esperar, en estos años Lope recibe todo el peso de la crítica azoriniana. Azorín denigra al «monstruo de la Naturaleza» por su falta de espíritu científico. Nunca demuestra Lope una capacidad de observar atinadamente el ambiente que le rodea y a pesar de escribir centenares de obras teatrales se nota en su técnica mal concebida cierto desprecio hacia el arte. «No puedo coger una comedia de Lope —dice Azorín— sin desesperarme: escribe y escribe el autor para llegar a la situación que ha imaginado, y al llegar, como ha escrito desbordadamente, sin proporciones arquitectónicas, resulta que le falta espacio y ha de despachar esa situación interesante con cuatro palabras. Tal acontece, por ejemplo, con *El mejor alcalde, el rey...*» (*O.C.,* VIII, 376). No obstante, para el tema que desarrollamos aquí es importante que nos fijemos en el hecho de que Azorín vuelve sobre la obra de Lope durante los años de la República, en el libro *Lope en silueta,* de 1935, y su crítica, concentrada en *La Gatomaquia, Isidro* y las *Rimas sacras,* es más bien favorable. Es decir, nos parece claro que, alrededor de 1914, su ideología socio-política influía en la formulación de sus juicios negativos sobre Lope.

Los comentarios de Azorín sobre el teatro clásico español que aparecieron en *Los valores literarios* ocasionaron violentas protestas y éstas le llevaron a una defensa, no menos exaltada, de su postura que publicó en «Plena ratificación», artículo en que Azorín revela dramáticamente la influencia de su actividad política sobre sus opiniones literarias: «Y en cuanto a nuestras preferencias en materia de teatro, son éstas, en dos palabras: condenaremos todo teatro en que, más o menos ostensiblemente, se propugne una ideología de violencia, de regresión, de bárbaras fórmulas éticas, de procedimientos sanguinarios y crueles. Aplaudiremos un teatro que se haga portavoz de la civilización, de la nueva y progresiva manera de sentir, de la paz, de una moral amorosa, comprensiva y bienhechora, de un sentido de la vida humana, libre y henchido de justicia» (*O.C.,* IX, 1154). Refiriéndose a la vida política, Juan de la Cierva toma una posición igual al final de su famoso discurso en Las Cortes, el 10 de junio de 1914.

Si Lope, según Azorín, había establecido una tradición literaria de superficialidad e incongruencia, Moratín supo destruir este espíritu. El dramaturgo del siglo XVIII nunca llegó a expresar la emoción y ternura de un Shakespeare, por ejemplo, ni demostró imaginación en el desarrollo de sus obras. Pero Azorín insiste en que por su costumbrismo minucioso, producto de una atenta observación de la realidad, sus comedias son esencialmente españolas. Nuestro crítico le da un puesto elevado en la historia de la literatura española porque fue «el primero en llevar al arte literario la observación lógica, coherente y exacta» (*O.C.,* VII, 739). También Azorín señala que Moratín contribuyó con un elemento importante a la evolución del teatro español: la obra de tesis. Los dramas de Tamayo y Baus y Echegaray se derivan de las comedias de Moratín. Sin embargo, en Moratín la tesis está en equilibrio con la realidad pintada, mientras que en Tamayo y Baus empezamos a notar un desbarajuste: la tesis o el estudio psicológico de los personajes representa casi todo y el ambiente circundante, casi nada. En Echegaray, la realidad ha desaparecido y las ideas y pasiones se desarrollan de una manera abstracta y matemática (*O.C.*, IV, 617). Como hemos señalado antes, Azorín opinaba que la mentalidad de España se detectaba mejor en el teatro y sería en parte por eso que elogió tanto a Moratín. Después de la incoherencia de la comedia del Siglo de Oro, la obra de Moratín indicaba una vuelta a la observación científica y ordenada de la realidad. Y una de las ideas principales de Azorín fue que la densidad de la civilización de un pueblo depende del grado en que se expresa la capacidad para lo racional y lo exacto. «Diremos que para nosotros —escribe en 1912— la obra del progreso humano, la obra de la civilización humana, es una cuestión de lógica: a mayor civilización, mayor lógica; en las naciones rudimentarias, caóticas, lógica fragmentaria, irregular, tortuosa, es decir, ilogismo. Y cuando decimos *lógica,* sobreentendemos orientación definitiva, bienhechora, justa, de vida y fuerza volitiva para desenvolverla y realizarla» *(Ni sí, ni no,* págs. 18-19).

En la mayoría de los casos, Azorín se manifiesta tan firme en su hostilidad hacia la literatura del siglo xix como hacia la del Siglo de Oro. Muchos de sus ataques tienen su origen en su actitud juvenil de miembro de la generación de 1898, que se contrastaba constantemente con la de la Restauración; pero, por otra parte, muchos se imponen por la incoherencia que creía ver en el romanticismo y la literatura de la última parte del siglo. Sus opiniones llegaron a ser más moderadas a medida que maduraba; nunca perdonó, sin embargo, a los escritores del siglo xix la inexactitud de su observación. Publicó un artículo en 1943, titulado «El siglo xix», en que acusó a muchos de los autores importantes de deformar la realidad: Galdós, en su novela popular *Doña Perfecta*; y Echegaray, en uno de los triunfos de la escena, *El gran Galeoto.* En «La pesca», un poema de Núñez de Arce, un desconocimiento de las costumbres pescadoras se combina, según Azorín, con una falta cómica de proporción entre el estilo altisonante y la vulgaridad de los sentimientos expresados. Puesto que Valera no entendía el ideal de la sencillez austera, todas sus novelas se llenan de una obsesión con la vida lujosa. Y, finalmente, Azorín nos dice que tiene delante un texto de catorce líneas de Bécquer en que incurre el poeta en por lo menos ocho errores con respecto a la botánica y la jardinería. En este artículo Azorín nos declara escuetamente sus ideas sobre el tema: «Despreocupación por la ciencia; falta de observación minuciosa y exacta: eso es lo que, señaladamente, se puede reprochar al siglo XIX. El reproche es grave. En políticos, novelistas, poetas, dramaturgos, encontramos este desdén... Se puede partir de la realidad para lanzarse a un idealismo absoluto, idealismo literario. Lo que no se puede hacer es deformar y falsear la realidad» *(O.C.,* IX, 1132).

En *Clásicos y modernos,* Azorín describe el impresionismo, de concepción moderna, como el único valor del duque de Rivas. Los *Romances* no representan más que unas visiones momentáneas. Los mejores —dice Azorín socarronamente— son los menos complicados, porque cuando el poeta sevillano intenta desarrollar un acontecimiento, surge en seguida una inverosimilitud total.

Para Azorín, el drama romántico revela, como se podría imaginar, la misma deficiencia de lógica que la comedia. *Don Alvaro,* por ejemplo, no tiene continuidad; no es más que una colección de cuadros sueltos. (No podemos dejar de sonreír ante este comentario irónico del autor de *Un pueblecito* y *Antonio Azorín.*) En *Rivas y Larra,* obra a que el autor pone el subtítulo «Razón social del romanticismo en España» y que dedica a Juan de La Cierva, Azorín critica en gran detalle la inverosimilitud del argumento de *Don Alvaro,* y ya que representaba una continuación de la tradición establecida por Lope, no entiende cómo el público de 1835 proclama sus calidades revolucionarias: «En general, el drama del duque de Rivas es una lógica, natural continuación del drama de Calderón y de Lope. Son los mismos procedimientos, la misma falta de observación, la misma incoherencia, la misma superficialidad» (*O.C., III, 370-171*). De los otros románticos, Azorín escribe poco. «Nada más incongruente y superficial que Zorrilla» (*O.C. III, 346*). Sobre Espronceda: «... la expresión verbal, los vocablos, no se ajustan bien a la realidad espiritual» (*Q.C., VII, 748*). *Los amantes de Teruel* es la mejor obra romántica, según Azorín, porque «no hay nada en la tragedia de Hartzenbusch que vaya contra la lógica y la claridad, como en otras obras de la misma época» (*O.C.. III, 1198*).

Hasta ahora he tratado de demostrar, basándome en unos ejemplos representativos, cómo y por qué Azorín se acercaba a la literatura de su país. Una de las lecciones que nos enseña este ejercicio es que difícilmente deja de matizar su obra la ideología política o social de un autor —hasta de un artista aparentemente «puro» como Azorín. Y en el caso bajo consideración, de un crítico literario cuyas opiniones sobre la literatura han influido enormemente, no debemos perder de vista que arrancan de un conservadurismo doctrinal, que si le permite entrever ciertas características no estudiadas antes, a la vez sirve para cerrarle los ojos con respecto a otras posibilidades. Azorín mismo declara en *Un discurso de La Cierva* que la doctrina de un partido corresponde —irremisiblemente— a una religión, a una sociología y, desde luego, a una estética: «Tened en cuenta que todo se traba y concatena, y que, en un espíritu lógico, una página literaria corresponde, con exactitud, a una concepción sociológica o a una teoría cosmogénica» (*O.C., III, 156*). En la obra citada discurre extensamente sobre la doctrina del partido conservador. Se enfrenta inteligentemente, a través de textos de Cánovas, Maurras y Barrès, con la antinomia teórica que se halla en el fondo de la ideología conservadora entre la propiedad y el sufragio, y el problema que causa con respecto a la continuidad. Aquí no es mi propósito entrar en los detalles del pensamiento político de Azorín: siempre le seducía el reformismo, la regeneración nacional, la política de colonización interior. Baste decir, sin embargo, que creía firmemente que el progreso —las reformas sociales, la industrialización, etc.— sólo podría efectuarse a base de una *continuidad nacional.* Y esta continuidad se logra, según Azorín, creando una conciencia del ser español. La tarea del artista, pues, es formar y propagar esta conciencia; la del crítico, definirla. «La doctrina conservadora —señala Azorín en *Un discurso de La Cierva*—, en el terreno de la sociología y el arte, reposa sobre la fórmula de *la tierra y los muertos.* Hay en nosotros una personalidad que no es autóctona, aislada; una honda ligazón nos la enlaza con el ambiente y con la larga cadena de los antepasados... Nuestro ser está ligado a las cosas y a los muertos. Este paisaje radiante y melancólico de Castilla y de sus viejas ciudades está en nosotros. Y en nosotros están los hombres que a lo largo de las generaciones han pasado por este caserón vetusto, y los ojos que han contemplado ese ciprés centenario del jardín, y las manos que al rozar —¡tantas veces!— sobre el brazo de este sillón de caoba han producido un ligero desgaste...» (*O.C.,* III, 159-160). No hay por qué detenerse en explicar que el significado —toda la razón de ser— de una obra como *Castilla,* por ejemplo, está en las palabras que acabamos de citar.

Y es esta «continuidad nacional de la tierra y los muertos» —piedra angular del conservadurismo— que busca Azorín en la literatura española. En el preámbulo de *Lecturas españolas* dice: «Un lazo espiritual une, como verá el lector, todos los trabajos de este volumen. La coherencia estriba en una curiosidad por lo que constituye el ambiente español —paisajes, letras, arte, hombres, ciudades, interiores— y en una preocupación por un porvenir de bienestar y de justicia para España» (*O.C.,* II, 531). Así es que, según Azorín, se debe entresacar de la literatura —como hemos destacado antes— la subcorriente tradicional que sirve para orientar la reacción contemporánea a la situación histórica actual. El Azorín crítico, pues, no destaca necesariamente las características predominantes en las obras que estudia: describe las que trascienden su momento histórico, las que ayudan a definir el espíritu español —un espíritu tan vivo hoy como en los siglos XII o XVII—. Pero el pensamiento azoriniano participa de cierto relativismo: la evolución de la sensibilidad hace que entienda este espíritu cada generación de distinta manera. De ahí sigue que los jóvenes tengan la obligación de reinterpretar la tradición española. La generación anterior —la de la Restauración— definía el *casticismo* como una imitación del estilo de los siglos XVI y XVII. Azorín hace hincapié en lo absurdo de esta posición, porque los autores eminentemente *castizos* no lograron su *casticismo* a través de la imitación (*O.C.*, II, 795). No, hay que encontrar lo esencialmente español —sea con respecto al estilo literario o a la sensibilidad estética y política— que mejor se adapte a las condiciones históricas. El propósito de los estudios literarios incluidos en *Lecturas españolas, Clásicos y modernos* y *Los valores literarios,* por ejemplo, es, como queda constatado, ofrecer material con el cual se puede enfocar el «problema de España», tal como lo entiende Azorín.

La tarea del Azorín crítico es, entonces, histórica —es decir, con referencia al tiempo—. Sabemos que Azorín no se complace con una relación de los acontecimientos históricos. Esto nos explica sólo lo que *ha pasado*. Lo que busca es lo que puede explicar el presente —lo que *ha estado pasando*—. Y el método que adopta Azorín para realizar lo deseado se deriva de una aplicación de la teoría de la evolución al estudio de la literatura. Sobre este fenómeno hemos escrito detenidamente en otra parte de este libro y no vamos a repetir las ideas aquí. Queremos recordar, sin embargo, que el positivismo y el darwinismo llevan, desde luego, en la sociedad industrial moderna a una posición ideológica conservadora.

En la visión azoriniana de la literatura española, elementos de lo «castizo» se encuentran en todas las épocas; pero aludiendo a los místicos y Cervantes se entiende mejor lo que es para él lo «español»: los místicos, porque se daban cuenta de la brevedad de la vida y se enfrentaban con la realidad con la serenidad del 'dolorido sentir'; Cervantes, porque combinó el idealismo y el practicismo. Y esa maravillosa alianza del idealismo y del practicismo —ha escrito Azorín— es precisamente lo que constituye el genio castellano» (*O.C.,* II, 542). Lo verdadero castizo, entonces, se representa por un apego a la realidad concreta y la melancolía que brota de una conciencia dolorosa del pasar del tiempo. Pero para nuestro crítico, esta postura vital hondamente española, también es eterna y de la Humanidad toda.

El parecido entre la interpretación azoriniana de la literatura española y la definición del Unamuno contemplativo de la «tradición eterna» en *En torno al casticismo,* es asombroso. Puesto que los resultados y los métodos son casi idénticos, una comparación entre las dos teorías de escritores de la misma época, pero a primera vista tan diferentes, merece alguna consideración. En el ensayo «La tradición eterna», Unamuno también sugiere que es en la literatura donde hay que buscar lo castizo: «En la literatura, aquí es donde la gritería es mayor, aquí donde los proteccionistas pelean por lo castizo, aquí donde más se quiere poner vallas al campo» (*O.C.,* A. Aguado, III, 181). Para Unamuno, el *arte clásico* —concepto opuesto al arte castizo— es un arte que intensifica lo general a través de la experiencia de lo particular. Y a este arte eterno pertenecen Cervantes y el *Quijote.*

Los dos autores buscan lo eterno en el aluvión de cosas insignificantes e «inorgánicas». Este presente histórico —*intrahistoria,* según el término unamuniano; lo que subsiste en la evolución, para Azorín— es la sustancia de la historia, su base eterna. «Esa vida intrahistórica, silenciosa y continua como el fondo mismo del mar —escribe don Miguel—, es la sustancia del progreso, la verdadera tradición, no la tradición mentira que se suele ir a buscar al pasado enterrado en libros y papeles, y monumentos y piedras» (*O.C.,* III, 185). En seguida, en el mismo ensayo, Unamuno aclara sus ideas sobre el uso de los libros como fuente para una definición de la intrahistoria de un pueblo: «Pensando en el parcial juicio de Schopenhauer, he pensado en la mayor enseñanza que se saca de los libros de viajes que los de historia, de la transformación de esta rama del conocimiento en sentido de vida y alma, de cuánto más hondos son los historiadores artistas y filósofos que los pragmáticos, de cuánto mejor nos revelan un siglo sus obras de ficción que sus historias, de la vanidad de los papiros y ladrillos» (*O.C.*, III, 191). Azorín, claro está, hace la misma distinción. Rechaza las historias de España y los trabajos de los arqueólogos y filólogos; y busca la verdadera «historia» —la historia que vive todavía— en obras de ficción y libros de viaje, estos últimos lectura predilecta de Azorín. Al contrastar su método evolucionista con el método histórico, Azorín declara que la atención a detalles, aparentemente insignificantes pero realmente trascendentales, es una característica de la nueva generación de escritores: «Los grandes hechos son una cosa y los menudos hechos otra. Se historian los primeros. Se desdeñan los segundos. Y los segundos forman la sutil trama de la vida cotidiana. 'Primores de lo vulgar', ha dicho elegantemente Ortega y Gasset. En esto estriba todo. Ahí radica la diferencia estética del 98 con relación a lo anterior» (*O.C.*, VI, 232).

Una vez definido su método, Unamuno pasa a estudiar, en *En torno al casticismo*, la literatura española del Siglo de Oro y encuentra que el drama intelectual y abstracto de Calderón mejor representa la casta histórica (diría Azorín, la incoherencia de la comedia), y el *Quijote*, la sustancia intrahistórica. Pero, para don Miguel, la piedra de toque entre este drama abstracto y la novela de Cervantes —entre la historia y la intrahistoria— es el misticismo: «Por su mística castiza es como puede llegarse a la roca viva del espíritu de esta casta, al arranque de su vivificación y regeneración en la Humanidad eterna» (*O.C.*, III, 255). La mística, cree Unamuno, empieza con un conocimiento introspectivo que, superando el intelecto y los sentidos, intenta llegar a la esencia del universo. Esta actitud mística es tan profundamente española, que más tarde el krausismo arraigó en España: «Y es tan vivo en esta casta este individualismo místico —dice Unamuno—, que cuando en nuestros días se coló acá el viento de la renovación filosófica postkantiana nos trajo el panenteísmo krausista, escuela que procura salvar la individualidad en el panteísmo, y escuela mística hasta en lo de ser una perdurable propedéutica a una visita real que jamás llega» (*O.C.*, III, 259).

Azorín discurre sobre el krausismo y el misticismo en un contexto parecido: «Y cosa singular: siendo el krausismo una importación extranjera, llega a ser en España una de las manifestaciones intelectuales más castizas y españolas, más hondamente españolas que aquí se han producido. ¿Por qué? Porque al idealismo noble, generoso y poético unió las tendencias prácticas propias de nuestro temperamento intelectual... Es decir, que el *genio* que crea el *Quijote,* crea el misticismo, crea el *Don Alvaro,* crea el movimiento filosófico español más considerable que ha habido en España modernamente...» (*O.C.*, II, 543-544).

Igual que Azorín deja constatado en sus conocidos ensayos sobre la generación del 98 que la cultura española tenía sus momentos más creadores durante épocas cuando más impacto tenía la influencia extranjera, en *En torno al casticismo* Unamuno aboga por la europeización para que España vuelva a incorporarse a la tradición eterna. También don Miguel creía que la mentalidad española empezó a decaer cuando la Inquisición le cortó el camino intelectual de la Reforma. «... En la intrahistoria vive con la masa difusa y desdeñada —escribe Unamuno— el principio de honda continuidad internacional y de cosmopolitismo, el protoplasma universal humano; que sólo abriendo las ventanas a vientos europeos, empapándonos en el ambiente continental, teniendo fe en que no perderemos nuestra personalidad al hacerlo, europeizándonos para hacer España y chapuzándonos en pueblo, regeneraremos esta estepa moral» (*O.C.*, III, 302).

El pensamiento krausista, entonces, se establece como la herencia más importante que reciben estos dos pensadores noventaiochescos del siglo XIX. La intrahistoria de Unamuno y el concepto azoriniano de la evolución pertenecen claramente a la familia de teorías historicistas que brotó del pensamiento postkantiano, a la cual pertenece también la filosofía de la historia de los krausistas. Ya hemos visto cómo ambos, Azorín y Unamuno, pensaban que el krausismo se concatenó con el misticismo para establecer una continuidad nacional. Veremos a continuación que comparten algunas de las mismas ideas sobre la historia.

En el apartado «Filosofía de la historia» de su libro *El krausismo español,* el profesor Juan López Morillas resume el punto de vista krausista: «En lo temporal..., alienta y se revela lo eterno, y la misión del historiador o del filósofo de la historia consiste en descubrir, bajo las múltiples formas del acontecer histórico, las autodeterminaciones de la divina esencia» (pág. 40). El historiador tradicional, reducido a la mera descripción del acontecimiento histórico, da una idea tergiversada de su misión porque el acontecimiento sólo puede ser apropiadamente comprendido como una manifestación parcial de la divina esencia. El mismo Krause distingue entre la historia externa y la interna. La externa sólo es verdadera en parte porque no revela más que el constante anhelo de la humanidad de cumplir con su existencia terrestre. Es una manifestación transitoria de la historia interna, que es una historia de las ideas —o *la idea*— de Dios (pág. 40). El objeto primario de la filosofía de la historia es, pues, un estudio de la *idea de Dios* a través de las varias etapas de la evolución de la humanidad, con el entendimiento de que esta idea es la crónica del desarrollo de las facultades morales e intelectuales del hombre (pág. 41).

Francisco Giner de los Ríos, el fundador de la Institución Libre de Enseñanza y el krausista que tuvo más. influencia en los jóvenes del 98, dice, en *Estudios sobre literatura y arte,* que en la progresión histórica de la humanidad hay siempre dos factores: el uno, idéntico, invariable y constante en la unidad de su naturaleza (la intrahistoria de Unamuno y lo revelado por la evolución, según Azorín); y el otro, movible y pasajero (Madrid, 1876, páginas 240-241). También Giner da importancia a la idea de llegar a una definición de este espíritu eterno a través de un estudio de las obras literarias y artísticas. Así, según él, se descubre el «mundo interior de la fantasía» de un pueblo. «La literatura —escribe— es la sonda que mide la profundidad del estrato afectivo de una cultura como la filosofía mide la profundidad del estrato intelectual» (Ló-pez-M., pág. 115).

En conclusión, podríamos decir que atraen a Azorín —sea en la literatura o en la política— las virtudes morales que adopta el hombre frente a la realidad, más que la naturaleza misma de la realidad. Por eso no nos debe sorprender que hasta durante los años en que militaba en el partido conservador nunca haya dejado de elogiar a los krausistas más destacados. Su aceptación del racionalismo armónico les proporcionaba «esta distanciación, callada y discreta, sin agresividades», que puede poner al hombre entre su persona y «un mundo frívolo y corrompido» (*O.C.*, IV, 387-388) —característica que apreciaba Azorín por encima de todas—. Se daba cuenta Azorín de las enormes contradicciones en la realidad española; pero creía que sólo se curaría esta enfermedad con la conciencia de imponer la coherencia. «El problema de España es un problema de coherencia», dice en *Un discurso de La Cierva*. Sin embargo, para que fuera coherente su propio pensamiento, tenía que demostrar a sus compatriotas que había una tradición —una continuidad— de esta actitud en España. «La doctrina conservadora —escribe— supone concentración de todas las actividades en un esfuerzo común y continuidad de esfuerzo a través del tiempo en la vida nacional. En una palabra: conservadurismo es coherencia y continuidad. Esta coherencia y continuidad en el esfuerzo es lo que nosotros proclamamos aplicándolo a España» (*O.C.*, III, 120). Y bajo este ideario Azorín realizó gran parte de su labor patriótica como crítico literario.

BAROJA Y SCHOPENHAUER: «EL ARBOL DE LA CIENCIA»

Por la inmensa vulgarización de la filosofía de Nietzsche en España y su especial impacto sobre el pensamiento ético-social de fines de siglo [1], se ha dicho a menudo que el propagador de la idea del superhombre influyó decisivamente en Baroja, Unamuno, Azorín, Maeztu y otros escritores de su generación. Que leyeron sus obras con entusiasmo y que se aprovecharon de sus expresiones apasionadas y su actitud iconoclasta, no ofrece discusión. Dudo que haya habido por aquellos años otro escritor extranjero que tuviera tanto vuelo popular en el ambiente intelectual. Sin embargo, llamarle el «padre espiritual» de la generación [2], me parece exagerado.

Sin olvidar el uso estético de la vuelta eterna por el Azorín ya maduro y el anarquismo que presta un tono polémico a los escritores de muchos, con la excepción del joven Maeztu, la filosofía afirmativa de Nietzsche no fue de ningún modo típica del espíritu que se personifica en multitud de héroes abúlicos en las novelas de la época. Es muy

---

[1] Entre otros trabajos, véase el artículo de Paul Ilie, «Nietzsche in Spain», *P.M.L.A.*, LXXIX (1964), 80-96; el libro de Udo Rukser, *Nietzsche in der Hispania* (Bern, 1962), es más general. El estudio más importante sobre el tema, claro está, es el excelente libro de Gonzalo Sobejano, *Nietzsche en España* (Madrid, Gredos, 1967).

[2] Pedro Salinas, «El concepto de la Generación Literaria aplicado a la del 98», en *Literatura Española. Siglo XX* (México, 1949).

posible que la ideología de Nietzsche diera algunas respuestas a los problemas, pero no ha podido proporcionar definiciones cosmológicas o metafísicas que explicaran las causas de la decadencia española.

En la mayoría de los casos, el escritor tendía a buscar las razones de sus circunstancias —un consuelo intelectual—; y, desde el punto de vista humano, parece evidente que influyen más las ideas que refuerzan el actual estado de ánimo que las que exigen un cambio vital. Estos dos factores explican, probablemente, por qué Schopenhauer, el gran pesimista alemán, llegó a ser identificado tan fácilmente con las principales corrientes intelectuales españolas. Y nos parece fuera de duda que su pensamiento ha influido en la generación de 1898 con más profundidad que el de Nietzsche.

No se suele recordar que Miguel de Unamuno publica una traducción de un fragmento de la obra principal de Schopenhauer con el título de *Sobre la voluntad en la naturaleza* en los números 1-2 (marzo-abril de 1901) de la revista *Arte Joven*[3], y que la última parte de *El sentimiento trágico de la vida,* en la que Unamuno habla de la implacable fuerza de voluntad, es marcadamente schopenhaueriana. Hasta cita varias veces *El mundo como voluntad y representación*[4]. También el hecho de que se elija a Joaquín, el científico (médico), en *Abel Sánchez* para sufrir, en vez del artista, sugiere la correlación de Schopenhauer entre el dolor y el conocimiento. El mismo título de la primera novela del joven Martínez Ruiz, *La voluntad*, nos debe interesar en este contexto, sobre todo cuando vemos que

---

[3] En el archivo de José Lázaro Galdiano he visto una carta a Unamuno fechada en diciembre de 1896 en la cual el editor de *La España Moderna* habla de una traducción de Schopenhauer que Unamuno le había anunciado. Vemos en el artículo de García Blanco, «Unamuno, traductor y amigo de José Lázaro», *Revista de Occidente,* número 19 (octubre de 1964), 97-120, que la traducción a que nos referimos aquí se publicó primero en tomo, en 1900, en la colección «Biblioteca de Filosofía y Sociología» de Rodríguez Serra (cfr. García Blanco, pág. 110).

[4] Miguel de Unamuno, *El sentimiento trágico de la vida, Ensayos* (Madrid, 1958), II, 861-865.

Yuste, el maestro del protagonista Antonio Azorín, tiene los tres tomos de *El mundo como voluntad y representación* en su biblioteca y que expone muchas ideas del filósofo alemán [5].

Pero la influencia de Schopenhauer en Pío Baroja es aún más evidente [6]. El propósito de este ensayo, pues, es no sólo señalar la extraordinaria evidencia de la presencia del pensamiento de Schopenhauer en la ideología de Baroja, sino demostrar también —lo que nos parece más valioso en el caso de un novelista, cómo ha dictado la estructura de su novela más importante, *El árbol de la ciencia.*

En un tomo de sus memorias, Baroja nos dice que durante su tercer año de Medicina (1889) leyó a Schopenhauer con gran interés [7], y en *Juventud y egolatría* describe el efecto que sus lecturas filosóficas produjeron en él: «El leer *Parerga y Paralipomena* (Schopenhauer) me reconcilió con la filosofía. Después compré, en francés, *La crítica de la razón pura, El mundo como voluntad y representación* y algunas otras obras» [8].

---

[5] Para un estudio de la influencia de Schopenhauer en el joven Azorín, véase Anna Krause, «The Philosopher as an Educator», *Azorín, the Little Philosopher,* University of California Publications in Modern Philology, XXVIII (1948), 159-280. Hay una traducción al castellano, *Azorín, el pequeño filósofo* (Madrid, 1955). También se encuentra información sobre el tema en el prólogo y notas a nuestra edición de *La voluntad* (Madrid, Castalia, 1969).

[6] Luis Granjel, en *Retrato de Pío Baroja* (Barcelona, 1953), menciona a Schopenhauer, casi de pasada, como influencia en Baroja, sobre todo en conexión con *El árbol de la ciencia.* Sherman Eoff penetra más en su brillante libro, *The Modern Spanish Novel* (New York, 1961), donde toca el tema aquí tratado por nosotros. Y Carmen Iglesias, en su libro *El pensamiento de Baroja* (México, 1963), dice que el novelista aprendió las nociones y las fórmulas de su pesimismo en Schopenhauer (pág. 37). Todo lector, claro está, habrá notado la presencia de las ideas de Schopenhauer en las novelas de Baroja y la repetida mención de su nombre y sus obras. Me parece, sin embargo, absolutamente necesaria una consideración más detallada de este aspecto.

[7] *Familia, infancia y juventud, Obras completas* (Madrid, 1946-1951), VII, 588-589.

[8] *O.C.,* V., 185.

179

Hay muchas declaraciones de Baroja que afirman el hecho de que Schopenhauer fue su filósofo predilecto. Por ejemplo, de una conversación con Palacio Valdés, escribe lo siguiente: «Hablamos también de filosofía; él dijo que Nietzsche no valía nada y que el gran filósofo y moralista alemán era Schopenhauer, en lo cual yo estaba, en parte, conforme» [9]. En otro sitio, Baroja declara que los filósofos modernos que leyó con más entusiasmo fueron Schopenhauer y Kant. Admite que sólo entendió parcialmente a Kant, pero que Schopenhauer le ayudó en la comprensión del gran pensador de Koenigsberg [10]. Según ésta y otras afirmaciones, parece probable que Baroja nunca penetró en la metafísica de Kant y que lo que sabía de él venía de Schopenhauer. Más convincente aún del tremendo impacto que la obra de Schopenhauer, *El mundo como voluntad y representación,* tuvo sobre el joven escritor es el hecho de que la considera, junto a la *Summa Theologica,* de Santo Tomás; al *Discurso del método,* de Descartes, y a *La crítica de la razón pura,* de Kant, como uno de los más grandes tratados filosóficos de todos los tiempos [11].

Aquí convendrá repetir la intuición de que uno será más fuertemente influido cuando el pensamiento expresado en una lectura responde a su propio estado de ánimo o a su propio predicamento metafísico y cultural. (Difícilmente nos convence la teoría lanzada por otros de que la mentalidad española se presta a conversiones radicales por medio de la lectura. De los ejemplos a menudo citados, Santa Teresa y don Quijote, yo diría que la santidad existía, si sólo en una forma latente, en Teresa antes de leer las vidas de santos, que sólo servían para ayudarla a formar y definir sus sentimientos; y que Alonso Quijano, esencialmente,

---

[9] *Final del siglo XIX y principios del XX, O.C.,* VII, 762.

[10] «Conceptos filosóficos y morales», *El escritor según él y según los críticos, O.C.,* VII, 484. Conviene recordar que una comprensión de la metafísica de Kant es un instrumento necesario para la lectura de *El mundo como voluntad y representación,* y que Schopenhauer, aludiendo a tal requisito, añade un ensayo bastante completo sobre los conceptos metafísicos de la filosofía kantiana.

[11] *Ibidem.,* págs. 455-457.

había sido siempre soñador.) Y el español, más que ningún otro europeo, que yo sepa, es producto de su pasado.

Ahora bien, el hecho de que Schopenhauer también estuviera intrigado por el pensamiento español nos da una dimensión más en este estudio de influencias. Después de Morel-Fatio [12], poco se ha dicho del interés de Schopenhauer por los estudios hispánicos, pero parece que fue considerable. Sabemos que el estudio de la lengua española ocupó mucho de su tiempo en Berlín alrededor de 1825, y que luego tradujo el *Oráculo manual y arte de prudencia,* de Gracián. También conoció y admiró a Von Humboldt, el famoso hispanista alemán [13]. En *El mundo como voluntad y representación,* Schopenhauer dice que conoce sólo tres alegorías detalladas en la literatura mundial. Dos de éstas son españolas: *El criticón,* de Gracián, y *Don Quijote,* de Cervantes [14]. Luego, otra vez en *El mundo como voluntad y representación,* para expresar el verdadero sentido de la tragedia, cita de la gran obra de Calderón, *La vida es sueño* (págs. 265, 365):

> *Pues el delito mayor*
> *del hombre es haber nacido.*

De este modo, pues, podemos establecer una afinidad entre Baroja y Schopenhauer que es más profunda de lo que se había sugerido antes. Ambos fueron, con mayor o menor fuerza, educados en una tradición común, que históricamente ha sido esencialmente pesimista.

En los primeros escritos de Baroja se vislumbran huellas definitivas de un pesimismo schopenhaueriano. En un ar-

---

[12] A. Morel-Fatio, «Gracián intérprété par Schopenhauer», *Bulletin Hispanique,* XII (1910), 377-407.

[13] Helen Zimmern, *Schopenhauer. His Life and Philosophy* (London, 1932), págs. 97-98.

[14] Arthur Schopenhauer, *The World as Will and Idea,* trad. al inglés por R. B. Haldone y J. Kemp (Garden City, New York, Dolphin Books, 1961), pág. 252. Esta traducción es la más autorizada en inglés y, por falta de acceso a una traducción castellana, citaré en el texto desde ahora en adelante las páginas de esta edición inglesa. Las traducciones al español son mías.

tículo que apareció en *Revista Nueva* el 15 de marzo de 1889, don Pío admira la fuerza y energía nietzscheanas del joven Maeztu, pero se siente paralizado por su estado de abulia: «... Miro a Maeztu como un paralítico podría mirar a un gimnasta; me asombra su decisión, su acometividad, su entusiasmo y su fuerza; pero no le sigo...» [15]. En «Sufrir y pensar», otro artículo publicado en *Revista Nueva* en 1899, vemos claramente, por primera vez, la aceptación por Baroja de la doctrina schopenhaueriana que impregna totalmente la producción literaria del escritor español —la idea de que el conocimiento aumenta el dolor—. En la cuarta parte de *El mundo como voluntad y representación, Schopenhauer* dice que el hombre sufre más que el animal por su poder de razonar. Y continúa: «Así, proporcionalmente, mientras la razón alcanza claridad, mientras el conocimiento se eleva, el dolor también aumenta y, por tanto, alcanza su grado máximo en el hombre. Y de ahí, mientras más claramente el hombre entiende, mientras más inteligente es, más sufrimiento experimenta; el hombre dotado con genio sufre más que nadie» (página 321). Y Baroja dice esencialmente lo mismo en el artículo mencionado: «La sombra del dolor sigue a la inteligencia como al cuerpo, y así como a raza superior y a superior tejido corresponde mayor capacidad para sentir dolores, así también a cerebro más perfeccionado corresponde más exquisita percepción del dolor» [16]. Este concepto básico se repite muchas veces en las novelas de Baroja, pero se puede ver en forma más conspicua en *La feria de los discretos* (1905) y en *El árbol de la ciencia* (1911) [17].

Es interesante notar también que en el mismo artículo podemos ver la concepción de *El árbol de la ciencia,* que

---

[15] «Sobre Hacia otra España de Maeztu», *Revista Nueva* (15 de marzo de 1899); también incluido en *O.C.,* VIII, 861.

[16] «Sufrir y pensar», *Revista Nueva* (5 de mayo de 1899); también incluidos en *O.C.,* VIII, 865-866.

[17] Cfr. «El saber es el enemigo de la felicidad. Ese estado de paz, de sosiego, que los griegos llaman con relación al organismo, *euforia,* y con relación al alma, *ataraxia,* no se puede obtener más que no conociendo. Así, en la vida, al principio, a los veinte años, cuando se ve todo de manera superficial y falsa, las cosas aparecen brillantes

no será escrita hasta once años más tarde. Baroja cita del Eclesiastés: «Quien añade ciencia, añade dolor», y agrega que mientras empujamos hacia adelante buscando los ideales para el progreso, estamos destinados a sufrir. Concluye: «El árbol de la sabiduría no es el árbol de la vida.» El tema se repite en el cuento de Baroja, «Parábola»: «Y vi que en la mucha sabiduría hay mucha molestia y que quien añade ciencia añade dolor» [18].

Entre 1900 y 1912, Baroja escribe sus novelas más importantes, novelas que revelan la personalidad y el espíritu de 1898. Muchos de sus personajes son autobiográficos y símbolos de la angustia producida por las crisis nihilistas de la época. Y es precisamente la sólida estructura ideológica de los protagonistas lo que sostiene las narraciones barojianas. Todos fracasan en la vida, invariablemente, por una voluntad desorientada. Actúan bajo un pesimismo implacable, el sentimiento de una crueldad insaciable, tan típicos de las obras más tempranas de Baroja. En resumen, la influencia espiritual de Schopenhauer y su formulación filosófica es abrumadora.

La primera novela de Baroja, *La casa de Aizgorri* (1900), está saturada del pesimismo del joven escritor. Las condiciones de vida en la pequeña aldea son escuálidas y toda la población llega a intoxicarse con el humo y la influencia de la destilería de aguardiente. Y Luis, el hijo de la casa de Aizgorri, es un abúlico, sin voluntad para mejorar su condición.

Silvestre Paradox, de *Aventuras, inventos y mixtificaciones de Silvestre Paradox* (1901), sigue una línea de razonamiento típica de muchos personajes de Baroja y que se relaciona estrechamente con la descripción schopenhaueriana del predicamento del hombre en *El mundo como vo-*

y dignas de ser codiciadas...; pero el mal instinto de conocer hace que un día uno se asome a los bastidores y empiece a enterarse y a desilusionarse.» (*La feria de los discretos, O.C.,* I, 753.) La importancia de esta actitud con respecto a *El árbol de la ciencia* se discutirá más adelante en este estudio.

[18] «Parábola», *Revista Nueva* (25 de mayo de 1889); también recogido en *Vidas sombrías, O.C.,* VI.

luntad y representación. Silvestre juzga a sus circunstancias como insoportables, y las injusticias del mundo le arrastran a él y al resto de la humanidad hacia una derrota vital. Lucha cierto tiempo y, como no puede triunfar, se vuelve hacia la filosofía. Lee a Kant y Schopenhauer, y aprende que sólo ha experimentado el fenómeno, lo transitorio y, por consecuencia, no ha llegado a la esencia de la realidad, del noumeno [19]. Aquí Baroja hace referencia a la teoría epistemológica de Kant de que el hombre sólo es capaz de conocer los *phenomena,* que están limitados por el espacio, el tiempo y la causalidad, y no el *noumenon* o cosa-en-sí. Schopenhauer, por supuesto, se apoya fuertemente sobre este aspecto de la filosofía kantiana en el primer libro de *El mundo como voluntad y representación.* Silvestre concluye que «Kant era Kant y Schopenhauer su profeta», y se resigna a su consideración pesimista de la vida.

Todo lector asiduo de Baroja sabe que una característica común de sus protagonistas es su oscilación entre períodos de sufrimiento (porque se sienten en tensión con su ambiente) y un estado de abulia cuando se encuentran irremediablemente aburridos. Esto se destaca más rotundamente en Fernando Ossorio, en *Camino de perfección* (1902); Manuel, en la trilogía *La lucha por la vida* (1904-1905), y Quintín, en *La feria de los discretos* (1905). Y el pesimismo filosófico de Schopenhauer gira alrededor de esta teoría. La voluntad es para él un impulso incesante que siempre desea algo, y, mientras la voluntad luche por conseguir lo deseado, habrá dolor. El hombre puede aquietar estos deseos a través de la contemplación (conocimiento) o a través de la abstención; pero cuando alcanza el estado del no desear, es invadido por el aburrimiento *(ennui)* y busca de nuevo el mundo de la voluntad (págs. 319-337).

Puede observarse también que los protagonistas de las novelas de Baroja a menudo emergen de su estado de *ennui* o de negación de la voluntad para vivir por un deseo sexual. Fernando Ossorio y Andrés Hurtado, sobre todo, par-

[19] *Aventuras, inventos y mixtificaciones de Silvestre Paradox* (Buenos Aires, 1954), pág. 92.

ticipan en varios episodios eróticos vívidamente descritos por Baroja, y otros tienen los mismos deseos, aunque son tratados de una manera menos gráfica. Según Schopenhauer, otra vez, cada verdadero acto de la voluntad es un movimiento del cuerpo; es decir, el cuerpo es la objectivación de la voluntad. El impulso sexual, así, pues, es la aserción de la voluntad en su forma más pura (págs. 340-345) y le lleva al hombre, de nuevo, al mundo de la voluntad y del sufrimiento.

Por lo dicho anteriormente debemos concluir que no fue sólo la penetrante atmósfera pesimista de la filosofía de Schopenhauer lo que atrajo a Baroja, sino también sus específicos argumentos metafísicos y morales. Nos acercamos más aún, sin embargo, a la comprensión de cuán decisiva fue esta influencia cuando estudiamos la forma de la novela más importante de Baroja, *El árbol de la ciencia*.

Parece extraño hablar de la influencia de una filosofía en la *estructura* de una novela, pero, extraño o no, algo parecido ocurre en *El árbol de la ciencia*. Aquí debemos constatar que, en cuanto cabe en una obra de arte, la inspiración de Baroja como novelista nunca fue estética ni literaria, sino más bien filosófica y social. Y, en esta clase de novelas, forma y contenido tienden a fundirse.

La novela en cuestión es un estudio de la incapacidad del protagonista, Andrés Hurtado, para adaptarse a las circunstancias que le rodean (España a fines de siglo) y de sus intentos de ajustarse a las vicisitudes de la vida en términos ideológicos. Ortega y Gasset lo dice muy bien: «Andrés Hurtado siente su incompatibilidad con la vida que le rodea, se siente otro que esa España circundante. No entiende los ruidos de la realidad que le envuelve y soporta. En torno a él, España, un inmenso absurdo... Este mozo es un precursor, porque siente germinar en los senos de su espíritu un nuevo idioma ideológico...» [20].

---

[20] José Ortega y Gasset, «Pío Baroja: Anatomía de un alma dispersa», *El Espectador*, Revista de Occidente, I, 170. *Andrenio* (Gómez de Baquero) está despistado, como tantos otros y como demostraré luego, cuando dice que las conversaciones entre Hurtado e Iturrioz no son más que digresiones filosóficas que no tienen nada que ver

Damos un paso más hacia una comprensión total de esta novela cuando nos damos cuenta de que es más autobiográfica que otras de Baroja —aunque la autobiografía, no cabe duda, es uno de los elementos más destacados de las primeras obras barojianas— y que realmente revela la filosofía de la vida del propio autor [21]. Además, Baroja mismo la clasifica como su tratado filosófico más cabal: «*El árbol de la ciencia* es, entre las novelas de carácter filosófico, la mejor que yo he escrito. Probablemente, es el libro más acabado y completo de todos los míos, en el tiempo en que yo estaba en el máximo de energía intelectual» [22]. Así es que la esencia de esta novela es la filosofía personal de Baroja y la huella de Schopenhauer es clara, porque la estructura de la novela no es ni más ni menos que una proyección novelística de la principal obra del alemán, *El mundo como voluntad y representación* —obra leída y digerida muchas veces por Baroja.

Andrés Hurtado, el joven estudiante de medicina, está desilusionado de la vida, y la sociedad a su alrededor y sus propias circunstancias privadas son adversas: la carrera de medicina en España es una farsa y su vida familiar es desgraciada por un conflicto de personalidad con su padre y hermanos. De vez en cuando encuentra alivio visitando a su amigo Fermín Ibarra, un inválido artrítico: «Cosa absurda: al salir de la casa del pobre enfermo, Andrés tenía una idea agradable de su vida» [23]. Este alivio del sufrimiento de uno a través de la observación del dolor ajeno es profundamente schopenhaueriano (págs. 374-375). La

con el pensamiento o la acción de la novela (*Novelas y novelistas,* página 161).

[21] En *Familia, infancia y juventud,* memorias de la juventud del autor, la parte con el título «De estudiante de medicina» se ha sacado casi palabra por palabra de *El árbol de la ciencia.* De ahí —y hay otros ejemplos— la fusión de autobiografía y novela se admite como la única realidad para Baroja, y es evidente que Andrés Hurtado es el mismo Baroja o, por lo menos, es la idea que tiene de sí mismo.

[22] *Final del siglo XIX y principios del XX, O.C.,* VII, 801.

[23] Pío Baroja, *El árbol de la ciencia* (New York, Las Américas Publishing Company, 1960), pág. 46. Desde ahora en adelante, citaré, en el texto de esta edición.

condición de Hurtado, sin embargo, se empeora debido a los éxitos aparentemente fáciles de su mejor amigo, Julio Aracil, quien se parece mucho al Abel Sánchez de Unamuno en que es superficial y egoísta, pero triunfador en la vida. Hurtado, como su antecesor Silvestre Paradox, se refugia en la lectura de Schopenhauer y Kant y encuentra allí una orientación espiritual. Es importante reiterar aquí que lo que Hurtado (Baroja) buscaba no era tanto una solución a sus problemas como una exaltación o comprensión de la naturaleza de su condición, y esto es lo que descubrió en Schopenhauer.

Viendo el dolor y sufrimiento de los enfermos y la injusta crueldad del personal del hospital donde hacía sus prácticas, Hurtado cree progresivamente más en la filosofía pesimista de Schopenhauer. Ser inteligente, estar enterado, aumenta el propio sufrimiento. A esta altura, Baroja, el autor, introduce a Antonio Lamela, *el rezagado,* el gallego sin dientes que está enamorado de una mujer fea, nada atractiva. Sin embargo, él la imagina como una especie de Dulcinea —es decir, no se da cuenta de la realidad, pero es feliz—. Así, Lamela simboliza este aspecto de la filosofía de Schopenhauer, y Hurtado descubre de repente que es muy sabio (págs. 67-77). En fin, Schopenhauer le había convencido de que la sustancia de la vida no era más que un ciego e incesante impulso (págs. 286-287), y Baroja le parafrasea: «La vida es una corriente tumultuosa e inconsciente, donde todos los actores representaban una comedia que no comprendían; y los hombres, llegados a un estado de intelectualidad, contemplan la escena con una mirada compasiva y piadosa» (págs. 82-83).

De su propio sufrimiento, Hurtado pasa a ser espectador del dolor en el mundo de Lulú, su futura esposa, y se convence más todavía de la «crueldad universal». Se dirige a Iturrioz, un tío suyo —tipo de personaje clave y característico en las novelas de Baroja—, que le sirve de maestro y estímulo en sus inquisiciones filosóficas, y obtiene el siguiente consejo: «... ante la vida no hay más que dos soluciones prácticas para el hombre sereno: o la abstención y la contemplación indiferente de todo, o la acción limitándose a un círculo pequeño» (pág. 154). Hurtado se decide por la primera alternativa y va a una pequeña aldea en las afueras de Valencia, donde contempla el paisaje y se siente en paz. El mismo título del capítulo que describe su retiro del mundo de la voluntad, «Aburrimiento», sugiere inmediatamente la teoría de Schopenhauer de que toda la vida oscila entre sufrimiento y *ennui*. La muerte de Luisito, su querido hermano menor, arrastra a Hurtado de nuevo hacia una conciencia de que el mundo es todo dolor, y vuelve a sus inquisiciones filosóficas.

Y es precisamente esta parte de la novela, en forma de conversación —o, mejor dicho, diálogo socrático— con Iturrioz la que enfoca más agudamente la concepción de Baroja de la filosofía schopenhaueriana y presenta más claramente la estructura ideológica del protagonista, que, al fin y al cabo, viene a ser la estructura novelística de todas las mejoras obras de Baroja. La respuesta de Hurtado a la pregunta de Iturrioz sobre la fuente de la filosofía de la vida es: «Pues en Kant, y en Schopenhauer, sobre todo» (pág. 201). Continúa, mencionando la teoría metafísica de Kant de que los conceptos de espacio, tiempo y causalidad son propiedades de la inteligencia humana y no de la misma realidad (págs. 204-206). Este es el meollo metafísico de la filosofía de Schopenhauer y pone a la ciencia sobre una base más segura porque la inteligencia y el conocimiento están limitados a la experiencia humana y no tienen nada que ver con abstracciones tales como Justicia, Moral y Dios. Schopenhauer dice que lo que experimentamos no es más que un relámpago de la realidad limitado por el espacio, tiempo y las leyes de causalidad y que este conocimiento puede ser determinado y estudiado por la ciencia (págs. 116-149). La vida misma es una fuerza ciega, desconocida por el hombre e imposible de conocer excepto a través de relámpagos de experiencia. La verdad, entonces, se halla en la concordancia de nuestras experiencias de conocimientos prácticos. Hurtado comprende esto bien cuando dice que Kant detuvo el crecimiento del floreciente árbol de la vida greco-semítico para dar aire al árbol de la ciencia. Schopenhauer, sin embargo, hizo la división más clara para Hurtado: «Schopenhauer, más austero, más probo en su pensamiento, aparta esa rama, y la vida aparece como una cosa oscura y ciega, potente y jugosa, sin justicia, sin bondad, sin fin; una corriente llevada por una fuerza X, que él llama voluntad y que, de cuando en cuando, en medio de la materia organizada, produce un fenómeno secundario, una fosforescencia cerebral, un reflejo que es la inteligencia. Ya se ve claro en estos dos principios: vida y verdad, voluntad e inteligencia» (págs. 215-216). Hurtado, partidario del árbol de la ciencia, dice que debemos vivir dentro de los límites de lo que, en la definición de Kant, es científicamente demostrable. La religión ha sido el gran subterfugio semítico y el papel del hombre para alcanzar una comprensión de su condición es: «... llevar el análisis a todo; ... ir disociando las ideas tradicionales para ver qué nuevos aspectos toman, qué componentes tienen» (págs. 225-226).

Con su filosofía de la vida a cuestas Hurtado vuelve a las provincias donde otra vez experimenta sufrimiento alternado con aburrimiento. Su contacto con la vida resulta de nuevo desilusionante: «Andrés podía estudiar en Alcolea todas aquellas manifestaciones del árbol de la vida, y de la vida áspera manchega: la expansión de egoísmo, de la envidia, de la crueldad, del orgullo» (pág. 270). Su odio llega a ser tan grande que decide nuevamente retirarse de la vida y desembarazarse de todos sus excesos. Logra apartarse, una vez más, de la vida (esta realidad negra y bipolar simbolizada para todos los de la generación de 1898 por Madrid, vida sociopolítica, y Castilla, pasado nacional) y alcanza un estado feliz de *ataraxia* que viene, según Schopenhauer, con el conocimiento de la naturaleza de la cosa-en-sí o la Voluntad, porque este conocimiento llega a aquietar toda volición (págs. 389-390) [24]. Sin

____

[24] El uso de Schopenhauer de la palabra *conocimiento* tiende a ser confuso y conviene aclararlo aquí. Hay dos tipos de conocimiento para las que emplea la misma palabra: *puro* y *práctico*. El conocimiento práctico es el conocimiento de las experiencias humanas limi-

embargo, como se ha dicho antes, en un momento de «aburrimiento», Hurtado permite que el deseo sexual, la objetivación más aguda de la Voluntad schopenhaueriana, perturbe su estado de *ataraxia*. Después, grita desesperado: «¡Qué absurdo! ¡Qué absurdo es todo esto!... Y se refiere a su vida y a esta última noche tan inesperada, tan aniquiladora» (pág. 311).

Hurtado vuelve a Madrid y desilusionado, irremediablemente, por lo que ve y experimenta, se casa con nueva esperanza y se retira de la sociedad con su esposa para escribir. Llega a ser más feliz que nunca: «... su bienestar físico, le prepararaba para ese estado de perfección de equilibrio intelectual, que los epicuúreos y los estoicos griegos llamaron ataraxia, el paraíso del que no cree» (pág. 386). La muerte de su mujer al dar a luz le saca de su *ataraxia* y le fuerza una vez más a sufrir las experiencias de la vida y del mundo de la Voluntad. No puede ya aguantar la afirmación de la Voluntad para vivir y se suicida. Schopenhauer explica que el suicidio es fácil para una persona desesperada porque el dolor mental siendo mucho más fuerte nos hace insensibles al dolor físico (pág. 311). El suicidio no es, sin embargo, según Schopenhauer, la solución porque es sólo la destrucción de una sola existencia-fenómeno y no afecta a la cosa-en-sí. Representa un acto de la Voluntad y el hombre sólo puede tolerar la vida con la negación de la Voluntad a través del conocimiento o la contemplación.

Al hacer frente a la vida con el conocimiento o la ciencia, Andrés Hurtado ha fracasado, como ha tenido que fracasar dadas las circunstancias de su tiempo, pero Baroja no se pronuncia necesariamente en contra de la futura posibilidad de solucionar los problemas de la vida por medio del conocimiento schopenhaueriano y de la introspección intelectual, como han visto muchos críticos [25]. La última

_____

tadas por espacio, tiempo y causalidad. El conocimiento puro es el conocimiento del mundo de la Idea, asume la forma de la contemplación y nos aparta del mundo de la Voluntad.

[25] Doris King Arjona, «*La voluntad* and *abulia* en Contemporary Spanish Ideology», *Revue Hispanique,* LXXIV (1928), 619.

línea de la novela: «Pero había en él algo de un precursor» debe ser interpretada como la esperanza de que los esfuerzos de Hurtado no se perderán y que quizá algún día la vida pueda ser entendida y limitada por el conocimiento y la ciencia. Volvemos al artículo de Baroja, «Sufrir y pensar», publicado en la *Revista Nueva* en 1899, donde vimos por primera vez los gérmenes de la ideología que Baroja iba a desarrollar más detalladamente en *El árbol de la ciencia* y leemos: «'el árbol de la sabiduría no es el árbol de la vida', dijo Byron».

«Retroceder es imposible: hay que correr, hay que sufrir, porque sufrir es pensar. Mañana, por el esfuerzo combinado de nuestros pensamientos y nuestros dolores, la Humanidad verá la luz y dormirá envuelta en las dulzuras del Nirvana.»

Con lo dicho no pretendo haber agotado la discusión de una novela tan rica y me doy cuenta de que el esqueleto filosófico y estructural tal vez haya sido presentado de una manera demasiado simple, pero me parecía el mejor enfoque para entender claramente el arte de las novelas ideológicas de Baroja. Y nos ayuda a comprender por qué la fuerza del insigne escritor se apoya siempre, por su insistencia en un solo protagonista principal y su orientación fuertemente ética y metafísica, en la calidad y la intensidad de la ideología del protagonista.

En conclusión, se puede decir que Baroja aceptó en casi todos sus detalles la filosofía de Schopenhauer como posible contestación (o consuelo) a las razones de su derrota existencial. *El árbol de la ciencia* es, en esencia, un estudio de Andrés Hurtado, y la historia de Andrés Hurtado no es más que una proyección novelesca de la concepción schopenhaueriana del hombre y su predicamento. Pasa a estar cogido en la ciega corriente de la vida, al completo aburrimiento de la *ataraxia* que se alcanza por medio de la contemplación: esto es, del mundo de la Voluntad al mundo de la Representación (Idea). El hecho de que consiga Hurtado este estado eufórico —aunque lo pierde más tarde— le hace un precursor de la comprensión de la vida. Es probable que, más adelante, Baroja haya encontrado más consuelo en la filosofía afirmativa de Nietzsche, pero queda inalterable el hecho de que su afinidad con Schopenhauer fue el factor decisivo en su producción artística e ideológica durante sus años formativos. Se puede aventurar también que fue la aceptación de esta filosofía pesimista la que le hizo popular entre los españoles desilusionados de la época.

UNAMUNO Y LA IMAGINACION CREADORA

En la Europa del siglo XVIII, el mecanismo cartesiano seguía siendo una fuerza ideológica predominante; y con su énfasis en la lógica, la claridad y la regularidad, el clima intelectual fue poco propicio a la imaginación como importante factor en la creación poética. Así es que la imaginación se consideraba como una calidad secundaria del poeta, cuya función principal consistía en ordenar el material recibido por las impresiones de los sentidos. Hobbes comparó la imaginación del poeta a un perro de caza, con olfato seguro, que cubría rápidamente los campos de la memoria en busca de la apropiada caza. Para Locke, que se interesó por las sensaciones, la imaginación fue receptora de ideas sensuales; tenía aspectos, sin embargo, de una experiencia física, más bien que intelectual. En el mejor de los casos, la imaginación, en una edad de racionalismo, podría proporcionar un adorno, añadiendo ingenio a la expresión de verdades ya conocidas.

En contraste con esto, la evaluación romántica de la imaginación representó poco menos que una revolución. En vez de servir simplemente como un aparato de la memoria o propagador de la decoración, la imaginación llegó ahora a formar una parte integral y esencial de una obra de arte. F. Schlegel insistió en que el arte no fue más que la expresión jeroglífica de la naturaleza transformada por la imaginación. Aquí se destaca el cambio de énfasis que da a la imaginación una nueva función primaria en que sirve como el medio de percepción y el de la expresión artística a través del «jeroglífico» o el símbolo.

En su brillante libro *The Mirror and the Lamp (El espejo y la lámpara)*, el profesor M. H. Abrams demuestra que, desde Platón al siglo XVIII, la mente había sido un espejo, un reflector de objetos externos, mientras que para los románticos llegó a ser una lámpara, un proyector radiante. Abrams ve este cambio de una concepción imitativa a una expresiva como una ruptura decisiva en la continuidad de las teorías estéticas. No creemos que sea una exageración decir que esta valoración revolucionaria de la imaginación representa la contribución teórica más importante del movimiento romántico. Es más; no hay estética moderna que se conciba sin algún fundamento en la imaginación creadora. Por vez primera se trazó una neta diferencia entre dos aspectos de la imaginación: de un lado, el poder de recordar, más o menos en detalle, experiencias ya pasadas, y del otro, el poder de *crear,* de construir imágenes mentales de cosas no experimentadas sino únicamente sugeridas. Es en este último sentido que los románticos interpretaron la imaginación; para ellos no fue tanto la capacidad de formar imágenes de la realidad como la facultad de crear imágenes que van *más allá* de la realidad, imágenes vistas por un ojo íntimo que transforman la realidad existencial en una realidad más alta de sueño o canción. La nueva función activista o vitalista de la imaginación se consideraba parecida al acto creador de Dios.

Estas ideas, brevemente expuestas aquí sobre la imaginación romántica son más aplicables al romanticismo inglés y alemán que al romanticismo francés y español, donde la imaginación como especial poder tenía un papel verdaderamente pálido. Y sin saberlo ellos, es por eso en parte por lo que dicen los críticos que el verdadero romanticismo no arraigó en España. Otros dicen, sin embargo, que el romanticismo, el profundo, vino a tierras hispánicas con la generación del 98 [1]. Dos de las tres constantes del romanticismo europeo —la exaltación del individuo y la vuelta a la Naturaleza —se encuentran, sin duda alguna, en los escritos de la generación. No hay duda tampoco de que los noventayochistas reaccionaban contra el realismo y el positivismo del siglo XIX y que el krausismo y la filosofía idealista traían vientos espirituales que refrescaban el pensamiento español finisecular. Pero se nos plantea un problema: ¿puede subsistir un movimiento cultural a lo largo de un siglo tan rico en pensamientos nuevos y complicados acontecimientos políticos y sociales, sin cambiarse radicalmente?

Por estas razones, llevamos tiempo creyendo que produciría resultados fructíferos un estudio de la importancia que daban los escritores del 98 al papel de la imaginación en el proceso del acto creador —la tercera y, probablemente, más importante constante del romanticismo—. No se trataría de establecer el empleo del vocablo en su sentido usual, aplicado a las facultades de todo artista, en que se podrían sustituir con cierta libertad las palabras «fantasía», «intuición» o «sensibilidad». Creemos, más bien, que sería interesante saber si creían lo bastante en este poder humano para darle un puesto elevado y central en su pensamiento estético, metafísico o religioso, conceptualizándolo de tal manera que podamos nosotros entresacar un significado especial. También, comprobar el grado de confianza que tenían Unamuno, Azorín o Baroja en el poder imaginativo sería, hasta cierto punto, dar un paso más hacia la interpretación de la generación de 1898 como una generación esencialmente romántica. En este ensayo, pues, pretendemos examinar el tema de la imaginación en la obra de uno de los escritores mencionados, Miguel de Unamuno. Y tenemos que confesar desde el principio que es la obra que más se presta al estudio que nos interesa.

En *En torno al casticismo,* hablando de la brillantez de la imaginación española reflejada en el conceptismo y culte-

---

[1] El artículo más inteligente y conciso sobre estos aspectos del romanticismo español es de Edmund King, «What is Spanish Romanticism?», *Studies in Romanticism,* II, núm. 1 (1962), 1-11.

ranismo, escribe don Miguel: «Y en la realidad, sin embargo, imaginación seca, reproductiva más que creadora, más bien que imaginación, fantasía, empleando tecnicismo escolástico. O los hechos tomados en bruto, en entero y barajados de un modo o de otro, no desmenuzados para recombinarlos en formas no reales, o bien conceptos abstractos. Nuestro ingenio castizo es empírico o intelectivo más que imaginativo, traza enredos entre sucesos perfectamente verosímiles, no nacieron aquí los mundos difuminados en niebla. Pueblo fanático pero no supersticioso, y poco propenso a mitologías, al que cuadra mejor el monoteísmo semítico que el politeísmo arriano. Todo es en él claro, recortado, antinebuloso; sus obras de ficción muy llenas de *historia,* hijas de los sentidos y de la memoria, o llenas de didactismo, hijas de la inteligencia. Sus romances por epopeyas y por baladas, y el *Quijote* por el *Orlando*» («El espíritu castellano», I).

No nos preocupa ahora la idea unamuniana del «espíritu castellano», de sobra conocida por el lector; sino el hecho de que don Miguel está empleando la palabra imaginación con intención teórica, metodológica. Distingue claramente entre fantasía e imaginación, dando a ésta características superiores de creación. Cuando alude a la fantasía como nacida de los sentidos, de la memoria y del intelecto, es casi seguro que sus ideas sobre el asunto vienen de las formulaciones hechas por los románticos alemanes, en que se exalta la nueva categoría trascendente de la imaginación frente a las calidades comunes de la literatura pasada. En efecto, cita Unamuno a lo largo de este ensayo de *En torno al casticismo* de la obra, *Historia de la literatura y el arte dramático en España* (1845-46), por el alemán conde de Schack, crítico que defendió con talento los principios de la estética romántica.

Continúa don Miguel examinando la dualidad y la disociación mental, en el teatro clásico español, entre el mundo de los sentidos y el de la inteligencia. «La imaginación —escribe Unamuno— se apacienta en los nimbos de los hechos, nimbos que el castizo espíritu · castellano repele, saltando de los sentidos a la inteligencia abstractiva». Ahora sabemos que, para Unamuno, una de las funciones de la imaginación es sorprender el *nimbo,* el fondo intraconsciente (las entrañas) de la continuidad de la realidad.

Describiendo su método de análisis en el ensayo «La casta histórica Castilla», de *En torno al casticismo,* postula, por ciento líricamente, Unamuno: «En la sucesión de impresiones discretas hay un fondo de la continuidad, un *nimbo* que envuelve a lo precedente con lo subsiguiente; la vida de la mente es como un mar eterno sobre que ruedan y se suceden las olas, un eterno crepúsculo que envuelve días y noches, en que se funden las puestas y las auroras de las ideas.» Pinta Unamuno metafóricamente un mundo mental compuesto de sistemas planetarios de ideas. El conjunto de estos sistemas, el universo mental, forma la conciencia. La imaginación, pues, analiza y luego reconstituye los componentes para llegar al *nimbo.* El nimbo, o atmósfera ideal, da carne y vida a los conceptos, los mantiene en conexión, los enriquece. Es la imaginación para Unamuno, entonces, lo que lleva a la *personalidad* —concepto que él diferencia de la *individualidad,* el *yo* consciente, típico del espíritu castellano—, o a la *intra-historia* de un pueblo. Y no se debe perder de vista la frecuencia con que emplea Unamuno en estas páginas vocablos tales como niebla, nebuloso o nebulosidad, palabras todas en tensión directa con *historia* y *hechos brutos,* etc. Ya en 1895 se vislumbra la relación que va a establecer Unamuno entre el mundo de la imaginación y el mundo de Augusto Pérez, protagonista de *Niebla.*

Ahora bien, *En torno al casticismo* es una obra en que Unamuno encuentra algo especial en el mundo de la contemplación [2]. Podríamos decir que representa su primera reacción contra el positivismo spenceriano que había dominado su pensamiento. Aquí expresa confianza en la capacidad del hombre de volar hacia un mundo eterno y armónico con las alas de la imaginación, de trascender su circunstancia histórica, de encontrar paz en la guerra.

---

[2] Remitimos al lector interesado al libro de Carlos Blanco Aguinaga, *El Unamuno contemplativo* (México, 1959), págs. 43-78.

Pachico, subido a la cresta de la montaña, al final de *Paz en la guerra* alcanza esta visión imaginativa donde todos los contrarios se funden: «Olvídase del curso fatal de las horas, y en un instante que no pasa, eterno, inmóvil, siente en la contemplación del inmenso panorama, la hondura del mundo, la continuidad, la unidad, la resignación de sus miembros todos, y oye la canción silenciosa del alma de las cosas desarrollarse en el armónico espacio y el melódico tiempo... Esponjado en el ámbito y el aire, enajenado en sí, le gana una resignación honda, madre de omnipotencia humana, puesto que sólo quien quiera cuanto suceda, logrará que suceda cuando él quiere. Despiértasele entonces la comunión entre el mundo que le rodea y el que encierra en su propio seno; llegan a la fusión ambos, el inmenso panorama y él, que libertado de la conciencia del lugar y del tiempo, lo contempla, se hacen uno y el mismo, y en el silencio solemne, en el aroma libre, en la luz difusa y rica, extinguido todo el deseo y cantando la canción silenciosa del alma del mundo, goza de paz verdadera, de una como vida de la muerte» *(O.C.,* II, 415-416). Confiado en el hecho de que posee la verdad contemplativa, Pachico puede bajar a Bilbao para participar activamente en las luchas mundanas de los asalariados, sin confundir la vida temporal con la eterna.

Se sabe, sin embargo, que a partir de su crisis espiritual en 1897, la conciencia de Unamuno desemboca en su característica principal: la agonía. En esta evolución bastante rápida de su pensamiento tal vez llegue a tener la imaginación un papel aún más central, pero deja de ser una función simplemente contemplativa, para convertirse a menudo en vehículo expresivo de la angustia.

En «Intelectualidad y espiritualidad», Unamuno nos presenta el cuadro de un escritor (el mismo Unamuno) de un manifiesto, quien ha sido acusado de intelectual. Al volver a leer el manifiesto le parece de otro. Así, en este ensayo de 1904, Unamuno indaga en el problema del escritor que, al querer comunicarse con otros, viola sus pensamientos sustanciales, haciéndolos accidentales, por la necesidad de discurrir racionalmente. «No, no comunica uno lo que quería comunicar —pensó (el escritor)—; apenas un pensamiento encarna en palabra, y así revestido sale al mundo, es de otro, o más bien no es de nadie por ser de todos. La carne de que se reviste el lenguaje es comunal y es externa; engurruñe el pensamiento, lo aprisiona y aun lo trastorna y contrahace. No, él no había querido decir aquello, él nunca había pensado aquello» (*O.C.*, III, 703). En estas páginas, don Miguel da amplio tratamiento al problema del desdoblamiento de su persona —el *yo* concebido por él mismo y el *yo* visto por los otros— causa primaria de la angustia. «Nuestra vida —escribe Unamuno— es un continuado combate entre nuestro espíritu, que quiere adueñarse del mundo, hacerle suyo, hacerle él, y el mundo, que quiere apoderarse de nuestro espíritu y hacerle a su vez suyo. Yo quiero hacer el mundo mío, hacerle yo, y el mundo trata de hacerme suyo, de hacerme él; yo lucho por personalizarlo, y lucha él por despersonalizarme. Y en este trágico combate, porque sí, el tal combate es trágico, tengo que valerme de mi enemigo para domeñarle, y mi enemigo tiene que valerse de mí para domeñarme. Cuanto digo, escribo y hago, por medio de él tengo que decirlo, escribirlo y hacerlo; y así al punto me lo despersonaliza y lo hace suyo, y aparezco yo otro que no soy» (*O.C.*, III, 705-706).

Pero en este ensayo todo lo trata Unamuno en términos del escritor que tiene que comunicar sus ideas. Se le ocurre la ventaja de la metáfora sobre el discurrir lógico; y surge lo que él llama un tema especialmente favorito, «el de la superioridad que llamamos imaginación sobre todas las demás llamadas facultades del espíritu, y la mayor excelencia de los poetas sobre los hombres de ciencia y los de acción». Recordemos la anécdota que se cuenta muy a menudo de Unamuno, en que un amigo sorprendido por el hecho de que escribía versos, se le acerca y le dice: «Veo, don Miguel, que además usted es poeta.» Y le responde el rector de Salamanca: «Soy poeta y todo lo otro además.» La exaltación del poeta como vidente corre a través de toda la obra de Unamuno. Y el talento propio del poeta es su especial facultad de imaginación.

Según Unamuno, el motejar una creencia de absurda, propia de un espíritu perturbado o desquiciado, viene de una falta de imaginación, de la incapacidad de representarse las cosas como el prójimo se las representa. Goethe llega a ser para don Miguel el ejemplo del escritor cuya imaginación le permitía abarcar profundas contradicciones. «Pero Goethe fue un poeta —escribe—, el poeta, un verdadero y radical poeta, y no un miserable discurridor didáctico o dogmático de esos que creen marchar más seguros cuanto más lastre de lógica formal lleven a cuestas de la inteligencia y cuanto más se arrastren por la baja tierra del pensamiento, pegados al suelo de la tradición o de los sentidos» *(O.C., III, 708)*.

Conviene detenernos aquí para definir lo que entiende Unamuno por «lo sustancial» y «lo accidental» porque los dos términos ocupan un puesto clave en el desarrollo de su manera de pensar. La sustancia pertenece a un mundo misterioso donde nada pasa, sino todo queda; es un mundo en que no hay pasajeras formas de materia y fuerza persistentes, sino todo lo que ha sido sigue siendo tal como fue, y es como será todo lo que ha de ser. La sustancia de la conciencia es la necesidad de persistencia, en una forma u otra, el anhelo de extenderse en tiempo y en espacio. La definición de Unamuno es original y atrevida —como señala Julián Marías— [3]; que va en contra de la filosofía tradicional, porque la sustancia llega a ser producto del mundo mental, como veremos. Ahora bien, todos los que creen de verdad en su propia existencia anhelan sellar con ella la existencia de los demás, sentirse vivir en una creación continua. Sólo así se puede superar la vanidad de las vanidades, convirtiéndola en «¡Plenitud de plenitudes y todo plenitud!», título del ensayo que venimos comentando. Aquí surge para Unamuno otra vez el problema ya mencionado sobre las dificultades de la comunicación por discurso razonado. Si me pongo a disertar con uno, dice don Miguel, acerca de los conceptos de sustancia y de

---

[3] «El problema de ser», *Miguel de Unamuno* (Madrid, 1943), páginas 172-175.

accidente, y de número y fenómeno y de existencia y sustancia, llegaremos a ponernos racionalmente de acuerdo; y, sin embargo, yo sentiré la sustancialidad de mi existencia y el otro la accidentalidad de su apariencia. No comunicamos intelectualmente porque el lenguaje no es ni mío ni suyo. Para Unamuno los sistemas filosóficos, en su mayoría —si se les quita lo que tienen de poesía—, no son más que desarrollos puramente verbales, la mayor parte de la metafísica no es sino metalógica. La imaginación —escribe Unamuno en el ensayo «¡Plenitud de plenitudes!»— es la facultad más sustancial, la que mete la sustancia de nuestro espíritu en la sustancia del espíritu de las cosas y de los prójimos. Es el poeta a que nos ofrece revelaciones sustanciales, porque sólo se puede transcribir el timbre del tono, intensidad y nota de cómo vibra el mundo en él por la emoción estética, por obra de arte. Según Unamuno: «El poeta es el que nos da todo un mundo personalizado, el mundo entero hecho hombre, el verbo hecho mundo» (O.C., III, 764).

Nos llama la atención una compleja contradicción implícita en lo que dice Unamuno. De un lado, está abogando por cierta sociabilidad íntima, y del otro, insiste en que la posibilidad de participar en esta intimidad está reservada únicamente a la gente dotada de poderes imaginativos. Según el profesor Juan Marichal quien se ha acercado a este aspecto de Unamuno en su excelente libro La voluntad de estilo: «El hombre ha de comunicarse para crearse a sí mismo, y por ello siente Unamuno angustiosamente que el aislamiento es como una manquedad humana. Mediante la comunicación la persona se hace, al mismo tiempo, la sociedad se integra plenamente» (pág. 228).

En el ensayo «A lo que salga» Unamuno piensa «en un remoto reino del espíritu en que se nos vacíe a todos el contenido espiritual, se nos rezumen los sentidos, anhelos y afectos más íntimos y los más recónditos pensares, y todos ellos, los de los unos y los de otros, cuajen en una común niebla espiritual...» (O.C., III, 798). Tienen que ser entonces escritores neblinosos —o sea poetas dotados de imaginación—, según Unamuno, «cuantos se propongan verter al público, por escrito o de palabra, su espíritu, la savia de sus sentires y de sus quehaceres, y no tan sólo su inteligencia, no sus pensamientos tan sólo». A pesar de lo francamente utópico de la sociedad de «yoes íntimos» que recomienda Unamuno, su justificación parece estar radicada en la necesidad de afirmar su propio yo sustancial frente a la posibilidad interpretativa de ser otro aparencial, en la necesidad de crearse a sí mismo a través del uso de la imaginación. Es decir, que es una lucha social, pero principalmente de egoísta.

Con lo anterior es fácil proyectar la concepción unamuniana de la función estética y social de la imaginación hacia la importancia religiosa que puede tener para él. «Si la religión no se funda en el íntimo sentimiento de la propia sustancialidad y de la perpetuación de la propia sustancia, entonces no es tal religión. Será una filosofía de la religión, pero religión, no. La fe en Dios arranca de la fe en nuestra propia existencia sustancial...», escribe en «¡Plenitud de plenitudes!» (O.C., III, 768). Tampoco debemos perder de vista el elemento ya mencionado de angustia trágica que está implícito en el acto de trascender lo aparencial.

Muchos lectores se habrán fijado en la importancia que tiene el concepto de la imaginación para una comprensión de la obra *Del sentimiento trágico de la vida.* En estas páginas, Unamuno la defiende como «la potencia creadora y libertadora, carne de la fe» (O.C., Esc., VII, 227), que «*entera*, integra o totaliza» (pág. 215).

En realidad, Unamuno coloca la imaginación en el verdadero centro de su pensamiento, cuando escribe al principio del *Sentimiento trágico de la vida* lo siguiente: «... no pretendo otra cosa sino discurrir por metáforas. Y es que este sentido social, hijo del amor, padre del lenguaje y de la razón y del ideal que de él surge, no es en el fondo otra cosa que lo que llamamos fantasía o imaginación. De la fantasía brota la razón. Y si se toma a aquélla como una facultad que fragua caprichosamente imágenes, preguntaré qué es el capricho, y en todo caso también los sentidos y la razón yerran.

«Y hemos de ver que es esa facultad íntima social, la imaginación que lo personaliza todo, la que puesta al servicio del instinto de perpetuación, nos revela la inmortalidad del alma y a Dios, siendo así Dios un producto social» (pág. 125).

Se notará que nuestro filósofo-poeta ya no distingue en *Del sentimiento trágico de la vida* entre imaginación y fantasía; su distinción entre los dos términos ha desaparecido probablemente por su lectura de la *Estética* de Croce. Unamuno puso prólogo a la versión castellana de 1912, y en él comenta las ideas de Croce sobre la imaginación productiva, la cual llama el italiano *fantasía.* De todas formas, sea imaginación o fantasía, el concepto que venimos estudiando no pierde su significado original para Unamuno.

En los primeros ensayos del *Sentimiento trágico de la vida,* a través de discusiones sobre el hambre de la inmortalidad y la disolución del racionalismo, nos lleva Unamuno en sus disquisiciones filosóficas al fondo del abismo —símbolo poético casi universal, desde Baudelaire, de la desesperación—, al irreconciliable conflicto entre la razón y el sentimiento vital. Es decir, «irreconciliable» por argumentos científicos o consideraciones lógicas. A partir de este momento encontramos que va a hablar desde la perspectiva de lo que se revela en su yo íntimo, sustancial, de lo que su imaginación crea. Va, pues, a mitologizar su propio sentimiento de la vida.

Las metáforas son amor, dolor y compasión que hacen al *yo,* al esforzarse para ser otro, volver sobre sí mismo, creándose así en mutua dependencia el uno del otro. Y la fe, caridad y esperanza son resortes de la imaginación que crean a Dios, quien a su vez nos crea a nosotros. En realidad, para Unamuno el mismo Dios es poco más que una metáfora que trata de describir el intento humano de personalizarlo todo para sobrevivir a la muerte. Unamuno rechaza el estado contemplativo porque la misma razón viene a escudriñar las intuiciones imaginativas que nos dan el mundo espiritual. En el fondo, Unamuno siempre fue un pensador conflictivo más que contemplativo. Así describe la lucha de la existencia, que es para él la esencia del ser humano: «... la razón por sí sola mata y la imaginación es la que da vida. Si bien es cierto que la imaginación por sí sola, al darnos vida sin límite, nos lleva a confundirnos con todo, y en cuanto individuos, nos mata también, nos mata por exceso de vida. La razón, la cabeza, nos dice: '¡Nada!'; la imaginación, el corazón, nos dice: '¡Todo!', y entre nada y todo, fundiéndose el todo y la nada en nosotros, vivimos en Dios, que es todo, y vive Dios en nosotros, que sin él somos nada. La razón repite: '¡Vanidad de vanidades, y todo vanidad!' Y la imaginación replica: '¡Plenitud de plenitudes, y todo plenitud!' Y así vivimos la vanidad de la plenitud, o la plenitud de la vanidad» (pág. 215).

Así es que, por vía de la imaginación, Unamuno se salva de la nada, porque es la única arma que sirve en la batalla con la razón. Y la vida es lucha en que la imaginación presta la única posibilidad de desesperarse uno, en vez de resignarse.

Perseguir más alusiones a la imaginación en los textos de Unamuno, por ejemplo, en *Cómo se hace una novela* o en *La agonía del cristianismo,* sería largo. Y tememos —si no lo hemos hecho ya— tergiversar muchos aspectos de su pensamiento, porque pocos problemas filosóficos hay en Unamuno no tocantes a su concepto de la imaginación. Creemos, empero, haber demostrado los contornos y el alcance que tiene el tema para una comprensión de su obra.

Sólo nos gustaría agregar algunos comentarios que, si no añaden nada nuevo a una interpretación de las obras de Unamuno, sirven, creemos, para aclarar por qué el Unamuno agónico depende tanto del mundo de la imaginación. Lo único verdaderamente real —o sustancial— para Unamuno es la conciencia que siente, sufre, compadece, ama y quiere. Toda realidad que no participe de la conciencia es fenomenal o aparencial. Y no debemos pensar que estamos delante de un espíritu idealista [4].

---

[4] Cfr. también François Meyer, *L'Ontologie de Miguel de Unamuno* (París, 1955), pág. 43.

Al darse cuenta el ser de su naturaleza insustancial o aparencial, se desespera y, paradójicamente, es la desesperación la que da carne al alma, a la conciencia, porque estimula el esperar, imaginar o soñar. La imaginación, entonces, es lucha para soñar la vida; eso es, no morirse. La vida es sueño, vivir en la eternidad, y por eso el *yo* es un *ente de ficción;* somos ficción de ser que existe únicamente en la imaginación, su esencia. Cuando Unamuno habla de *La novela de nuestra vida* está describiendo metafóricamente lo que es para él la forma radical de la vida humana. La vida entonces *se compara* a la ficción poética, imaginativa, en que el hombre se crea y recrea en su lucha contra la nada. *Igual* que el novelista da el ser —el ser de un sueño— a su personaje, yo doy el ser a mi propia persona, que invento a medida que vivo. Vivir es escribir una novela. Y subrayo *se compara* e *igual* en las frases anteriores para insistir en que entendamos ficción, novela, personaje, etcétera por lo que son: metáforas. No es, sin embargo, una mera ilusión subjetiva. Mi ente de ficción no se realiza sino en la confrontación dialéctica: el sueño que soy se enfrenta con otros sueños, busca imponerse a ellos, vivir en ellos; busca ser más que un sueño, por vivir una vida externa. Mi ser, entonces, depende de la reciprocidad de otros. Y así Unamuno está lejos de un subjetivismo individualista. Puesto que para don Miguel no se puede concebir de un Dios que no sea persona, la relación nuestra con El y la Suya con nosotros participa de la misma dialéctica: si somos sueño de El, El es sueño nuestro; creamos a Dios, igual que El nos crea a nosotros [5].

---

[5] Según nuestra interpretación del papel que tiene la imaginación en la obra de Unamuno, la novela *Niebla* ocupa un sitio de suma importancia, no tanto por sus calidades artísticas como por ser documento imprescindible para una comprensión del pensamiento de don Miguel. Todas las características del mundo de la imaginación y su función vital, según Unamuno, se hallan en sus páginas; desde el *nimbo* y la niebla espiritual de *En torno al casticismo* y la lucha entre la personalización y despersonalización del ensayo «Intelectualidad y espiritualidad», hasta la dialéctica entre «lo sustancial» y «lo accidental» del ensayo «¡Plenitud de plenitudes y todo plenitud!» y el sentimiento «trágico» de la vida. Es decir, la necesidad de dis-

Ahora bien; todo lector de Unamuno sabe de la predilección que él sentía por los poetas románticos, sobre todo ingleses e italianos: Coleridge, Tennyson, Wordsworth, Byron, Carducci y Leopardi [6]. Y consta en su obras la influencia de los teólogos y filósofos alemanes: Kant, Schleiermacher, Ritschl, Schlegel, etc. Armando Zubizarreta ha estudiado, en su imprescindible libro *Unamuno en su nivola,* el lenguaje claramente romántico de *Cómo se hace una novela,* estudio que daría fruto en muchas de las obras unamunianas. En fin, el tema del Unamuno romántico es viejo, pero pocas veces tratado a fondo. La mayoría de los críticos, aun hoy, miran el romanticismo como movimiento general europeo que se reveló con las mismas características en Inglaterra, Alemania y Francia; y sólo es así superficialmente, quizás principalmente por las distintas condiciones históricas de cada país. De todas formas, el individualismo desenfrenado expresado, por ejemplo, en la literatura francesa y española no se daba en las letras inglesas —con la posible excepción de Byron— o las alemanas. Mientras que el papel clave de la imaginación creadora pertenecía más bien al romanticismo inglés y alemán. No es nuestra intención, sin embargo, hablar específicamente de la influencia del romanticismo en Unamuno —sabemos que está ahí— sino tratar de ver hasta qué punto las ideas del pensador español sobre la imaginación coincidían con algunas de las escuelas románticas.

Fue Coleridge, por cierto inspirado por los alemanes, quien acuñó en su *Biographia Literaria* la palabra «esemplástico», para describir el poder más importante de la imaginación. De derivación griega, «esemplástico» significa «moldear en uno», unificar. Coleridge quiso denotar por

---

currir sobre la existencia a través de metáforas —la única manera de salvarnos de la desesperación intelectual— encuentra su salida en la *ficción* de Augusto Pérez. Esta obra tiene trascendencia metafísica para el propio don Miguel porque su imaginación creadora revela en ella la «sustancia» de su ser. *Niebla,* pues · es más que una novela, tal como el término se entiende normalmente; representa una lucha para soñar la vida, o sea, una experiencia existencial.

[6] Véase sobre todo el libro de Peter Earle, *Unamuno and English Literature* (New York, 1960).

esta palabra su concepción de la imaginación como un instrumento para realizar una unidad en el universo, dando forma a elementos dispares. Los *Frühromantiker* pusieron énfasis especial en el ideal de la armonía como una búsqueda para escapar la conciencia dolorosa de un profundo dualismo y discordia que reconocían en la condición terrenal. Bajo la influencia del pietismo, la religión, para los alemanes, llegó a ser una comunión con lo divino por medio de la imaginación creadora. Para Coleridge, el poder esemplástico de la imaginación significaba el sentido intuitivo de la unidad orgánica del universo cuya manifestación era la obra de arte, en que se combinan elementos aparentemente diversos en una unidad bella. Como queda dicho, los románticos alemanes no partían como Coleridge de la convicción de que fuese armónico el universo, y por eso buscaban la armonía en un futuro utópico, en otro mundo mejor más allá del tiempo y del espacio. En todo caso, para ambos la imaginación representaba el poder de crear la totalidad de la experiencia.

Como extensión del poder esemplástico de la imaginación existía para los románticos la facultad imaginativa que mediaba entre el mundo conocido y un reino trascendental. Es el órgano para una percepción espiritual, para ellos innegable, pero que exige al lector la difícil tarea de no ponerla nunca en duda. La creación artística llegó a ser, durante el período romántico, nada menos que una actividad sagrada, una comunión esotérica con lo divino. Se creía que el artista sólo tenía acceso a este mundo porque participaba en el poder creador de la Divinidad. Coleridge escribió que el arte es «el conciliador entre la naturaleza y el hombre. Es el poder de humanizar la naturaleza, de infundir en cada objeto de su contemplación los pensamientos y pasiones del hombre; color, forma, movimiento y sonido son los elementos que combina...» *(Biographia Literaria,* II, 253). Schelling dijo que el arte derrumbó la muralla invisible entre el mundo real y el ideal. Aunque la idea fundamental de la mediación fue común a los ingleses y alemanes, hay una diferencia de formulación: para los poetas ingleses, el ejercicio de la imaginación fue método de percepción, de sorprender verdades no accesibles al intelecto, mientras que para los alemanes fue más bien una actividad esotérica, no relacionada con la representación de una transfigurada experiencia física, sino con la revelación de percepciones metafísicas. Schlegel dijo que sólo uno con religión personal, con una visión original de lo infinito, podría ser artista. Esta concepción cuasi-mística de la imaginación mediadora explica por qué Novalis y Schleiermacher aluden al artista como sacerdote.

De este resumen nuestro de la conceptualización de la imaginación romántica se puede deducir en seguida que el pensamiento de Unamuno comparte con ella, de una manera u otra, casi todas las características. Parece, sin embargo, que en su consideración de la imaginación y su función se inclina más bien hacia el trascendentalismo idealista, algo abstracto, de los alemanes que a la visión armónica inglesa de la naturaleza. Y esto nos lleva a lo que para nosotros le separa a Unamuno, tal vez de una forma definitiva, de los románticos.

Con pocas excepciones, los románticos del norte expresaban una confianza absoluta en la potencia de la creación imaginativa de trascender la realidad conflictiva, o aparentemente conflictiva. En el caso de los ingleses se trataba de encontrar, a través del arte, el secreto orgánico del universo, de cuya existencia no dudaban, y se complacían con los resultados. Los alemanes creían firmemente en la posibilidad de vivir en un mundo creado por la mente más allá de las limitaciones físicas. En *Enrique de Ofterdingen,* la obra quinta-esenciada de los *Frühromantiker,* Novalis traza el proceso de interiorizar la realidad física —de buscar adentro—. Después de observar sus limitaciones dentro de los confines de su sociedad, Enrique llega a descubrir lo simbólico de sus experiencias, y en la segunda parte —cuyo lema: «el mundo se convierte en sueño, y el sueño, en mundo», nos hace pensar en Unamuno— se disipa su melancolía a medida que va poetizando un mundo en que están suspendidas las categorías del tiempo y del espacio. Si la búsqueda por la «flor azul» es en sí angustiosa, acaba Enrique por residir en una utopía creada por la imaginación poética.

Nada más distante del pensamiento agónico de Unamuno que una expresión de confianza en los poderes del alma solitaria para descubrir un mundo armónico y contemplativo donde el hombre no encontrase angustia. Como sabemos, temía mortalmente la soledad; su metafísica dependía totalmente del otro, de una comunidad de almas. El romántico empieza con la hipótesis de dos realidades, una subjetiva y otra objetiva, y por dar soluciones escatológicas en términos de una realidad más allá de sí mismo. Pero gradualmente se le borra la posibilidad de creer en la realidad objetiva y queda inmerso en un egocentrismo radical. El yo *crea* la única realidad, que de hecho ya no es objetiva. Una de las consecuencias del romanticismo, entonces, es el nihilismo, porque se llega a abandonar la creencia en un Ser, que existe más allá de nuestros poderes creadores y que, efectivamente, es responsable de nuestra existencia. Sin embargo, para salvarse de la nada, el hombre que ha aceptado el análisis subjetivo de la creación tiene que pensarse creador de la *idea* de Dios. O Dios se crea por el hombre, y por eso es fenómeno subjetivo, o no puede existir. El esfuerzo para subir la cuesta del abismo abierto por el romanticismo se caracteriza en la literatura moderna por la lucha frente a la realidad de la muerte por personalizar la Divinidad. Y Cristo, a través del misterio de la Encarnación, llega a ser el símbolo de la aproximación del hombre a lo divino. Así es que la obra de arte contemporánea pinta una vida dolorosa y de duda: el mundo contemporáneo de la imaginación es un purgatorio, como ha dicho felizmente Samuel Beckett de la novela *Finnegans Wake,* de Joyce, ya no el paraíso de los románticos [7].

---

[7] El profesor Frederick J. Hoffman desarrolla este tema, de gran envergadura para el estudio de Unamuno, en *The Imagination's New Beginning* (University of Notre Dame, 1967). Su tesis es que del «realismo» sin adornos surgió el «no de los mortales» —la muerte sin seguridad de alguna continuación en la eternidad— que afectó enormemente a los hombres de imaginación, dependientes característicamente de la inmortalidad. No obstante, este hecho llevó a los escritores contemporáneos a reconstruir «formas» nuevas que superentienden la realidad y nos permiten verla y comprenderla. Hoffman estudia este «reconocimiento» de la imaginación —de formulación

14

En una carta dirigida a don Francisco Giner de los Ríos en 1906, don Miguel se anticipa en casi medio siglo a un tema de Albert Camus que ha llegado a simbolizar las preocupaciones angustiosas del hombre del siglo xx. Escribe:

«Sí, 'hay que trabajar como si todo hubiera de lograrse'. He tenido, para consuelo de mi abatimiento, una especie de revelación del ultramundo platónico, y es que he visto que Sísifo, al cabo de los siglos de siglos de rodar su roca a la cumbre, ha gastado la roca, y ha gastado también, aunque mucho menos, la montaña, y a estas horas se encuentra descansando encima de una colina teniendo en la mano, por toda roca de suplicio, un pedrusco con el que juega. Arriba, pues, con mi roca, y cuando caiga, arriba otra vez con ella. Cuando yo la deje, otro la cogerá» [8].

Por tanto, a nosotros nos parece que el pensamiento de Unamuno no es, propiamente hablando, romántico, sino una *consecuencia* del romanticismo, un valiente esfuerzo renovado para volver a llevar la batalla al mismo campo en que habían perdido los románticos, transcurrido el siglo xix.

---

teológica— a través de la relación entre creador (novelista) y creado (personaje) en Joyce y la dramatización e interpretación de la muerte de Cristo en Dostoevsky, Kazantzakis, Faulkner y Adams.

[8] «Epistolario entre Unamuno y Giner de los Ríos», *Revista de Occidente,* núm. 73 (abril 1969), 14.

LA CRISIS INTELECTUAL
DE LOS JOVENES DE 1898

Muchos son los estudios sobre la llamada generación del 98; y hay varios que han servido sobre todo para destacar, con cierta profundidad de ideas, las características y los aspectos en que coinciden las obras de Ganivet, Unamuno, Azorín, Baroja, Maeztu, Antonio Machado y Valle-Inclán: la literatura autobiográfica; el interés en el pasado español y el paisaje y pueblos de su país; la crítica, a veces virulenta, de la sociedad en que les tocó vivir, y la atmósfera pesimista y melancólica que a menudo tiñe sus escritos.

No obstante, el que lee con cierta sensibilidad las obras de los autores mencionados no se deja arrastrar tan fácilmente por el concepto generacional, tal como se ha popularizado hasta ahora. Admitamos que a lo largo de sus obras se encuentran las características mencionadas; pero, por otra parte, ¿cómo conciliar los primeros artículos de Maeztu con *Doña Inés,* de Azorín, o los *Esperpentos,* de Valle-Inclán, con las primeras novelas de Baroja —por poner sólo algunos de los ejemplos que muestran una total disparidad con respecto a propósito y forma artística?

Pocos críticos han podido deshacerse de la teoría científica de generaciones literarias formulada por el alemán Petersen y aplicada a los estudios sobre el 98 por Hans Jeschke en 1934. Según Petersen, los escritores de una generación literaria tienen que haber nacido dentro de cierto intervalo de tiempo, para que acontecimientos históricos decisivos les afecten en un momento crítico del desarrollo de su conciencia. También tienen que estar en lucha abierta contra la generación anterior, bajo el signo del pensamiento de un intelectual, y su lenguaje y arte deben compartir un número significativo de características.

Para llegar a una definición coherente de la generación de 1898, sin embargo, se nos presenta el casi insoluble problema de que su producción abarca, digamos, de 1895 a 1940, y que refleja no sólo una reacción al Desastre de 1898, sino también a una serie de crisis de conciencia nacional no siempre parecidas. Cualquier estudiante de las letras españolas del siglo XX sabe que Unamuno, Baroja, Azorín, Maeztu y Machado no estaban siempre de acuerdo en sus posturas individuales frente a la *Semana trágica* de 1909, la primera guerra mundial, la Dictadura de Primo de Rivera, la Segunda República o la Guerra Civil. Inevitablemente. Inevitablemente, estos acontecimientos han influido en cómo y qué escribieron. Y con esto, además, las definiciones más documentadas de la generación del 98 se apoyan principalmente en el cotejo de textos escritos en 1895 ó 1905, por unos, y los compuestos en los años veinte y treinta, por otros.

Hasta hace algunos años, entonces, la mayor parte de lo escrito sobre el 98 se ha caracterizado por una falta de atención a la evolución cronológica del pensamiento de los escritores individuales.

Este importante defecto se debía, sin duda, a la ignorancia general de los centenares de artículos y ensayos de Unamuno, Martínez Ruiz, Baroja y Maeztu, escritos durante los años 1895 a 1905, que quedaban, sin leer, derramados por los periódicos y revistas de la época. El descubrimiento de este nuevo material por algunos investigadores —entre ellos, Carlos Blanco Aguinaga, Rafael Pérez de la Dehesa y el autor de estas líneas— ha permitido el estudio de las actitudes comunes a fines del siglo XIX y principios del XX, como el rótulo «1898» indica [1].

Esta labor ha desembocado no sólo en revaloraciones del pensamiento juvenil de los escritores mencionados, sino también en una nueva visión del «problema de España» y una reinterpretación de las peculiaridades de la historia intelectual de la época [2]. Las influencias recibidas y las ideas formuladas durante la etapa de formación intelectual siempre dejan su huella, pero a medida que las tensiones sociales y políticas amainaban y que tanto Europa como España vivían otros momentos históricos, en los autores conocidos de 1898 se desarrollaban distintas orientaciones vitales que respondían a sus particulares preocupaciones y aspiraciones artísticas y filosóficas. Nuestra intención en las páginas que siguen, pues, es examinar, una vez más, la reacción intelectual de los jóvenes autores de la generación del 98 ante el momento histórico e ideológico de la España de la vuelta del siglo.

Recordemos que es lugar común hablar de nuestros autores como reformadores preocupados por la «regeneración» de la estructura social y económica de España. Pero casi todos los críticos han visto esto equivocadamente como poco más que una actitud revolucionaria juvenil —algo que los escritores convirtieron en «literatura»— sin fundamento ideológico. Su protesta se ha mistificado hasta el punto de

---

[1] Los artículos de Unamuno publicados en la prensa socialista y descubiertos por Pérez de la Dehesa y Blanco Aguinaga se encuentran recopilados en la nueva edición (Escelicer) de las *Obras Completas* de don Miguel. José María Valverde ha reunido en *Artículos olvidados de J. Martínez Ruiz* (Madrid, Narcea, 1972) unos cuarenta artículos de los doscientos cincuenta reseñados en nuestra bibliografía del periodismo de Martínez Ruiz. Y, siguiendo las indicaciones de L. Urrutia en «Baroja y el periodismo», *Actas del II Congreso Internacional de Hispanistas* (Nijmegen, 1967), Manuel Longares ha publicado últimamente *Pío Baroja: Escritos de juventud (1890-1904)* (Madrid, *Cuadernos para el diálogo,* 1972). Esperamos publicar pronto una selección y una bibliografía de más de cuatrocientos artículos desconocidos de Maeztu, escritos entre 1896 y 1904.

[2] Además de los ensayos incluidos en este tomo, véase, sobre tado, R. Pérez de la Dehesa, *Política y sociedad en el primer Unamuno* (Madrid, 1966) y *El grupo «Germinal»: una clave del 98* (Madrid, 1970); y Carlos Blanco Aguinaga, *Juventud del 98* (Madrid, 1970).

que muchos historiadores siguen asociándola con el movimiento «regeneracionista». Y aun el mismo término «regeneración» ha perdido para muchos su significado original. A fines del siglo XIX se refería siempre al movimiento encabezado por Basilio Paraíso, Santiago Alba y Joaquín Costa que predicaba la reconstitución de España a través de liberar los recursos capitalistas del gobierno central para que se desarrollasen con iniciativa privada y compitiesen en los mercados europeos. Era una regeneración que había de ser efectuada por los industriales y los comerciantes —una «revolución desde arriba», paralela en muchos sentidos a la política de Silvela y Maura—. Ahora sabemos que, al contrario, Unamuno, Azorín, Baroja y Maeztu de vez en cuando, creían que la solución de los problemas de España vendría sólo después de la organización de la clase obrera y la resultante lucha de clases. El hecho de que apoyaban al mismo tiempo algunas de las actividades regeneracionistas sirve para señalar que la clase media se encontraba en una crisis ideológica.

Para mejor entender la postura socio-política de los jóvenes del 98 se exige un replanteamiento radical de la cuestión del «problema de España». Suele decirse que la historia de España en el siglo XIX ha sido una serie de golpes de Estado y guerras civiles, luchas entre los liberales y los conservadores, entre los europeizantes, hijos de la Ilustración y de la Revolución Francesa, y los defensores de los valores tradicionales hispánicos, formulados en la España de la Contrarreforma. Se nos presenta como un debate casi únicamente ideológico, de índole política, cuyos orígenes se encuentran en las Cortes de Cádiz de 1812, entre la aristocracia y el clero, de un lado, y los librepensadores, del otro. Después de la fracasada revolución de 1868 y la efímera República, la Restauración se caracteriza por el turno de los partidos, por el caciquismo, por la superficialidad de sus prohombres y por la inmoralidad de su administración. España, según esta interpretación, sencillamente, no se encontraba a la altura del resto de Europa.

Pero Unamuno, Martínez Ruiz, Maeztu, Baroja y otros no lo entendían así, por lo menos hacia finales de siglo.

Eran más perspicaces y sensibles a la realidad socio-económica en que vivían[3]. Con la Desamortización de 1836 se empieza a consolidar una clase burguesa y se aumenta el número de propietarios, hechos que amenazan a la antigua clase dominante. Al mismo tiempo, sin embargo, se hace más grande la distancia entre los privilegiados y el pueblo, no pudiendo aprovecharse este último de las tierras en venta por los precios altos y la falta de capital. La evolución de la industrialización y el capitalismo en España es lenta, en efecto, entre 1840 y 1870. Pero hay una importante expansión económica entre 1870 y 1898, debida, más que nada, a grandes aumentos en las inversiones extranjeras, facilitadas por el librecambismo, de países que empezaban a hacer competencia contra el monopolio industrial de Inglaterra, y a la entrada de los grandes terratenientes españoles en el mundo industrial y comercial. Es decir, en gran parte, España se desarrolla en el orden económico a través de iniciativa e influencia europeas. En el último tercio del siglo, entonces, el capitalismo y la industrialización habían avanzado suficientemente para haber establecido ya definitivamente una burguesía capitalista. Al mismo ritmo va surgiendo y creciendo la clase obrera —concomitancia de la sociedad capitalista—, y la burguesía capitalista se convierte en la clase conservadora, haciendo suyos los valores tradicionales de la antigua aristocracia. Debemos recordar también que la reacción burguesa conservadora contra la clase obrera levantó su cabeza en casi toda la Europa oficial alrededor de 1870. Los gobiernos de Francia y Alemania tomaron medidas contra la amenaza del proletariado militante; y en el Vaticano se publicó el famoso *Syllabus* (1864), documento obviamente reaccionario.

Gracias al libro *Los orígenes del pensamiento reaccionario español*, de Javier Herrero, ahora sabemos que a partir de la Ilustración casi toda la defensa ideológica de los va-

---

[3] Es indudable que el ensayo de Carlos Blanco Aguinaga, «¿Cuál era el problema de España?», incluido en *Juventud del 98*, en que se aplican las ideas de Vicens Vives sobre el siglo XIX español, representa un paso fundamental en los estudios sobre 1898; nos permitimos aprovechar su interpretación básica en este párrafo.

lores tradicionales llamados hispánicos procedía de pensadores europeos. En un sentido, entonces, España se encontró ya europeizada en el nivel ideológico. Cuando la vanguardia liberal pedía la «europeización» de España, lo que quería en realidad era el desarrollo de una clase media, libre de las jugadas políticas, que permitiese a España participar como potencia independiente en la vida del capitalismo europeo. Por esto vemos citada repetidas veces en los ensayos de la época la idea de Costa de que si los españoles no modernizan su industria y su agricultura, los extranjeros lo harán por ellos.

Ahora bien, nuestra presentación hasta aquí de la evolución socio-económica de la España del siglo XIX ha sido esquemática por necesidad, y para un tratamiento más amplio y convincente de su aplicación al 98 remitimos al lector al estudio citado de Blanco Aguinaga. Según él, lo que distingue a la generación del 98 es que ha sido la primera generación de intelectuales españoles que de la vanguardia burguesa intentó pasarse al «enemigo» (la clase obrera). Hasta cierto punto, esta interpretación es válida y allí es donde había de atacar para deshacer las opiniones intencionalmente conservadores sobre la historia intelectual de 1898. Sin embargo, una matización del problema de las «clases» en la España de la última parte del siglo XIX ayudará a explicar lo que vino a ser una clase media ideológicamente confusa y dividida con respecto a su acción dentro de la sociedad —hecho que, creemos nosotros, contribuyó a las contradicciones intelectuales de los jóvenes del 98.

Si la desamortización y la industrialización llegan a crear a lo largo del siglo una nueva estructura social que desemboca en un claro conflicto entre los capitalistas y los obreros, no es menos cierto que se produce una fragmentación en la burguesía, debida al peculiar desarrollo industrial, ya mencionado, de España. A partir de 1868, con el fracaso de la revolución burguesa, se pueden identificar por lo menos tres grupos, dentro de la clase media, que no siempre estaban de acuerdo: 1) el izquierdismo liberal de un sector de la pequeña burguesía que siguió el auge de la «Federal» y que se sintió amenazado por la industialización y soñaba con una sociedad precapitalista en que reinaría la justicia y la libertad para todos; 2) el sector de comerciantes y pequeños fabricantes, que quería participar libremente, los librecambistas), al nivel europeo, en el desarrollo del capitalismo y la industrialización, y 3) la alta burguesía (los proteccionistas), políticamente asociada con la nobleza y los grandes terratenientes, que controlaban el capitalismo español durante la Restauración [4].

Es decir, el «modelo» intelectual e ideológico de una oposición bipolar entre burguesía y proletariado —modelo basado en Inglaterra y Francia que dominaba las teorías socialistas— no servía para interpretar adecuadamente la realidad socio-histórica de la evolución industrial todavía embrionaria en España. Manuel Tuñón de Lara, en su libro *Estudios sobre el siglo XIX español,* analiza la alianza entre la nobleza, la burguesía capitalista y los grandes terratenientes que formará el bloque de poder contra la «otra» burguesía de ideas normalmente liberales, impidiendo así un progreso económico al nivel europeo. La Unión Nacional de 1900 no fue más que un intento de la burguesía, apoyada en las clases medias, de tomar el poder [5]. El rotundo fracaso, ante la fuerza de la burguesía oligárquica, no podría ser más desilusionante para pensadores como Maeztu y Baroja. Tampoco se debe olvidar que casi un 70 por 100 de la población de 1900 era rural; y ni la revolución industrial, tal como se efectuaba entonces en España, ni la lucha de clases socialista respondían a los problemas del campo. En muchas páginas de interesante interpretación económica, Unamuno, Maeztu y Azorín reclaman —al parecer en vano— la industrialización del campo.

De lo anterior se desprende, claro está, que dentro de la sociedad cambiada por el capitalismo y el bloque políti-

---

[4] Véase Antoni Jutglar, *Ideologías y clases en la España contemporánea* (Madrid, *Cuadernos para el diálogo,* 1968-1969), sobre todo el apartado del segundo tomo, «La estratificación social española en el último cuarto del siglo XIX».

[5] Cfr. «La burguesía y la formación del bloque de poder oligárquico: 1875-1914», capítulo del libro citado (Madrid, 1972) de Tuñón de Lara.

co de la nobleza, la alta burguesía y los grandes terratenientes, fue amenazada la existencia del resto de la clase media, sobre todo de la pequeña burguesía, tal como se concebía en su estado precapitalista. Y de esta clase procedían casi todos los del 98 [6] —a diferencia de un Galdós, un Valera o una Pardo Bazán, por ejemplo—. Con el progreso de la sociedad capitalista ya no pueden los pequeños burgueses conservar su fuerte independencia, y la mayoría de ellos y el pueblo van convirtiéndose en el proletariado industrial moderno. Ciertos elementos de la pequeña burguesía, entre ellos los escritores e intelectuales mismos, se elevan por encima de la mayoría. Y si pueden defender los ideales del proletariado, su situación socio-económica no es la misma, ni pueden pasar a la burguesía capitalista. Intelectualmente apoyan la necesidad de la lucha de clases para una mejor y más justa distribución de los bienes, pero también saben que el camino para su propia participación, o la de su clase, en la nueva sociedad no se abre y sienten emocionalmente

---

[6] Sabemos que no es siempre exacto identificar a uno como procedente de este o el otro segmento de la clase media. En todo caso, de los informes siguientes se destaca el hecho de que las familias de Unamuno, Baroja, Maeztu y Azorín se hallaban, de una forma u otra, amenazadas por una situación socio-económica desequilibrada. El padre de Unamuno fue hijo de confitero. Después de volver de Méjico donde había ido a trabajar, tuvo primero una fábrica de pan y luego un comercio. El abuelo paterno de Baroja, un librero; y su padre, un ingeniero de minas de temperamento bohemio. La madre de don Pío fue propietaria de un par de casas en San Sebastián, y se recordará que el joven escritor dirigiría durante algún tiempo la panadería de su tía. El padre de Maeztu fue dueño de un ingenio de azúcar en Cuba y su madre, hija del cónsul inglés en París. La familia perdió todo su dinero y a los dieciséis años Ramiro se fue a Cuba a trabajar. Al morir su padre en 1894, su madre montó una escuela de idiomas en Bilbao. El padre de Martínez Ruiz fue propietario de vastas tierras en Monóvar y por lo visto la familia vivía con holgura. Sin embargo, la crisis del campo en los últimos años del siglo XIX iba a afectar grandemente su fortuna. Según lo que hemos podido averiguar, Martínez Ruiz fue el único de los cuatro escritores mencionados aquí que procedía de una familia de ideas políticamente conservadoras. También merecería un estudio aparte el cómo la situación particular de cada uno (Baroja, médico de pueblo, comerciante; Maeztu, hijo de criollo y obrero; Unamuno, universitario; Azorín, oriundo del campo) matizase sus ideas.

la desaparición de los antiguos valores y costumbres de la clase media. Los factores mencionados, entonces, habrán fomentado la dicotomía intelectual —típica de los noventayochistas a la vuelta del siglo— entre el reformador y el escéptico [7].

Entonces —como es sabido—, era una época en la cual vivían los intelectuales y otros elementos del pueblo enajenados de los valores sociales, políticos y morales que dominaban la condición histórica española. Esta alienación fue a la vez emocional, social y geográfica. Bilbao era el centro industrial, verdadero vivero del socialismo marxista, y Barcelona, el centro comercial, donde prevalecía el anarquismo como forma de protesta contra el capitalismo y la propiedad privada; pero Madrid seguía siendo el centro político y cultural del país. El intelectual, entonces, probaba fortuna en las páginas de las revistas y periódicos madrileños y buscaba en estas mismas páginas las nuevas ideas europeizantes. Un repaso de los libros publicados por las editoriales más importantes, de las revistas más leídas y de las conferencias y debates en el Ateneo sirve para demostrar que el español tenía acceso a las más destacadas obras de literatura, filosofía y pensamiento socio-político publicadas en el extranjero en la última mitad del siglo XIX. Sin entrar en detalles mencionaremos ciertas orientaciones intelectuales predominantes —y centrales a nuestro comentario— que circulaban entonces: varias adaptaciones de la teoría de la evolución, la filosofía postkantiana de Schopenhauer, Hegel y Nietzsche, y el pensamiento socio-político de Marx, Kropotkin, Sebastián Faure, Renan y Tolstoi. Aquellas mentes jóvenes del 98 eran susceptibles a la influencia extranjera; además, la condición histórica

---

[7] En «Hacia una sociología del 98 (notas a un libro portugués)», *Literatura y pequeña burguesía en España* (Madrid, *Cuadernos para el diálogo*, 1972), José-Carlos Mainer formula una serie de preguntas muy sugestivas sobre el antipositivismo o irracionalismo de las generaciones *saudosas* en la Europa finisecular. Siguiendo el libro de Augusto Costa Dias que comenta, *A crise da consciência pequeno-burguesa,* Mainer explica que las posibilidades del presente histórico eran incómodas para la pequeña burguesía.

de España exigía la necesidad de cambios y reformas. No obstante, con la inestabilidad de la sociedad española, debida al fracaso político y el estado precario del desarrollo económico, uno podría ver fácilmente que esta lista de influencias ideológicas podría llevar a un confusionismo o a una crisis intelectual; y esto es, creemos, lo que realmente ha pasado, como trataremos de demostrar más adelante.

En todo caso, Unamuno, Martínez Ruiz, Maeztu y Baroja veían sin duda alguna como básicos para el problema de España a la vuelta del siglo los efectos socio-económicos del desarrollo industrial a que ya nos hemos referido varias veces. Muchos son los artículos y ensayos que escribieron entre 1895 y 1905 en que analizan y promueven la lucha de clases con argumentos ortodoxos de las varias escuelas del socialismo. Es ya tiempo de que nos desentendamos de la impresión —demasiado divulgada— de que la protesta de estos jóvenes era poco más que unos gritos estridentes, cuyos orígenes se encuentran en la literatura española, en Quevedo, Cadalso, Larra, Galdós, etc., contra la chabacanería, la frivolidad y la superficialidad de la sociedad española de la Restauración. Queda demostrado también que hacia finales del siglo XIX lo que les caracteriza no es una entrega a una «España soñada», mistificada, sino una seria consideración de los problemas de la realidad histórica.

Para una más clara presentación de nuestro argumento, aludiremos al contenido de los ensayos recopilados en este tomo sobre Maeztu y Martínez Ruiz[8]. Desde su primera colaboración en una revista madrileña, «El socialismo bilbaíno» (1897), el joven Ramiro denuncia continuamente la situación obrera frente al poder de los privilegiados. Y en análisis tras análisis de específicos acontecimientos y estructuras sociales hace hincapié en la necesidad de un libre desarrollo industrial y en la resultante organización y lucha de los trabajadores para conseguir lo merecido y para elevar su nivel de vida. Pero si se le ve a Maeztu citado entre

---

[8] Cfr. también los estudios de Blanco Aguinaga sobre los mismos escritores en *Juventud del 98*.

social que sus compañeros, pero no podemos hablar confiadamente del pensamiento, como tal, del joven Baroja hasta que se hayan sacado a la luz los artículos que publicó con raros pseudónimos en los periódicos y revistas de la época. Sin embargo, aquí no se trata de probar si se adhirió a tal o cual ideología socialista, sino de si da testimonio de la realidad española de que venimos hablando.

Baroja siempre ha sido más novelista que sus compañeros de generación; ellos han sido más bien ensayistas, y en la novela interesa a menudo un estudio del fondo socioeconómico en que se mueven los personajes para llegar a entender cómo concibe el autor la realidad observada. Si examinamos la primera prosa de Baroja, en seguida notamos un punto de vista social distinto del que dominaba en la novela del siglo XIX. Uno de los temas predominantes en *Vidas sombrías* (1900) y *La casa de Aizgorri* (1900) es el dolor, pero un dolor claramente causado por una posición socio-económica inferior —idea importante, agregamos, expuesta por Faure en *El dolor universal*—. Los personajes en estas obras están divididos en ricos y pobres, patronos y trabajadores, que Baroja pinta como explotadores y explotados. Y huelga decir que siempre simpatiza con los explotados. No es de poca importancia que el escenario de estas obras se sitúe en el País Vasco industrializado. El mundo del obrero oprimido también se halla como tema en muchos cuentos de Martínez Ruiz, Maeztu y otros escritores menores de su generación.

Encontramos en la trilogía *La lucha por la vida* (1903-1904) una compleja dialéctica demográfica, geográfica y sociológica que estudia Carlos Blanco Aguinaga en su libro *Juventud del 98*. El centro de interés barojiano cambia de la vida en los barrios viejos a los cuales estamos tan acostumbrados en la novela madrileña del siglo pasado a los barrios nuevos ladeando la orilla del Manzanares donde habitaban mezcladas la golfería y la clase obrera inmigrante. La burguesía vive «arriba», en el casco viejo de Madrid, mientras los inmigrantes, los de «abajo», luchan entre el caer en la vida ilícita o el trabajar con la esperanza de poder vivir «dentro» de la ciudad, por lo menos en Chamberí,

los más logrados publicistas de ideario socialista, nunca aceptó el principio de la colectividad de propiedad y bienes, creyendo siempre en una agitación antipolítica caracterizada por un fuerte individualismo en un mundo de ruda concurrencia económica.

Los esfuerzos de Maeztu para apoyar el movimiento obrero se diluirían por sus ideas en favor del individualismo, a veces abiertamente nietzscheanas —hecho que refleja en él una crisis de conciencia de clase—. Llegó a elogiar el trabajo productivo, sin ética o moralidad, sea del capitalista o del obrero, como única forma de hacer patria. Acosado por el fracaso de sus ideales —debido quizá a la coalición socio-política de la alta burguesía y el gran terrateniente de que hemos hablado—, se marcharía a Londres, en 1905, donde residió hasta 1919.

Martínez Ruiz, en sus escritos alrededor de 1900, toma como punto de partida el principio de que las injusticias sociales están radicadas en un organismo que permite la acumulación de propiedad y medios de vivir por una clase a expensas de otra. Como teórico y propagandista del anarquismo comunista, se dirige en sus artículos —publicados en la prensa más progresista, incluso en la obrera, de España, Francia, Inglaterra, América Latina y Estados Unidos— a casos concretos de injusticias cometidas por la alianza capitalista y promueve resistencia, y hasta revolución, entre los obreros. No da lugar a dudas el hecho de que el futuro Azorín entendía la realidad histórica española como definida por un conflicto socio-económico entre los explotados y explotadores. El hecho de que también ingresara en el Partido Federal de 1897 no es sólo un ejemplo de la cooperación que había entonces entre los más radicales izquierdistas, sobre todo entre los anarquistas y los republicanos federales, sino también indicio de una confusión ideológica y de acción que existiría entre los intelectuales de la clase media.

Pero hay señales de que, de vez en cuando, el joven Martínez Ruiz se desanimaba. Sería difícil psicológicamente sostener la batalla del movimiento obrero, clase a que él no pertenecía, desde una atalaya intelectual. Y se cansaba de lo que él mismo llamó en 1897 esta «lucha estéril» contra la potencia socio-política. Se retiraba a una contemplación del paisaje, a meditar sobre el pasado español. Siempre, sin embargo, volvía a la crítica de la realidad histórica —por lo menos hasta 1905—. Pero ¿era esta realidad la suya íntima?

Gracias a la excelente labor erudita de Carlos Blanco Aguinaga y Rafael Pérez de la Dehesa [9], podemos trazar la evolución del pensamiento socialista de Unamuno desde su «conversión» al racionalismo e interés en el «método científico» y la economía política en 1890 y sus primeras preocupaciones con la cuestión social hasta su conocida crisis religiosa en el año 1897. Entre 1894, año en que se adhirió Unamuno al Partido Socialista Obrero, y 1896, escribe más de 150 artículos para el periódico *La Lucha de Clases*, el órgano de la Agrupación de Bilbao. Son de un marxismo «limpio y puro», y tan ortodoxos y teóricos que muchas veces se publican como artículo de fondo. Algunos son reproducidos en el órgano alemán *Der Sozialistische Akademiker,* y de allí le piden al profesor en Salamanca colaboraciones originales. Ahora bien, el profesor Blanco Aguinaga nota que hacia 1897 el socialismo, ya no propiamente hablando marxista, de Unamuno se trueca en una vaga concepción del socialismo como religión. Por otro lado, no debemos descontar los múltiples textos de Unamuno —incluidos en las *Obras completas*— con fechas hasta 1904, en que sigue enfrentándose críticamente con el «problema de España» en términos de un materialismo económico de índole socialista. Es decir, que desde 1890 a 1904 Unamuno tuvo una visión inmediata de la realidad española cuyos componentes eran el capitalismo, la burguesía, la clase obrera y cuyos resortes eran el materialismo económico y el conflicto entre las clases.

Pero en la correspondencia de Unamuno durante estos años —que el mismo Blanco Aguinaga estudia cuidadosa-

mente— se hallan preocupaciones de otro orden y muy a menudo muestra cierta inquietud por no responder el socialismo a otros problemas del ser humano —los espirituales, por ejemplo—, y parece que se desvía hacia un reformismo utópico. Y estas preocupaciones no surgen progresivamente, sino que están constantemente presentes. Sin duda, hay altibajos de intensidad, pero eso sería normal en momentos críticos y conflictivos del pensamiento, como creemos nosotros que son éstos. Además, ¿cómo podemos pasar por alto el hecho de que los ensayos de *En torno al casticismo,* en que el Unamuno contemplativo se revela más dramáticamente por primera vez, pertenecen a 1895 —precisamente durante el momento de su más activa participación en la propaganda marxista—? Tampoco debemos olvidar que publicó en 1897 *Paz en la guerra,* novela que venía escribiendo desde hacía muchos años, en la cual trata de fundir lo histórico con lo intrahistórico. En los años que venimos discutiendo, no es cuestión de comprobar la autenticidad de una postura u otra. El marxismo ortodoxo y la crisis religiosa son cara y cruz de un mismo problema intelectual.

Sabemos que Baroja colaboraba con Maeztu y el futuro Azorín en una serie de protestas alrededor de 1900, y su retrato por Azorín en *La voluntad* destaca sus conocimientos con respecto a la polémica entre el revisionismo y el marxismo. De los artículos recopilados del joven Baroja vislumbramos una adhesión al espíritu del anarquismo, por un rechazo de cualquier tipo de autoridad, por su anticlericalismo y por sus ideas sobre el divorcio y el matrimonio [10]. También sabemos que entró en tratos, en Londres, a principio de siglo, con los anarquista Kropotkin, Malatesta y Tárrida de Mármol [11]. No debemos olvidar su tratamiento dramático y simpatizante de los círculos anarquistas madrileños en su novela *Aurora roja* (1905). Sospechamos que Baroja era menos teórico en su pensamiento

[9] Blanco Aguinaga, «De nuevo: El socialismo de Unamuno (1894-1897)», en *Juventud del 98*; y Pérez de la Dehesa, *Política y sociedad en el primer Unamuno*.

[10] Véase la colección de los escritos del joven Baroja, hecha por Manuel Longares, ya mencionada en estas notas.

[11] Pío Baroja, *Final del siglo XIX y principios del XX* (Biblioteca Nueva, 1945), págs. 295-318.

nuevo barrio, «arriba», poblado por la clase trabajadora que ya había logrado cierta categoría estable. Después de vacilar, Manuel entra en una imprenta como cajista (el gremio más importante en las asociaciones socialistas, dicho sea de paso) y logra pasar a ser dueño de una pequeña imprenta, no, sin embargo, sin la ayuda de un rico amigo, Roberto Hasting, inglés que había heredado su dinero. Según va subiendo en la escala económica va tomando conciencia política y social, y se asocia con el círculo anarquista «Aurora roja», donde discuten obreros e intelectuales en pro y en contra de varias teorías socialistas. Si Baroja nos describe las vicisitudes del obrero en su lucha contra la explotación —y no sólo a través de Manuel, sino a través de una multitud de personajes secundarios—, ya que el protagonista pasa de la clase obrera a la pequeña burguesía, parece que el novelista opta por la lucha por la vida en términos darwinistas, anglosajones. Es decir, Manuel se libra de la explotación no porque se haya reformado el sistema, sino porque él pudo aprovecharse de ello [12].

---

[12] Valdría la pena sacar a luz el periodismo de Valle-Inclán para ver hasta qué punto compartía con sus compañeros de generación la preocupación por la realidad social de la clase obrera. Desde luego, el hallazgo por Domingo García-Sabell de la novela de don Ramón, *La cara de Dios* (1899), reimpresa por Taurus en 1972, proporciona interesante material con respecto al tema. Los personajes principales, y gran parte de los secundarios, son obreros y de su existencia se informa en la novela por ideas socialistas y anarquistas: «Víctor Rey (el protagonista) era la encarnación del trabajador actual, que tiene el corazón y la inteligencia rebosante de lecturas y predicaciones socialistas» (pág. 100). «Preguntar al hombre por qué delinque, señor juez, es como preguntar al enfermo por qué sufre» (pág. 100). «Los que le (a Víctor) oían exponer sus ideas le auguraban un mal fin, porque su modo de pensar y su lenguaje ofendían las ideas de los burgueses» (pág. 243). «La presencia de aquel joven obrero, de ideas tan radicales y de espíritu tan audaz parecía amenazar la seguridad de la vieja y levítica ciudad» (pág. 245). En fin, el obrero que pinta Valle-Inclán —y con el que simpatiza— en *La cara de Dios* es el que tiene conciencia de lo injusto de la sociedad y que lucha abiertamente para cambiarla. Así es que con *La cara de Dios* de un lado y las *Sonatas* y los cuentos del primer Valle al otro, nos encontramos de nuevo ante la contradicción entre una *conciencia* de la realidad socio-económica y la *añoranza* del pasado.

Ahora bien, en nada de lo dicho hasta este punto ha sido nuestra intención establecer que la única preocupación de los escritores del 98 ha sido sus esfuerzos positivos hacia la reestructura de la sociedad para que sus compatriotas gozasen de una vida libre de las injusticias económicas. Sí, hemos querido insistir en que chocaron directamente con la realidad española en toda su extensión material; eso, sí. Y su actividad fue intensa. Pero al mismo tiempo hemos ido sugiriendo que esa actitud realista se alternaba con cierto escepticismo o pesimismo que se suele mencionar como característica primordial de la generación de 1898. Sólo es superficialmente contradictorio, sobre todo en un momento histórico altamente conflictivo, que uno predicara reforma social y al mismo tiempo meditara sobre la condición metafísica del hombre. Aquélla tiene que ver con el hombre en el tiempo, y ésta más probablemente con el hombre en la eternidad. El joven intelectual español —y no olvidemos que eran precisamente eso, intelectuales— no pudo menos que sentirse deprimido por las realidades socio-políticas que le rodeaban; y si altruismo cedía paso de vez en cuando al egoísmo —porque la crisis en España se explica en parte por la crisis de su propia clase—, un pesimismo paralizador podía fácilmente alternar con el deseo de la vida activa de un reformador. Si en las obras más maduras de Unamuno, Maeztu, Azorín y Baroja parece que el conflicto va resolviéndose en una postura más bien escéptica ante la historia de España, a nuestro parecer, el grupo ·se define en aquellos años alrededor de 1898 por la aparente contradicción entre un profundo deseo de un mejor futuro terrestre para el hombre —más específicamente español— y una desconfianza en las capacidades humanas para determinar su condición. Nos llama la atención el parecido que hay, en el radical vaivén entre la violenta protesta y la huida hacia la meditación metafísica, con la contracultura de hoy.

Hacia el fin del siglo, Schopenhauer fue uno de los pensadores más leídos y comentados en España. Y en las obras de Unamuno, Martínez Ruiz y Baroja es probable que sea el escritor cuyas ideas más se citan. Es evidente que habían leído con cuidado la obra más importante del pesimista alemán, *El mundo como voluntad y representación,* traducida al castellano en los años 1880. Schopenhauer les ofrecía una descripción de la condición humana que tenía que nutrir su pensamiento. En resumen: el hombre se encuentra arrastrado irremediablemente por una fuerza llamada voluntad, de la cual sus necesidades materiales y sus pasiones no son sino reflejos temporales. En un mundo de deseos frustrados que acaban en un dolor y sufrimiento constantes. La inteligencia no nos ayuda porque, cuando mayor sea el conocimiento, más sufrimos. El hombre sólo puede sentirse aliviado por medio de un estado contemplativo. Pero en este mundo de la contemplación, de Representación o Idea —una especie de *ataraxia* estoica—, se colma de aburrimiento y vuelve a buscar el mundo de la voluntad. La vida, entonces, es un péndulo que oscila entre el sufrimiento y el aburrimiento. Ganivet era el primero de su generación en entregarse a esta concepción metafísica de la vida y se halla expresada, muchas veces en exacta terminología schopenhaueriana, en sus cartas a Navarro Ledesma de 1891 hasta su suicidio en 1898. Pero de nuevo es Baroja quien traspasa esta filosofía pesimista a la novela en *El árbol de la ciencia* —tema ya estudiado en otro ensayo de este libro—. Al mismo tiempo que Baroja añade una nueva dimensión social a la literatura española, renueva con Azorín el antiguo conflicto ciudad-campo, tan usado en la novela del siglo XIX, con valores metafísicos.

Por escéptica que pueda considerarse la última solución sugerida por Baroja en *El árbol de la ciencia,* hay indicios de que no se ha fugado todavía hacia sencillas meditaciones filosóficas. Sus diálogos metafísicos consigo mismo sobre lo que llama la «cacería» schopenhaueriana del hombre se interrumpen a lo largo de la novela por observaciones de la realidad socio-económica de España que le hacen formular las cuestiones de otra forma. ¿No sería —se pregunta— que esta misma «cacería» se debe a las injusticias sociales? Así le vemos a Baroja vacilando entre la necesidad de reformar la estructura económica de la sociedad y la resignación a una visión pesimista de la condición humana. Si en parte el pensamiento de Schopenhauer le ayuda a filosofar sobre el predicamento en que se halla el hombre, su obra se caracteriza por la lucha de encontrar una salida. Si la vida es callejón sin salida, al fin y al cabo, el ser consciente del dilema existencialista y el afán de luchar contra todo serán trascendentales.

En la década de 1890, a la vez que abogaba por una economía política socialista, Unamuno creía que España se encontraba sin energía espiritual, y el propósito de *En torno al casticismo* fue analizar esta enfermedad y buscar la cura. Sabemos que durante aquellos años había una proliferación de libros en que se investigaban las raíces de la histórica convivencia hispánica con el objeto de reconstruir la nación a base de ellas. Se puede decir que hacía falta una base ideológica que respondiera a la nueva estructura socio-material. Para los nuevos intelectuales disidentes que creían en una nueva España, la ideología dominante que había venido a parar en las ideas de Menéndez Pelayo no estaba a la altura de la época. En parte, de ahí surgió el pensamiento krausista, y los estudios más concienzudos eran precisamente los de Joaquín Costa sobre las instituciones políticas y el derecho consuetudinario, y el libro de Rafael Altamira sobre la psicología del pueblo español. Sin embargo, *En torno al casticismo* sirve en este contexto como mejor ilustración de la crisis de pensamiento, de ideología, que transparentaba el mundo intelectual de los jóvenes del 98. Es sin duda una obra difícil, plagada de contradicciones —ambigüedades que Unamuno aprende a explotar con más éxito en sus obras más tardías—, pero se puede resumir el contenido y la intención sin riesgo de caer en importantes equivocaciones.

Unamuno creía que la casta dominante —«inquisitorial», según él— había llegado a racionalizar los conceptos de la vida socio-política hasta el punto de que ya no respondían al genio de la espontaneidad del pueblo, que había forjado en primera instancia el idealismo creador. El lector de *En torno al casticismo* recordará la dialéctica entre la historia y la intrahistoria a través de la cual analiza el hondo espíritu castellano y la progresiva disociación entre él y su conceptualización. Termina Unamuno diciendo que «la miseria mental de España arranca del aislamiento en que nos puso toda una conducta cifrada en el proteccionismo inquisitorial que ahogó en su cuna la Reforma castiza e impidió la entrada a la europea; que en la intrahistoria vive con la masa difusa y desdeñada el principio de honda continuidad internacional y de cosmopolitismo, el protoplasma universal humano; que sólo abriendo las ventanas a vientos europeos, empapándonos en el ambiente continental, teniendo fe en que no perderemos nuestra personalidad al hacerlo, europeizándose para hacer España y chapuzándonos en pueblo, regeneraremos esta estepa moral».

Creemos que Unamuno, con *En torno al casticismo,* pretendía apelar a la acción histórica, incluso con implicaciones de agitación socialista. Recordemos que publicó estos ensayos por primera vez, en 1895, en la revista anarquista *Ciencia Social.* Pero en el detalle de su estudio de la intrahistoria —tal vez arrastrado por sus preocupaciones íntimas— mitifica algo el espíritu del pueblo español; parece huir de la realidad hacia una especie de contemplación del pasado español en busca del contacto con la eternidad y la naturaleza. Sabemos que el paisajismo del 98 arranca de estos ensayos. Y, además, por el sistema hegeliano que adopta y sus reflexiones sobre el «nimbo» de las ideas, llega a tal extremo de abstracción intelectual a veces que ofusca la misma vitalidad que quiso describir. En fin, en su totalidad, *En torno al casticismo* es una obra fracasada.

El mismo Unamuno nos dice que su propósito al escribir *Paz en la guerra* ha sido una descripción de lo intrahistórico de la última guerra carlista. Aquí descubrimos en grandes dosis al Unamuno pasivo, escéptico, que encuentra la armonía entre paz y guerra, vida y muerte, en una identificación con la tradición eterna, lograda a través de la contemplación de la naturaleza, todo lejos de la historia de la guerra. Sin embargo, es importante que no pasemos por alto el final de la novela: después de contemplar el cielo y el mar, y llegar a un estado de consciencia de su ser intrahistórico, Pachico baja a Bilbao a participar en la lucha de clases. Es decir, vuelve a la realidad histórica.

Repetimos, desde el punto de vista puramente cronológico, que no podemos considerar *Paz en la guerra,* publicada en 1897, como mero eslabón en la evolución del pensamiento de Unamuno hacia una huida del momento histórico, explicada por su crisis religiosa en el mismo año. Venía formulando esta proyección autobiográfica en forma de novela desde hacía muchos años. Representa, más bien, al lado de su propaganda socialista, una contradicción, un conflicto intelectual entre la acción y la contemplación, entre la vida histórica y la inmortalidad.

No hay duda de que existía en Unamuno, Martínez Ruiz y Baroja la tendencia a intelectualizar sus observaciones sobre la naturaleza y condición humanas. Hasta parece a veces que sus experiencias más vitales se reducen, por lo menos en la forma en que están expresadas, a lo que leyeron. También podría ser certero el corolario: no cae fuera de lo posible que sus lecturas despertasen en ellos ciertas emociones y meditaciones. Sea lo que fuere, su análisis intelectual a menudo eclipsó su vitalidad. La idea de que este tipo de actividad de la inteligencia paralizó la voluntad de acción y coartó la capacidad de gozar de la vida, es un aspecto significante en sus escritos alrededor de 1900. El constante análisis de las causas y efectos de la reacción humana ante la realidad lleva casi siempre al pesimismo y estorba la posibilidad de sentir, de reaccionar emocionalmente. Parece que Unamuno, Baroja y Martínez Ruiz fueron empujados, por insatisfacción con la realidad e incapacidad de reformarla, al mundo de la inteligencia, de la contemplación. Corriendo el riesgo de confundir, pero con la intención de proceder en forma más comprensible, vamos a volver a la filosofía de Schopenhauer, no como historiador de la filosofía —para lo que no somos competentes—, sino como contexto del ambiente intelectual. En el escenario intelectual de España a la vuelta del siglo y a la par en las obras que tenemos bajo consideración, la antinomia, de un lado, voluntad-acción, y, por otro, representación-contemplación-inteligencia, asumió matices complejos que llegaron hasta a subvertir la esencia de su sentido original schopenhaueriano. Para el mismo Schopenhauer, la voluntad fue una fuerza negativa, pero a la vez la «cosa-en-sí» de la metafísica kantiana. Sin embargo, por la influencia de Nietzsche vino a significar para muchos energía vital, la voluntad de efectuar un cambio en la existencia física y moral del hombre o una capacidad de gozar de la vida en términos individuales y personales. Este último concepto se reforzó por la popularidad del epicureísmo, revivido por la filosofía del francés Marie Jean Guyau, pensador que influyó bastante en Azorín y Baroja. Así la voluntad llega a ser un concepto temporal, una actitud positiva que mejora la existencia del hombre. Por otra parte, el mundo de la representación se interpreta como un estado contemplativo de valores eternos, o como una indiferencia hacia la naturaleza, la cual tiene todas las características deterministas de la voluntad de Schopenhauer. También se concebía como un estado en que el conocimiento, la inteligencia o la intuición son predominantes. En este caso, el lograr el mundo de la representación llevó inevitablemente a la autocontemplación, que a su turno destruyó la voluntad de acción. Cualesquiera que fueran sus sentidos precisos en el contexto individual, la crisis de los jóvenes del 98 se radicaba en la polarización de dos fuerzas en conflicto que se puede expresar de varias maneras: acción contra pensamiento, pasión contra razón, vivir contra leer, tiempo contra eternidad, Europa contra España. Trataremos de ilustrar una vez más lo que queremos decir.

Despreciando los valores de la sociedad en que vive y rechazado por ella, Fernando Ossorio, el protagonista de la novela barojiana *Camino de perfección,* se lanza al camino en busca de una elevación mística. Pero poco observa en los pueblos españoles donde toma refugio que le inspire hacia una vida mejor. Finalmente, llega a la conclusión de que es incapaz de vivir según sus instintos por las ideas sobre la existencia que han formado su mentalidad. Su misticismo está intelectualizado hasta tal extremo que sus ideas y dudas le niegan la posibilidad de responder libremente a sus instintos naturales. Fernando encuentra, pues, la pasión por la vida por una solución romántica típica: la huida de todo lo «civilizado», de toda sociedad estructurada culturalmente, para unirse con la madre naturaleza. Aquí se le vuelve a despertar su energía vital y cree que si él está aún dominado por lo que ha leído y por lo que le han enseñado en las escuelas de orientación dogmática, por lo menos su hijo no tendrá que sufrir las torturas de un intelecto deformado y enfermo. Baroja sabe demasiado bien, sin embargo, que esta solución no es adecuada por utópica, y que la estructura temporal de la sociedad tiene que ser cambiada radicalmente. Termina *Camino de perfección* con una escena irónica y cínica: mientras Fernando está proyectando el futuro de su hijo, su suegra está cosiendo una hoja del Evangelio en los paños del nieto.

La voluntad y *Antonio Azorín*, de Martínez Ruiz, son excelentes textos para estudiar la complejidad de este dilema entre «el mundo de la voluntad y el de la representación» en su verdadera gestación, y por eso en su momento más angustioso. Creemos ver en *La voluntad* la novela en que mejor se proyecta lo que es para nosotros la crisis de los escritores del 98. Estas dos novelas representan una especie de crónicas autobiográficas en las cuales el autor inserta artículos periodísticos suyos y de otros que comentan casos específicos de injusticia social o acontecimientos semejantes que reflejan un desbarajuste en la vida nacional. Nos mantiene a los lectores al corriente de lo que está leyendo y de las fuentes de las ideas que está manipulando. Mezcladas con esta actividad intelectual encontramos algunas de las más líricas descripciones del paisaje español escritas por Azorín. Porque el tono de *La voluntad*, publicada en 1902, es más violento que el de *Antonio Azorín*, de 1903, los críticos han querido ver en la segunda novela una evolución definitiva desde la crítica social hacia la contemplación escéptica del paisaje y los tipos castellanos que caracteriza las obras del Azorín que más leemos hoy. A nuestro parecer, es una interpretación que sirve para quitar valor a la crisis de que hablamos, que tergiversa algo la realidad. Al leer *Antonio Azorín* con cuidado, ¿cómo podría uno dejar de ver que los últimos capítulos son descripciones sociológicas de los problemas económicos y agrícolas de los pueblos castellanos? De hecho, por eso —por dar un panorama de la realidad de los pueblos— se escribieron; todos ellos se publicaron, como encargados, en el periódico madrileño *El Globo*. Es decir, no se componían con intención novelística, sino de reportaje. Citamos de los artículos, o de la última parte de *Antonio Azorín:* «Un pueblo pobre es un pueblo de esclavos. No puede haber independencia ni fortaleza de espíritu en quien se siente agobiado por la miseria del medio... El labriego, el artesano, el pequeño propietario, que pierden sus cosechas o las perciben tras largas penalidades, que viven en casas pobres y visten astrosamente, sienten sus espíritus doloridos y se entregan —por instinto, por herencia— a estos consuelos de la resignación. Y habría que decirles que la vida no es resignación, no es tristeza, no es dolor, sino que es goce fuerte y fecundo; goce espontáneo de la naturaleza, del arte, del agua, de los árboles, del cielo azul, de las casas limpias, de los trajes elegantes, de los muebles cómodos... Y para demostrárselo habría que darles estas cosas» [13]. Y las colaboraciones de prensa de Martínez Ruiz, que ya tiene treinta años en 1903, revelan que sigue casi exclusivamente en plan de crítico social de la realidad histórica de su época. Por otra parte, tenemos suficiente evidencia para creer que la primera parte de *Antonio Azorín* —la parte que podríamos llamar contemplativa, escéptica— fue escrita antes que *La voluntad*, tal vez en 1899, cuando Martínez Ruiz se encontraba todavía en su época de teórico y propagandista del movimiento anarquista. Sea lo que sea, estas dos novelas, estudiadas juntas, nos ayudan a entender la postura ambigua que resulta de la confusión de la voluntad, de un lado, de reestructurar la historia actual y, de otro, el sentimiento de que todo es inútil [14].

Como se recordará, en la primera parte de *La voluntad,* Antonio Azorín, el protagonista autobiográfico no *hace* nada. Lee y escucha a otros cuyos monólogos proceden de libros. Muchas de las ideas que le son presentadas a Anto-

---

[13] *Antonio Azarín*, parte III, cap. XIV.
[14] Para un tratamiento más desarrollado de esta interpretación, véase el estudio preliminar a nuestra edición de *Antonio Azorín* (Barcelona, Labor, 1970).

nio son progresistas; pero en general la vida se describe en términos de Schopenhauer, *Eclesiastés,* y el dogma católico. También, demuestra él cierto interés en los ensayos de Montaigne. En la primera parte de *Antonio Azorín,* observa en vena científica el funcionamiento de la Naturaleza y concluye que la existencia humana es de poco valor. Sin embargo, si su observación científica y su autoanálisis intelectual desembocan en meditaciones sobre su insignificancia, al mismo tiempo posee el deseo de vivir, de pasar a la acción, de escapar de su estado contemplativo. En ambas novelas, Antonio Azorín se marcha de las provincias a Madrid, donde llega a ser periodista conocido, partidario de causas sociales y reformas políticas. En efecto, está rebelándose contra su ambiente. Pero los resultados mínimos de sus esfuerzos y de sus sacrificios personales para obtener justicia social —podemos decir, la derrota de un intelectual frente a la burguesía oligárquica— le convencen de que, efectivamente, sus lecturas describen la vida tal como se experimenta. Se podría agregar que no es capaz de superar su formación y sus tendencias intelectuales. Al final de *La voluntad,* creyendo ya firmemente que la Naturaleza es indiferente a los actos y gestos humanos, Antonio Azorín se hunde en el escepticismo amable de Montaigne y se dedica a una contemplación indiferente del paisaje e historia españoles basada en la intuición y la sensibilidad —funciones, en el sentido filosófico, de la inteligencia. Esto concluye en una revelación no ya del *yo* activo (voluntarioso, nietzscheano), sino de la auto-consciencia del *yo.* Importante parte de esta postura ambigua frente a la vida son las meditaciones de Martínez Ruiz, hasta en su primera época, sobre el tiempo y la eternidad —preocupación constante a lo largo de su vida—. Razona, con ideas de *La genèse de l'idée du temps* de Guyau, que el tiempo y la eternidad son conceptos mutuamente exclusivos. Citamos de la *La voluntad:* «El tiempo no puede ser eterno. La eternidad, presente siempre, sin pasado, sin futuro, no puede ser sucesiva. Si lo fuera y por siempre el momento sucediera al momento, daríase el caso paradójico de que la eternidad se aumentaba a cada instante transcurrido... La eternidad no existe. Donde hay eternidad no puede haber vida. Vida es sucesión; sucesión es tiempo. Y el tiempo —cambiante siempre— es la antítesis de la eternidad —presente siempre»[15]. Entonces el futuro Azorín acepta el hecho de que si la vida es tiempo y el tiempo implica cambio, la única actitud vital es querer trabajar por la transformación de la realidad. Pero sigue en pie la cuestión principal: ¿cómo reconciliamos lo perecedero del mundo externo y las posibilidades eternas de lo espiritual?

Unamuno escribió en *En torno al casticismo* que la historia es al tiempo lo que la intrahistoria es a la eternidad, y el dilema que trata de resolver con la dialéctica hegeliana es muy parecido a aquel con que se enfrenta Martínez Ruiz en *La voluntad* y *Antonio Azorín*. Pero Martínez Ruiz también proyecta el problema a un nivel estético: el conflicto entre el arte y la realidad. Sus obras son casi siempre productos de la observación de la realidad en que la fuente externa se reduce a una serie de impresiones desconectadas que definen su sensibilidad, su intuición. Su búsqueda de la emoción estética representa, por consecuencia, un rechazo de la realidad, la existencia de la cual se justifica sólo por sus posibilidades artísticas. El resultado es una indiferencia hacia la independencia de la realidad.

Estas tendencias hiperintelectuales —típicas de Unamuno, Azorín y Baroja— les llevaron a teorizar muy a menudo sobre el acto creador. Para ellos, los problemas son tales que les preocupan mientras participan en el mismo acto de escribir. No nos debe sorprender encontrar ensayos y novelas que tratan precisamente de los problemas de la creación. Así es que la ambigüedad acción-contemplación se encuentra todavía en otro nivel. El escritor está más interesado en cómo escribe que en qué escribe. Como hemos señalado antes, esta conciencia hipersensible e intelectual se desenvuelve en una descripción del *yo* a través de la autocontemplación, que sublima el *yo* activo, creador, paralizando así la potencia de sus capacidades para enfrentarse con la realidad. Esto es, claro está, el predicamento en que

---

[15] *La voluntad,* parte I, cap. III.

se ha encontrado Unamuno tantas veces. Poco trecho tendría que recorrer desde la toma de conciencia de la historia de España de *En torno del casticismo* hasta la autorreflexión (el yo y su papel en la tradición eterna, la intrahistoria) en *Paz en la guerra*.

Nos damos cuenta de que lo que venimos diciendo en las últimas páginas se podría considerar como formulaciones de la consabida postura escéptica de las obras más leídas de Unamuno y Azorín. Pero si uno se fija en las fechas de las obras que hemos comentado, todas de alrededor de 1900, y si se recuerda su enérgica actividad como reformadores de la realidad española, sin mistificaciones, que hemos esbozado al principio, salta a la vista la crisis —las enormes contradicciones, vamos a llamar las cosas por su nombre— en su pensamiento.

Se nos ocurre llamarlo todo Romanticismo; y hasta cierto punto estaríamos justificados. Casi todos los elementos están allí, y los escritores de 1898 son desde luego más profundamente románticos, en el contexto europeo, que los españoles de 1830 ó 1840. Por otra parte, hay algo más crítico, algo que se acerca más a la angustia del hombre en nuestro siglo. El Romanticismo se basó en gran parte en la confianza en los poderes de la imaginación humana. Si el hombre se sentía enajenado de su mundo dominado por una racionalización sociopolítica opresiva, también creía firmemente en su capacidad de universalizar sus experiencias y sensaciones por la imaginación. Los jóvenes del noventa y ocho no caían en tal decepción. Para ellos, la realidad era la realidad y no había más remedio que enfrentarse con ella —e insisto, ya por última vez, en que entendían la realidad histórica en todas sus dimensiones materialistas—. Sin embargo, en momentos conflictivos históricos parece que ni la ciencia ni el arte pueden aliviar la angustia del intelectual, la necesidad de trascender de alguna forma u otra las limitaciones del mundo material. La lucha se desata en tres niveles: la lucha por la justicia socioeconómica, lucha entre clases; la lucha entre la conciencia social y la vida artística o intelectual; y la lucha metafísica para trascender nuestra existencia diaria. El hecho de que los jóvenes Unamuno, Martínez Ruiz y Baroja han hecho de la lucha en sus varias manifestaciones y su conciencia de las complejidades de la lucha el tema principal de sus escritos, nos hace verlos como una importante transición entre el Romanticismo del siglo XIX y el existencialismo del siglo XX.

INDICE